4·16구술증언록 단원고 2학년 10반 제3권

그날을 말하다

경주 엄마 유병화

4·16구술증언록 단원고 2학년 10반 제3권

그날을 말하다

경주 엄마 유병화

4·16기억저장소 기획 편집
(사) 4·16세월호참사가족협의회 지원 협조

한울

책머리에

4·16기억저장소에서는 세월호 참사 5주기를 맞아 구술증언 수집 사업의 결과물 일부를 100권의 책으로 발간하게 되었습니다. 이 사업은 2015년 6월부터 다양한 학문 분야 구술 연구자들의 자발적인 참여로 진행되어 왔으며, 세월호 참사를 좀 더 정확하고 다각적으로 기록하고 기억하고자 하는 노력의 일환으로 수행되었습니다.

2014년 참사 발생 이후, 참사 피해자들의 목격담과 경험은 안타깝게도 공식적인 국가기관과 언론의 기록 속에서 철저히 소외되거나 왜곡되었습니다. 그것은 세월호 참사가 우리에게 안긴 죽음과 고통의 충격만큼이나 우리 사회의 끔찍한 비극이었습니다. 따라서 사업을 진행하면서 세월호 참사 희생자 가족, 생존자, 생존자 가족, 어민, 잠수사, 활동가, 기자 등등, 참사의 초기 과정을 직접 경험한 분들의 증언을 우선적으로 수집했습니다. 구술자는 이 사업의 취

지와 방식에 개인적으로 동의한 분 중에서 선정했으며, 참여 과정에 어떠한 금전적 보상이나 이익이 제공되지 않았습니다. 또한 구술증언 수집 사업을 진행하는 동안, 면담자는 연구자이자 참사를 겪은 공동체 시민으로서 최대한 윤리적이고자 노력했습니다.

구술자마다 매회 약 2시간씩 3회를 원칙으로 음성 녹취와 영상 촬영을 하는 방식으로 진행되었고, 증언의 일관성을 확보하기 위해 면담자는 큰 틀에서 공통 질문지를 사용했습니다. 공통 질문지의 내용은 참사와 구술자 간의 관계성에 따라 차이가 있지만, 유가족 구술의 경우 1회차 '참사 이전의 삶, 팽목항과 진도에서의 경험, 자녀에 대한 기억'을, 2회차 '참사 이후 투쟁과 공동체 활동 경험'을, 3회차 '참사 이후 개인 및 가족이 경험한 삶의 변화와 깨달음, 자녀의 현재적 의미'를 중심으로 했습니다. 이처럼 증언 내용은 참사 이전에서 시작해 참사 발생 당시의 경험과 이후의 변화 과정까지 폭넓게 수집했고, 면담자는 구술 채록 과정에서 구술자의 발화를 최대한 존중하고자 했으며, 무엇보다 각자의 특수한 경험과 다른 시각을 충실히 반영하고자 했습니다.

이 구술증언록의 발간을 위해, 채록된 음성 자료는 문서로 변환해 구술자와 함께 검토했고, 현재 시점에서 공개할 수 있는 영역과 할 수 없는 영역으로 구별했습니다. 따라서 책에 실린 내용은 모두 구술자로부터 공개를 허락받은 부분입니다. 비공개 영역은 추후 구술자의 동의를 받아 적절한 절차를 거쳐 추가로 공개될 수 있으리라 생각합니다.

이 구술증언록 100권에는 그동안 우리 사회에 왜곡되어 알려지거나 잘 알려지지 않았던, 참사 발생 직후·팽목항과 진도 혹은 바다에서의 초기 상황에 관한 중요한 증언이 포함되어 있습니다. 또한, 자녀를 잃는 잔인하고 애통한 상황을 겪으면서도 그 누구보다 강인한 정치적 주체로 성장할 수밖에 없었던 유가족의 마음과 경험을 구체적으로, 그리고 여러 각도에서 살펴볼 수 있습니다. 그 외에도, 이 구술증언록은 2014년을 전후한 한국 사회의 여러 측면을 드러내는 귀중한 자료가 되리라고 생각합니다. 무엇보다 국내외의 많은 분이 이 책을 읽어, 장차 세월호 참사의 진상 규명과 역사 서술에 기여할 수 있기를 바랍니다.

구술증언 수집 사업이 진행되고, 책으로 출간되기까지 많은 분의 도움과 지지가 있었습니다. 이 지면을 빌려 부족하나마 감사의 말씀을 전하고자 합니다.

먼저 (사)4·16세월호참사가족협의회와 4·16기억저장소에 감사를 드립니다. 이분들의 신뢰와 적극적인 협조가 없었다면, 이 사업은 처음부터 시작할 수조차 없었을 것입니다. 또한 어려운 정치 환경 속에서도 사업의 취지에 공감해 재정 지원을 결정해 준 아름다운가게와 역사문제연구소에 감사드립니다. 두 단체 덕분에, 이 사업을 4년 동안 계속해 올 수 있었습니다. 그리고 구술증언록 100권의 발간에 동의하고, 바쁜 일정에도 출판 실무를 기꺼이 맡아주신 한울엠플러스(주)에도 감사를 드립니다. 이 외에도 많은 개인과 단체가 직간접적으로 많은 도움을 주시고 격려해 주셨습니다. 여기에 모두 밝히지 못하는 것을 죄송하게 생각합니다.

　말할 필요도 없이, 가장 크고 또 가슴 아픈 감사는 구술자 한 분 한 분께 드리고자 합니다. 이 책이 발간될 수 있었던 것은, 무엇보다 용기를 내어 아픔과 고통의 기억을 다시 떠올리고 장시간 진심으로 이야기를 해주신 구술자가 있었기 때문입니다. 오랜 시간 이야기를 나누며 함께 공감하기도 했지만, 그 아픔과 고통을 어떻게 가늠할 수 있을까 싶습니다. 더 큰 도움이 되지 못함을 안타까워하며, 이 구술증언록 100권의 발간이 피해자분들에게 조금이라도 위로가 될 수 있기를 기원합니다.

2019년 4월

4·16기억저장소 구술팀 책임자
서울대학교 인류학과 교수 이현정

차례

■ 2회차 ■

■ 4회차 ■

■ 5회차 ■

경주 엄마 유병화

구술자 유병화는 단원고 2학년 10반 고 이경주의 엄마다. 두 남매 중 첫째로 태어난 경주
는 친구들을 아낄 줄 알고, 댄스에 재능이 있는 딸이었다. 엄마는 사회복지 분야에서의 경
험을 살려 참사 후 심리생계분과장으로 활동하며 국가트라우마센터의 건립을 위해 노력했
고, 진실을 밝히기 위한 투쟁에 적극적으로 함께해 왔다.

유병화의 구술 면담은 2018년 2월 27일, 3월 6일, 4월 3일, 4월 5일, 7월 13일, 5회에 걸쳐
총 9시간 10분 동안 진행되었다. 면담자는 김아람, 촬영자는 강재성이었다.

구술자 본인의 프라이버시나 제3자의 프라이버시를 보호해야 할 부분을 제외하고는 구술
자의 발화를 있는 그대로 전사했다.

1회차

2018년 2월 27일

시작 인사말

면담자 본 구술증언은 4·16 사건에 대한 참여자들의 경험과 기억을 기록으로 남김으로써 이후 진상 규명 및 역사 기술에 기여하고자 합니다. 지금부터 유병화 씨의 증언을 시작하겠습니다. 오늘은 2018년 2월 27일이며, 장소는 안산시 단원구 4·16기억저장소입니다. 면담자는 김아람이며, 촬영자는 강재성입니다.

면담자 최근엔 활동을 많이 안 하시는 것으로 알고 있습니다만, 그동안 어떻게 지내셨나요?

경주 엄마 일단 활동을 접고 나서부터는 아무것도 할 게 없잖아요, 그런다고 넋 놓고 있을 수도 없고. [그래서] 우선 경주가 하고 싶어 했던 네일을 배우기 시작했어요, 자격증도 따고 강사자격증까지도 따고 그래서 제 작년 겨울에 샵[숍]으로 들어갔어요. 일을 몇 달 하다가, 하고 있는 도중에 애들 아빠는 가게를 열게 된 거예요. (면담자 : 지금 하시고 있나요?) 네네, 그동안 한 2년 가까이 되는 거죠. 1년, 2년 가까이 많은 고민을 하고 내가 어떻게 해야 되는지에 대한 것도 아마 생각을 서로가 했던 거 같애요. 일을 자꾸 하다 보니까 제가 건강이 안 좋아지고 그래서 수술을 한 차례 하고, 애들 아빠 가게에 일손이 모자라가지고 그리로 합류하게 된 거죠.

면담자 네일은 안 하시는 거죠?

경주 엄마 네, 지금은 못 하고 있는 거죠, 안 하는 게 아니라.

면담자　　이 구술증언을 어떻게 알게 되셨나요?

경주 엄마　　16년돈가, 15년도쯤에도 한번 구술 작업을 하려고 했었는데 제가 그때 아마 뭐 하느라고 바빠서 못 해드렸던 같애요, 활동할 때였던 거 같애요. 그때 못 해드렸던 거 같애요. 알고는 있었어요. (면담자 : 구술증언사업 하는 건 알고 계셨군요?) 네.

면담자　　이 기록이 어떻게 사용되기를 바라세요?

경주 엄마　　저도 역사에 대해서 잘 모르지만, 예전에 우리가 경험해 보지 못한 것들이 얘기로나 글로나 영상으로나 남아 있는 것들이 있잖아요. 그런 걸 보고 저희가 '저때는 저랬었구나'라는 거를 본인들의 증언 자료들을 알게 되잖아요. 그게 하나의 역사라고 생각하는데, 이것도 과연 역사 속에 어떠한 영향을 미칠지는 모르겠지만 저희는 솔직히 그렇게 생각하거든요. 이게 평범하게 살아오던 사람들이 한 순간에, 어떻게 말로 표현할 수 없는 일들을 겪은 거잖아요. 그랬을 때 우리가 함께 살아가는 사회에서, '과연 이게 말이 되는 일인가?' 저희는 처음에 다 그렇게 생각을 했어요. '말도 안 되는 일이고 이건 있을 수도 없는 일이다'라고 생각을 했었기 때문에, 이런 것들이 안 겪어보신 분들은 모르시잖아요.

그 상황을 조금이라도 설명이나 아니면 얘기로 다른 분들이 알 수 있다면, 그래서 이 사회에서 또 이런 일들이 발생하지 않게끔 그런 과정들을 거치는 시발점이라 그래야 되나, '이런 것들이 저희의 역할이 됐으면 좋겠다'라는 생각이 있네요.

경주 엄마 유병화

2
안산에 살게 된 과정

면담자   어떻게 안산에 살게 되셨는지부터 여쭙겠습니다.

경주 엄마   저희는 아빠랑 나이가 동갑이에요. 올해 마흔다섯, 벌써 4년이나 지났잖아요. 20대 초반에 만나서 어린 나이에 애기를 낳은 거죠. 경주를 가졌는데 (잠시 침묵하며) 어린 나이에 가졌으니까 가진 게 없잖아요, 부모님께서 물려주신 것도 없고. 서로 열심히 벌어서 애 키우면서 재밌게 살았어요. 행복하게 잘 살았는데, 3년 터울로 동생도 태어나고. 저희가 처음에 수원에 있다가 그리고 용인에 있다가 그리고 안산으로 오게 된 거예요. (면담자 : 신혼은 수원에서?) 네, 네.

면담자   어머니 고향은 어디세요?

경주 엄마   경산요. (면담자 : 경북 경산?) 네, 신랑은 전라도예요. 전라도 분인데 거의 태어나기만 전라도에서 태어났고 서울에서 생활을 했고요.

면담자   집안에서 반대는 안 하셨어요?

경주 엄마   저희는 반대했죠, 아무래도 경상도 쪽이 좀 강해요, 그런 게. 그래서 전라도라서 반대한 건 아니고 나이도 너무 어리고 이러니까 처음에는 반대했죠. 근데 떡 하니 경주를 데리고 가니까…. 저도 처음에는 바로 얘기를 못 했어요. 되게 불효였죠, 그 당시는. (면담자 : 결혼식 하기 전에 아이를 낳으신 건가요?) 그렇죠. 그리고 살다가 저희는 결혼식을 올렸어요, 아무래도 초반이 너무 어린 나이에 시작을 하다 보니까…. (면담자 : 갖추고 살기는 어려우셨겠네요) 네, 둘이서 열심히 살았어요. 열심히 살았는데 안산에서도 경주가 초·중·고 이렇게 다니면서 이사도 몇 번 했죠. 학군 때문도 그렇고 했었는데, 일 딱 터지고 나서는 '내가 왜 단원고 가라 했을까'라는 생각도 되게 많이 들었었고…. 중3 때 학교에서 주는 입학서 쓸 때 거기에 제가 했던 게 있더라고, 보니까. 우연히 "단원고"라고 써논 게 있더라고요. 그런 것도 후회가 되고 후회를 하자면 자꾸 따져 들어가게 되거든요.

면담자　　안산에는 경주 몇 살 때 오셨어요?

경주 엄마　　초등학교 1학년 때.

면담자　　안산에 있는 초등학교를 다녔나요?

경주 엄마　　경주가 애기 때, 유치원 다닐 때 잠깐 왔다가, 그때 시어머님이 안산에서 가게를 하고 계셨어요. 그때 와서 일 도와주러 잠깐 왔다가, 다시 저희는 넘어갔다가 그리고 초등학교 1학년 때 안산으로 완전히 오게 된 거죠.

면담자　　경주 낳기 전부터 이야기해 주세요.

경주 엄마　　처음에는 시누 땜에 신랑을 만나게 됐어요. 저희 친구랑 시누랑 알고 지내던 사이어서 친구 보러 왔다가 시누랑 알게 되고 그래서 남편이랑 만났는데, 1년 만에 거의 1년도 안 돼서 둘이 그냥 그렇게 된 거죠, 나이가 동갑이라서. 처음에 수원에서 시작을 했다가, 저희가 경주 애기 때 시어머니가 안산에서 가게를 하시면서 잠깐 도와준다고 안산 잠깐 왔다가 저희는 다시 용인으로 넘어가고, 용인에서 경주 초등학교 때쯤 완전히 안산으로 오게 된 거죠.

면담자　　대학 입학하셨는데 졸업이 어려우셨어요?

경주 엄마　　네, 그 당시 형편도 그렇고 해서 제가 돈을 벌어서 등록금을 마련하겠다고 휴학을 했는데 교수님이 만류하시더라고요. "휴학하면 절대 복학 못 한다" 이렇게. 근데 결국 못 했어요. 못 하고 올라가서, 돈 벌려고 올라갔다가 애들 아빠를 만나게 된 거죠. (면담자 : 대학은 대구에서?) 네, 경산에 있는 대학.

면담자　　서울에서 아버님 만나신 거예요?

경주 엄마　　네, 용인에서 만나게 된 거죠.

면담자　　학교 졸업 못 하신 게 마음에 남지 않으셨어요? 그리고 일을 시작하신 건가요?

경주 엄마　　네, 바로 일은 했구요. 그렇게 후회되거나 그러진 않았어요. 그 당시에 애들 키우고 사회생활 하면서 사이버대학을 졸업을 했어요. 전혀 다른 분야긴 하지만, 처음엔 유아교육과 갔었는데 사회복지를 하다 보니까…. 그리고 경주가 사춘기가 되면서 저랑 트러블이, 첫째고 제가 기대치가 크다 보니까 되게 많이 트러블이 생겼어요. 너무 힘들어서 제가 고민을 하고 있을 때, 저희 사무실에 계신 과장님께서 "청소년과 쪽 사회복지 같이 겸해서 하는 거를 해보면 어떻겠냐?" [하고 권해서] 일을 하면서 같이 병행을 했어요. 되게 힘들었어요. 사이버는 컴퓨터로 하는 거지만 2년 과정을, 다른 한 분도 같이했는데 도중에 포기를 하셨고, 저는 졸업을 했어요.

하면서 청소년교육학과로 졸업한 거거든요, 공부를 했죠. 그러니까 예전에 저희 청소년 시기랑 요즘 아이들이 다르다는 건 알지만 그래도 거기 있는 맥락은 똑같다고 생각하거든요. 부모랑 자녀관의 관계라든지, 제가 못 하고 있는 거뿐인 거지 모르지는 않는 거 같거든요. 접근하는 방법이나 내 자식이다 보니까 아무래도, 공부하면서 많이는 아니더라도 조금은 소통이 됐던 거 같애요.

3
아이 초등학교 교우 관계, 중학교 시절

면담자   경주 어릴 때 어떤 모습으로 기억하세요?

경주 엄마   애기 때 정말 이뻤어요. 팔불출 같겠지만, 자기 자식은 다 이쁘지만, 애기 때 9개월, 9개월 아니지 돌 되기 전, 애가 이빨도 빨리 나고 걷는 것도 빨랐어요. 4개월 때 이빨이 처음 나기 시작했고, 7개월 때 첫발을 뗐고 되게 빨랐어요. 제가 애기 수첩에 보면 적어논 게 있거든요, 날짜까지. 그때 두건을 씌우고 애기를 애기띠 해서 버스 타고 다니고 당시에는 그랬었거든요. 한창 "019 CF 핸드폰 선전하는 애기 닮았다"고, 사람들이 다 "너무 예쁘다"고 그랬던 기억도 있고, "애기 모델 나가보라"고 했던 적도, 권유도 받아봤었고. 진짜 예뻤어요, 애기 때는. 잘 컸어요.

면담자   경주 키우실 때 일을 계속하셨어요?

경주 엄마   아니요. 18개월 때, 처음 어머니 가게 할 때 어린이집에 처음 맡겨놓고 그때 일 좀 하다가, 계속 꾸준히 일을 하지는 않았어요. 그리고 잠깐 쉬다가 다른 일을 하다가, 반복이 됐던 거죠.

면담자　경주 초등학교 때 학교생활은 어땠어요?

경주 엄마　초등학교 저학년 때, 1학년 때 전학을 한 번인가 두 번을 했어요, 이사 때문에. 그러다가 안산에 들어와서 사동에 있다가 일동으로 갔어요. 그러다가 저희가 정확하게는 안산에서 다 생활을 했지만 일동에 있다가 선부동으로 가서 화정초등학교가 4학년 땐가…, 3학년 말, 4학년 때 전학을 해서 화정초등학교 나오고 그다음에 와동중학교 나오고 그다음에 단원고를 간 거거든요. 초등학교 때는 경주가 애들한테 인기도 많았었고 선생님들도 되게 이뻐라 했었고 학교생활도 잘했었고 공부도 잘했었고 그랬었던 아이였는데, 중학교를 가면서 공부에 손을 조금 놓더라구요, 친구들하고 어울리면서.

면담자　경주한테 기대를 많이 하셨겠네요. 어릴 때는 어떻게 키우고 싶으셨어요?

경주 엄마　제가 현명하지 못한 건지는 모르겠지만 제 자식이니까 정말 1등이길 바랬어요, 제일 잘나고. 다들 그렇겠지만 그거는 부모 마음대로 되는 게 아니잖아요. 그래서 초등학교 때까지는 열심히, 누구나 초등학교 때 과정은 애들은 열심히만 하면 잘 하는 거니까 그래도 경주가 열심히 해주고 하니까 대견하더라구요. 중학교 때 가서도 잘해줄 줄 알았는데 제 욕심이고 제 기대치였던 거 같애요, 첫애다 보니까. 그러면서 "이거를, 니가 하고 싶은 게 분명히 있을 거니까 졸업만 하자. 중학교, 고등학교를 졸업만 하자", 자꾸 아닌 길로 가는 거 같아서 그런 거 때문에도 고민을 많이 했었고 그래서 공부도 시작했던 거 같고. 그래도 잘 끌어왔던 거 같애요, 경주도 잘 따라와 줬고.

면담자   사춘기 갈등이 있었다고 하셨죠? 그래서 공부를 하셨나 봐요. (경주 엄마 : 네) 그때는 어떤 것들이 어머니한테 의지를 가지게 만들었어요?

경주 엄마   친구들 사이에서는 제가 되게 무서운 엄마로 통했어요, 하도 잡으러 다니니까. 집에 몇 시까지 들어오라 해놓고 친구들끼리 놀고 이러면은, 전화하면은 중학교 때까지는 전화를 받았어요. 중3 지나면서부터는 제가 전화해도 전화 안 받고 그랬거든요. 여러 가지 일들이 많긴 많았어요, 중학교 3년 동안. 근데 당시 아이들이 사고 치면 어떻게 하는지에 [대해서] 몰랐던 [때도 있었지만 차츰] 알게 됐고요, 아이들하고. 그런 것도 많이 경험을 했었고, 그러면 고1 때, 고1 지나고 2학년 전쯤에 경주랑 저랑 문자 주고받은 게 아직까지 있기 한데 그런 얘길 하더라구요. "엄마는 너를 사랑하고 니가 참 좋은데 왜 니가 이렇게 돼야만 하냐"고 그랬더니, 자기도 "잘하고 싶다고 자기도 잘하고 싶고 엄마한테 미안하다"고 문자를, 속내를 얘기를 한 적이 있었어요, 문자로.

제가 그때 무슨 일을 하면서 딸은 친구잖아요, 고등학교쯤 되니까 그런 사이가 됐는데, "엄마가 뭐 때문에 힘들다. 오늘 엄마랑 같이 노래방 갈래? 와라" 이런 식으로 문자를 주고받은 내용이 있어요. 저를 오히려 위로를 하더라구요, 그때 그랬던 기억이 있네요.

면담자   경주는 따로 하고 싶어 했던 건 없었나요?

경주 엄마   중학교 때는 "뭐가 하고 싶다"라는 건 없었구요, 오로지 친구. 계기가 초등학교 때 계속 학교 회장을 하고 전교 학생회장 선거까지도 나갔었고 그랬었는데, 열심히 공부도 잘하고 이러니까 한 서너명 그 멤버들이 있었어요, 초등학교 때도. 근데 초등학교 때는 핸드폰[휴대폰]을 다 거두잖아요. 거두고 나서 종례를 끝내고 하는데, 선생님이 나중에 주번이나 반장한테 핸드폰 나눠주라고 하는데 경주가 끝나고 뒷일을 하고 있을 때 멤버들 중에 한 놈이 경주 핸드폰을 숨긴 거예요, 장난이었죠, 처음에는. 그게 한 두 번인가 세 번 됐어요. 처음에 핸드폰 안 갖고 오는 거예요. "어디 갔니?" 그랬더니 "몰라 잊어버렸어", 그게 두 번 되고 세 번 되고 몇 번 됐어요.

그러다가 나중에는 장난이 도가 지나쳤던 거예요. 제가 그걸 한번 담임선생님하고 얘기를 해서 이놈들이 핸드폰을 가져가서 숨긴다고, 숨긴 게 자기네들 안 했다고 끝까지 오리발을 내민 거예요, 그다음 날 돌려주는 것도 아니고. 선생님하고 얘기했더니 "누가 가져갔냐?" 이런 식으로 되니까 아무도 손을 안 드는 거예요. 나중에 이래서 안 되겠다고 당시에 고런 것들이 조금 유행했어, 애들 사이에. 경주를 따시키는 건 아닌데 자기네들끼리 장난삼아 했던 행동들이 도가 지나쳤던 부분들이 있었어요. 선생님이랑 저랑 얘기를 해서 "경찰을 대동하여 이렇게 하겠다" 그런 얘기까지 했어요. 제가 조금 화가 났었어요. 그랬더니 경주가 "엄마, 하지 마" 이러더라고. 그게 한두 번이 아니다 보니까, 그 당시 아무리 핸드폰이 공짜 폰 이렇게 해서 아이들 폰이[저렴]하다 하더라도 그건 아니라고 생각이 들더라고.

그래서 선생님하고 얘기했더니 조용히 나중에 누가 얘기했는데,

친구들 멤버들 중에 친구가, 다음 날 돼서 애네들이 무서웠던 거야. 오다가 어느 집 우편함에 집어넣어 놓고 와버린 거야, 애네들이. 이건 완전히 훔치는 게 되는 거죠. 결과적으로는 그러고 나서 갔더니 없어진 거야. 애네들이 서로가 입을 다물어버린 거예요, 없어져 버리니까. 초등학생이니까 여린 게 선생님이 그렇게까지 나오니까, 제가 그렇게 하니까 따로 선생님한테 얘길 한 거예요. 선생님이 추궁을 하니까, 애 낼 것이다 하니까 맞는 거예요. 걔네 부모님한테 얘기해서 "따로 받을 거는 없고 그냥 이러이러하니까 이렇게 하자" 해서 얘기가 끝났어요.

근데 걔 중에 한 놈이, 주동했던 놈이 은근슬쩍 경주를 친구들한테 이간질시킨 거예요. "야, 쟤 뭐 어쩌고저쩌고. 우리끼리 해" 이렇게. 경주가 그렇게 되고 나니까 속이 상하잖아요. 그러면서도 또 노는 거예요. 그런 과정들이 애매한 그런 게 있더라구요. 그런 과정에서 이 얘기를 고등학교 1학년 때 저한테 얘길 하더라구요. 그런 상황은 알고 있었는데 그 과정 속에서 어떤 마음인지는 저한테 얘기를 안 했었거든요. 그러면서 다른 친구의 언닌지 오빠지 중학교를 다니는데, 경주 얘기를 듣고 그런 상황이니까 애들이 하나가 그렇게 짓궂게 하니까 "누구냐? 내가 가서 혼내주겠다" 이러니까 친구의 오빠지 언닌지 되게 멋있어 보였다는 거예요, 경주가 봤을 때. 경주는 첫째다 보니까 오빠나 언니가 없잖아요. 그래서 그런 과정들을 겪으면서 '친구들도 소용이 없구나' 그 당시에 '이런 친구들은 소용이 없구나. 필요가 없구나'라는 걸 생각하면서 자기는 자기 나름 생각을 갖고 있었던 거 같애요.

중학교 올라가면서 친구들끼리 모여서 좀 힘 있는 모습, 이런 것들을 생각을 했던 거 같아요. 나중에 고등학교 때 얘기할 때 "왜 학교 그렇게 자꾸 빠지고 그러냐?" 했더니 중학교 때 어울렸던 친구들이 자기한테는 소중했던 거예요. 그때 되게 힘이 됐었고 의지가 됐었고 이랬던 거 같아요. 다 뿔뿔이 흩어지다 보니까 "여기에는 내 친구들이 없어" 그렇게 얘기를 하더라구요. 그러면서 학교는 "전학 가고 싶어"라는 얘기도 처음에 했었어요. (면담자 : 초등학교 때?) 고1 때, 초창기 때 아는 친구들이 없었기 때문에 그런 얘기도 했었고요.

면담자   경주가 따돌림을 겪었군요.

경주 엄마   네, 그러면서 내가 강해져야 된다는 자기만의 상처를 그렇게 승화를 시킨 거 같아요. 그러면서 친구들하고 어울리고 중학교 과정들을 겪고. 부모로서 못마땅하죠, 그런 모습들이.

면담자   어머님은 그런 거에 대해 생각을 못 하셨던 건가요?

경주 엄마   못 했죠, 그냥 친구들을 만나서 "얘가 이렇게 어울려서 노는 구나"라는 생각만 한 거지. 학교는 잘 다녔어요, 중학교 때도. 학교는 잘 다녔는데 항상 놀이터의 줄임말들이 있잖아요, 그 당시에 농놀, 무슨 놀, 이렇게 마트 이름을 댄다든가 이렇게 짧게 부르는. 놀이터들은 다 섭렵하고 다녔어요, 집 근처에. 저희 집 바로 옆에가 놀이터 있었거든요, 거의 거기서 놀고 늦게까지 놀고 학교 앞 벤치에서 놀고, 학교 앞 분식점에서 놀고, 이렇게. 그 당시에 그랬던 거 같아요.

면담자   초등학교 때랑은 다른 친구들이었나요?

경주 엄마   다른 친구들이죠, 네. 중학교 때도 거의 다른 초등학교들, 학군에서 다 모이니까 섞이잖아요. 그래서 새로운 애들 만나게 된 거죠.

면담자 학교는 그래도 안 빠지고 다녔어요?

경주 엄마 중학교 때는 의무기 때문에, 지각은 거의 없었던 거 같고 조퇴 이런 거 손에 꼽힐 정도로 몇 번 있었어요. 있었는데 크게 선생님이 문제 삼지 않고 했어요, 왜냐하면 의무였기 때문에. 나중에 방학 때 되면 생활기록부, 통지표랑 오잖아요. 성적표랑 오면은 거기에 나온 거 보면 아는 거죠, 저는 몰랐던 거고, 학교 간 줄 알고. 그런 거는 경미한 거라서 제가 크게 얘기 안 했어요.

면담자 어머니도 당시에 직장에 나가고 계셨어요?

경주 엄마 중학교 때…, 아니요, 집에 있었던 거 같애. 그때도 일을 제가 정식적인 일이 아니라 시간제 이런 식으로 일을 했던 거 같애.

면담자 둘째는 조금 수월하게 키우셨어요? 어떠셨어요?

경주 엄마 네, 착했어요. 착하고 누나가 그런 거를 보니까 얘는 학교도 열심히 잘 다니고, 3년 터울이다 보니까, 어차피 얘가 중학교 때는 초등학생이니까 잘했어요, 작은놈은. 근데 딱 일 터졌을 때가 중2였거든요. 얘도 그때부터는 손을 놨어요, 아예 모든 게. 이놈들이 [희생자] 형제자매들이 친구들이 많아요, 그 멤버들끼리. 나중에 알고 보니까 누구 동생이고, 누구 동생이고 이런 게 많더라고. 그 멤버들이 있는데, 단원중학교 다녔거든요. 그놈들이 큰 사고는 안 치는데 다 이렇게 [감정을] 누르고 있잖아요, 남자애들이라. 언제 터질지 모르니까 그게 불안하긴 하죠. 몇 번 터뜨리기는 했어요, 집에서. 그나마 착한 거죠, 밖에서 큰 사고 안 치니까.

면담자   경주도 사고 같은 건 안 친 거죠? (경주 엄마 : 그죠) 부모님하고 사이가 틀어지진 않았나요?

경주 엄마   그러진 않았어요. 서로 믿고 의지하는 부분들 분명히 있었어요.

면담자   아버님하고 어머님은 동갑이신데 서로 많이 의지하셨나요?

경주 엄마   애들이 크면서 둘이 애들 문제로 싸울 일이 많았구요. (면담자 : 의견 차이가 좀 있으셨어요?) 있죠, 당연히 성격, 성향이 다르다 보니까. 제가 아이들을 뭐라 하는 편이면 아빠는 그냥 (면담자 : 다 독이고) 예. 그리고 아빠가 만약에 혼낼 일 있으면 제가 아무 말 안해야 되고. 이런 상황들은 서로가 말하지 않아도 그런 관계들이었는데…, 잔정이라 그래야 되나요, 아빠들이 대부분 그런 성향들이 많잖아요. 딸이라고 딸 바보처럼 막 끼고 이런 거는 아니고, 뒤에서 "이렇게, 이렇게 해야 되지 않아?" 친구처럼. 저희는 친구처럼 지냈던 거 같애요. 아빠도 그렇고, 저도 그렇고.

4
참사 전 생활과 자활센터 근무

면담자   참사 이전에는 주로 어떻게 생활하셨나요?

경주 엄마   애들 커가는 도중까지는 제가 정식적인 직장을 다니진 않고요, 시간제나 이런 식으로 다녔었고. 경주 중학교 때구나, 중학교 때 제가 안산에서 직장을 다녔네요. 3년간 다녔네요, 사회복지사 하면서. (면담자 : 힘드셨다고 하셨죠?) 네, 기억이 깜박깜박해서 연도도 헷갈리고 그러네요. 그때 3년 일을 했었고, 그래서 일을 하면서 경주를 본다는 게 어차피 중학교 정도 되면은 아이들 크게 손을 안 간다고 생각을 하지만 경주는 손이 많이 갔어요, 저한테는. 왜냐하면 제가 하는 일이 사회복지사고 사람들을 상대하는 거다 보니까, 일이 딱 정시에 끝나고 6시에 퇴근을 해도, 정시에 퇴근을 못 하는 상황이었어요.

면담자   사회복지 일을 하셨던 거였어요?

경주 엄마   저는 안산시에서 위탁받아서 하는, 안산여성노동자회라는 기관의 위탁기관인 자활센터라고 있어요. 스스로 혼자 할 수 없는 저소득층 그분들을 일자리를 지원해 가지고 이렇게 성공시키는 그런 센터예요, 기관이에요. 거기서 제가 한 사업단을 맡고 있었죠. 팀장으로 있었는데 그러다 보니까 사업단 팀원 꾸려야 되고, 저는 간병 일을 했었거든요. 병원도 다녔어야 되고 현장도 다녀야 되고 그분들도 관리도 해야 되고 사무실 일도 해야 되고 하니까, 아침에 출근해서 똑같은 근무시간 조건이여도, 6시에 퇴근을 해도[6시가 퇴근 시간이라

되] 정시에 퇴근을 못 하는 거예요. 사람들도 만나야 되고 여러 가지…. 솔직히 애들 아빠는 당시에 제 모습을 별로 탐탁지 않아 했어요. '집안일 뒷전이다' 이렇게 생각을 한 거죠. 근데 저는 저 나름 일을 하고 애들을 보고 집안일했다고 생각하거든요. 근데 남자가 봤을 때는 아니었을 수도 있겠죠.

면담자   아버님은 계속 같은 일을 하셨어요?

경주 엄마   전기 일을 하셨어요. 예전에는 어머니랑 같이 식당 일을 하고 음식을 했었어요, 원래는. 근데 중간에 전기 일을 하게 됐었죠.

면담자   경주한테 손이 많이 갔다고 하셨는데 학교 일을 하셨나요?

경주 엄마   아뇨, 따로 제가 찾으러 다니고 한 게 많았어요. 전화해서 안 들어오면 기다려야 되고 그런 것들이, 여자다 보니까 좀 불안한 감들이 많았죠. 세상이 워낙 흉흉하다 보니까 애들하고 놀아도 걱정도 되고, 제 조바심이기도 했고. 그래서 "[전화도] 안 받고 어디야?" 이렇게 물으면 "어디 쪽이야" 이렇게 얘기하면 중학교 때까지는 얘기를 했으니까 찾으러 가는 거예요, 데리고 집에 오고. 그 당신 제가 했던 행동들이 얘는 얼마나 싫었겠어요, 애들은 그렇잖아요. 여러 가지 에피소드가 있기는 한데. (면담자 : 주로 노래방이나 PC방?) 아니요, 그냥 놀이터, 어디 외부 밖에…. 안으로 들어가진 않고요 밖에서 놀았어요, 얘네들은. 그리고 한번 선배들이 한번 와가지고 애들 쭉 세워놓고 열녀문사거리 앞에 있을 때 저한테 걸렸거든요.

그때 딱 올라가니까 경주가 절 보더니 산으로 도망가는 거예요.

그 불렀던 선배가 제가 목욕탕을 다니는 사우나에서 알던 언니 딸이었던 거예요. 전학을 갔어요, 걔가 갔는데 걔 생일이라고 친구들이 여기서 부른 거예요. 그러면 자기네들끼리 생일 파티를 하면 되잖아요, 이 후배들을 다 불러 세워논 거예요. 어이가 없죠, 저는. 갔더니 경주가 막 도망가는 거예요. 경주 친구한테 "잡아오라고" 그래서 제가 무섭게 인식이 된 거예요. 선배한테 "너 누구 아니냐?" 저는 알고 있으니까. 왜냐하면 한 집 건너면 다 알잖아요 동네다 보니까, 알고 있었거든. "너 이사 갔다면서 여기 왜 왔어?" [하고 물었더니] 생일이라고 얘길 하는 거예요. "그럼 생일 파티 하지 애들 불러놓고 뭐 하는 거냐"고 그랬더니 애들이 "너네 엄마 짱 멋있다고", 그때 그런 얘기도 듣고 했었어요.

나중에 지나고 나니까 경주가 얘기를 하더라고. "왜 도망가냐? 엄마가 때리기를 하니 뭘 하냐?"고 [했더니] "갑자기 엄마를 보니까 [당황해서] 도망갔다" 하더라고. 저 광덕산도 몇 번 뛰었어요, 걔 다른 친구 때문에. 다른 엄마가 전화 와가지고 같이 잡으러 가가지고 그런 것도 있어요. 잡으러[라는] 표현이 그렇긴 한데, 갔는데 얘도 도망을 가는 거예요. 그래 갖고 잡으러 그런 것도 있었어요. (면담자 : 바쁘게 지내셨네요) 되게 바빴어요.

면담자   그때는 경주한테 답답한 마음이 있으셨나요?

경주 엄마   저는 사실 제 탓이라는 생각도 많이 했었어요, 엄마, 아빠 탓이라는 생각을. 자식을 잡아주는 것은 부모가 기본이 돼야 된다고 생각하거든요. 저희가 바르지 못하면 자식은 똑바른 길로 못 갈 거라는 그 인식을 갖고 있었어요, 저는. 그러면서 공부를 접하니까 더더군다나 요즘 아이들하고는 소통의 문제도 있고, 내가 어떻게 전달해야 되는가도 있고, 이 아이가 내 소유물이 아닌 한 인격체로 봐줘야 한다는 것도 알게 됐고 여러 가지 많이 배웠죠. 배우면서 서서히 접근하는 방법을 달리했었죠, 경주한테.

5
고등학교 때 속상했던 일화

면담자   특히 속상하셨던 일화 기억나는 거 있으세요?

경주 엄마   한번 되게 싸웠을 때 있었어요. 고등학교 가고 나서, 중학교 때 과정까지는 그렇게 해서 넘어가고, 고등학교를 갔으니까, 그래도 고등학교 때 열심히만 하면…. 제가 원래 머리가 좋아 가지고 초등학교 때 공부 잘하고 이랬던 거는 아니고요. 초등학교 때는 정말 공부 못했어요, 저도 중학교 때는 따라갈 수가 없었고요. 근데 고등학교 때 올라가서 제가 내신 2등급까지 올렸어요. 그래서 학교도 문제가 있겠지만, 영향을 끼치겠지만…, 그래서 고등학교 3년 바짝 하니까 되더라구요, 운도 따랐고. 저도 그래서 3학년, 고3 내내도록 학생회 활동도 하고 이렇게 했었었는데 그런 게 제가 경험이 있으니까 "니가 여지껏 놀았어도 초등학교 때 공부 열심히 했고 기본은 있으니까 열심히만 하면 되지 않겠냐. 고등학교 때 열심히 해가지고 니가 하고 싶은 하는 거를, 니가 뭘 하고 싶은지를 우선 먼저 생각한 다음에…" 그런 얘기를 참 많이 했었어요.

"공부해라" 이런 거보다는 "니가 하고 싶은 게 뭔지 생각을 하고 거기에 맞춰서 니가 하면 될 거 같다"고, "아직까지 3년이란 시간이 남았으니까, 밖에 나가서 니가 뭘 할 건지, 앞으로 니가 니 인생에 있어서 어떻게…" 이런 얘기를 많이 했었거든요. 그러던 과정 속에 고등학교 때 가서도 학교에 적응이 잘 안 되고 이러니까…. 중학교 때 친하게 지내던 친구 한 명이 있는데, 그 가정사가 안 좋은 친구가 있었어요. 근데 이 아이도 그런 거를 보면 내 일처럼 챙기고 이랬던 거 같애요, 맨날 얘네 집에 가는. 엄마가 세탁소 일을 하시면서 밤에 거의 늦게 들어오시고 안 들어오실 때도 있고 이랬었어요. 혼자 집에 있으니까 얘가 여기 가서 자고 이랬던 적이 되게 많았어요. 제가 쉽게 얘기하는 거죠. "야, 그 친구랑 놀지 마". 이런 것도 몇 번 해봤어요. 근데 그건 안 되거든요. 뭐가 문제인지 "데리고 집으로 와라" 이런 것도 많이 해보고 했는데, 안 되더라구요. 자기만의 공간, 자기만의 그런 것들이 필요했던 거 같애요.

　　경주도 그렇게 지내고 했던 게 많았었는데, 한번은 제가 그걸 보다 보다 너무 화가 나가지고…. 제가 다쳐가지고 무릎 수술, 시술을 한 적이 있었거든요. 하고 얼마 안 있다가 집에 온 애하고 되게 크게 싸웠어요. 처음 저한테 대들었죠, 경주가. 그러면서 내가 너무 화가 [나서] "집 [에서] 나가" 이렇게 된 거예요, 화내면서 "집을 나가!" 그렇게까지 싸운 적이 있었어요. 알았다고 하면서 나가려고 하는데 제가 잡았어요. 나가니까 잡았더니 "놔" 하는데 발로 제 무릎, 제 시술한 다리를 확 차버린 거예요. 아픈 것도 아픈 거지만 서러운 거예요. 그 순간 주저앉아서 막 울었어요. 그게 제일 가장 기억에 남는 거 같애요. 지나고 나서 생각

36

경주 엄마 유병화

을 하니까 '내가 왜 더 보듬어주지 못했지? 그 당시에 이 아이를' [하는 생각이 들었죠]. 얘는 지 나름 얼마나 그런 것들이 [마음에 남았겠어요]. 나중에 그 친구가 얘기를 하더라구요, 항상 자기 옆에 있어줬다고, 경주가. 그 얘기를 하는데 그런 생각이 들더라구요(울먹임).

면담자   그 친구한테는 경주가 정말 특별한 존재였겠네요.

경주 엄마   네, 그게 부모 마음인 거 같애요. '그것보다 니가 우선 아니냐' 이런 마음인데, 경주는 그렇게 생각을 했었던 거 같애, 그 친구가 먼저였고….

면담자   경주가 그 친구를 많이 신경을 쓰고 있었어요?

경주 엄마   예, 항상 걔네 집에 있고 항상 걔랑 놀고…. 그 친구 말고도 다른 일화가 있는 게, 다른 친구가 한 명 있는데 우울증이 있었거든요, 걔도 엄청 챙겨주고. 그 부모님이 얘기하시더라고, 전화 오고, 저한테 "경주 저희 집에 재울게요". 여러 가지 일화들이, 지나고 나서 아이들이 얘기하고 했던 걸 보면 경주가 나쁜 길로 갈려고 했던 아이가 아니라 그런 친구들을 지가 보듬어주고 했던 그런 아이였더라고.

6
정치에 대한 관심과 관점

면담자   어머니는 직장생활도 하시고 사회 돌아가는 거에 대해

관심이 있으셨나요? 투표도 잘 하시는 편이셨어요?

경주 엄마   그죠, 여성노동조합이라는, [여성]노동자회라는 데가 센 데잖아요, 노동이 들어가는. 인식이 저도 처음에는 '여기가 내가 들어가면 머리에 띠를 두르고 다녀야 되나' 사실은 [생각도] 했는데 안산 지역 안에서도 센 지역, 센 기관이라고 알고는 있어요. 다들 여자들만 있고 이러다 보니까 서울시청 앞으로, 광화문으로, 광화문이 아니었던 거 같애, 그때는 시청 앞에 이렇게 해가지고 저희가 뭐 하려도 많이 다녔었구요. 집회도 많이 하러 갔었고 했었어요, 그 당시도. 여노가 저희 위탁기관의 주체였기 때문에 관련된 일들, 그리고 돌봄 영역이라든지 여자분들의 가정관리사, 이런 [일들이] 다 저희 소속이었기 때문에, 여노 소속[의] 하나였기 때문에, 지금도 하고 있지만은 그 당시도 그거 많이 하러, 그 당시도 돌봄 노동자들의 급여 문제 이런 것들 때문에도 많이 올라갔었어요. 지금의 시급제 논란 이유도 '이런 영향들이 있질 않나'라는 생각을 해요. 다들 저희만 한 것도 아니지만 '그런 역할들 때문에 이런 날이 오지 않았나' 생각도 하고 있구요.

면담자   어머니 고향은 보수적인 지역이잖아요.

경주 엄마   네. 근데 저는 생각이 달라요, 저희 부모님들이랑도 다르고.

면담자   계기가 있으셨어요?

면담자   제가 생각할 때는 제가 청소년기에 제 자아를 찾을 때 되게 많은 생각을, 고민을 많이 하면서 생각이 달랐던 거 같애요. 그리고 제가 고등학교 때 마지막 데모를 하던, 그거를 경험을 했었거든요. 그러면서 이한열 열산가 그런 것도 얘기 듣고 막 그랬었고, 최종적으로 제가 밑바탕에 깔려 있었던 거는 저희 아버지가 전두환 시절 때 삼청교육대를 갔다 오셨어요. 나중에 그 얘기를 들었을 때는 별것 아닌 건데 "도대체 왜? 왜?" 이런 퀘스천[의문]이 붙더라구요. 제가 7살 때, 초등학교 1학년 때, [19]80년대니까 초등학교 7살 때였을 거예요, 학교 안 갔을 때. 지금도 기억이 나는 게 약간 이런 색상 옷 잠바 입고, 이렇게 옛날 옷 스타일 있잖아요, 정장 입으신 두 분 남자분 오셔가지고. "니네 아버지 어디 계시냐?"고, "니네 아버지 어딨노?" 이렇게 물어보시는[데] "아버지 밭에 있어요" 이렇게 얘길 했거든요. 그 뒤로 아빠를 못 봤어요. 그 기억이 있어요.

제가 '아빠가 어디 있다고 얘기를 해서 아빠가 없구나'라는 그 당시 어렸을 때는 그 기억이 있었는데, 나중에 아버지가 갔다 오고, 와가지고 얘기를 하시는데 전두환 욕을 막 하는 거예요. 집에 오셔가지고 "뭔 새끼" [하고] 욕을 하시는 거예요. 나중에 얘기 듣고 보니까 당시는 그런 것들이 많았어요. 조폭들 이런 탕진 있었잖아요. 역전 앞에서 술을 한잔하시면서 아버지가 "전두환 무슨 새끼" 이러면서 욕을 하고, 저 새끼가 어쩌고, 그 당시에 알 만한 국민들은 다 아니까 역시나 저희 아버지도 그렇게 했던 거 같애요, 화를 내면서. 요즘 같으면 술 먹고 욕할 수 있잖아요. 그때는 다 잡혀가는 사회였던 거야. 누가 같이 먹던 사람이었든지 아니면 그걸 봤던 사람이 신고를 한 거예요. 그래서 아버지가 잡혀가신 거예요. 이 두 무릎이 다 아작이 나셨어요. 아버지가 갔다 오셔서 무릎 약 드시고 하셨던 걸 제가 본 기억이 있어요. 그래서 저는, 제 속에는 그런 것들이 이미 깔려져 있었던 거 같애요, 나라가 어떻다라는 게. 그러면서 관심 없는 듯하면서도 뉴스에서도 나오고 보이니까 보게 되는 거죠.

면담자　　　몇 년 동안 갔다가 오신 거예요?

경주 엄마　　　몇 년 되신 거 같아요. 저도 잘 기억은 안 나는데 2, 3년 되신 거 같아요.

면담자　　　경상도에서 그런 생각하기가 어렵지 않았나요? 그때 당시에는.

경주 엄마　　　저희 아버지는 고향이 충청도시거든요. 그런 지역이 뭐가 [차이가] 되겠냐 하지만은 그래도 옛날 분들은 그런 게 있더라구요.

면담자　　　여성노동자회 활동은 이명박 정부 때 주로 하셨던 거죠? 따로 정당 활동을 하시거나 지지하셨던 정당은 있으세요?

경주 엄마　　　노무현 때랑 이명박 때 걸쳐서 11년도부터 했으니까 아마 겹쳐 있었던 거 같아요.

7
경주의 고등학교 학교생활에 대한 기억

면담자　　　고등학교 들어가고 나서 수학여행 그즈음 이야기를 부탁드립니다.

경주 엄마　　　2학년 올라가고 나서는, 1학년 때는 담임선생님이 최혜정 선생님이었거든요. 처음 부임해서 가지고 맡았는데 경주가 너무

속을 썩였죠. [제가] 학교를 몇 번 갔었어요, 상담하러 진중하게. 그래
서 저는 나중에는 그랬어요, "니가 정말 하고 싶은 걸 하라"고. "학교
는 가기 싫고 춤은 추고 싶다" 얘기를 하길래 "니가 정말 하고 싶은 걸
하라"고, "요즘은 대안학교도 많고 검정고시도 있고 그거는 부끄러울
할 일이 아니다. 다니기 싫으면 다니지 말라"고 제가 그랬어요. 그러
면서 선생님하고도 얘기했을 때 최혜정 선생님이 첫 부임을 하셨기
때문에 이 아이를 졸업을 시키고 싶은 거예요. "어머니, 졸업시킵시
다"라고 얘길 하더라구요. 제가 "저도 졸업은 시키고 싶죠. 근데 본인
이 본인 하고 싶어 하는 게 아니라"고…. 처음에는 좋게 얘기를 하다
가, 나중에는 아빠랑도 얘기를 했어요, 마지막에는.

그때 학년 주임 선생님이랑 최혜정 선생님랑 같이 얘기하는 자리
에서, 그 남자분 선생님 제가 누군지 기억이 잘 안 나는데 얘기를 하
면서 제가 그랬어요. "마지막으로 경주한테 물어보고 정말 다니기 싫
은 마음 조금이라도 있으면 저는 그냥 자퇴를 하겠다[시키겠다]. 저는
더 이상 얘기를 안 하고 싶다"고 얘기를 했어요. [그랬더니] 선생님이
부랴부랴 가시는 거예요. 최혜정 선생님께서 경주랑 막 얘기를 하더
니 와가지고 딱 앉아요. 경주가 하는 소리가 "엄마, 나 졸업할게" 이러
는 거예요. 그 당시에 너무 화가 나는 거예요. "그럴 거면 진작 열심히
하지" 이런 생각이 드는 거예요. 저는 그냥 안 다닌다 하면 자퇴하려
고 하고 여러 가지 방법들이 있으니까 알아보려고 했었는데 또 나오
겠다고, 졸업을 하겠대요. 그래서 내가 '아이고, 이거를 어떻게 해야
되나' [싶었지만] 그러면은 해보자 했는데, 어차피 1학년 초반 지나고
하니까 출석 일수도 모자라고 이런 것도 있고 하니까, 선생님이 "며칠

까지 이렇게 해서 출석 일수만 채우면 됩니다"라고 얘기를 하더라고
요. 그래서 "그렇다"라고 [답]하고 [했어요]. 경주가 학교 가면서 선생님
하고 계속 소통하고 이렇게 하더라구요.

　그런 과정 지켜보고 2학년을 딱 올라갔는데 그런 내용들이 올라
가잖아요(한숨). 그래서 담임선생님하고 한 번 딱 만났어요, 이애런
선생님하고. 초창기에 저를 부르더라고요. 경주가 학교를 며칠 안 나
왔는데, 초창기였어요, 완전히 초창기였는데, 그때도 ××이네 집에서
자고 못 간 거예요, 학교를. 선생님이 하시는 말씀이, 딱 첫인상이 저
는 그렇게 말씀을 하시는[데] '아, 쿨하다'라는 생각을 했어요. 다른 선
생님처럼 조근조근 따지고 이렇게 하지 않고 "늦어도 좋으니까 학교
는 보내세요" 이렇게 얘기를 딱 하시는 거예요, "알겠다고" [말씀드렸
죠]. 저야 당연히 아침에 제 시간에 보내고 싶죠. 얘가 깨워도 안 일어
나고 이런 과정들이 있으니까 그 당시는 조금 답답함이 있긴 했었어
요. 그래도 고 때 제가 미용 배우고 학원 다닐 때였기 때문에 시간이
있었어요.

　아침에 "일어나라", 동생은 벌써 학교 가고 그런 모습을 동생은 봤
잖아요. 일어나서 밥 먹여가지고 같이 학교 가요. 집이 그 당시에 학
교 뒤쪽 빌라였기 때문에 걸어서 둘이 가요. 그러면 그때도 봄이었으
니까, 하루는 지나가는데 새가 막 날아가서 앉는 거예요. 둘이 그거
보면서 얘기하고 그러면서 초창기 때 보낸 거 같애요. 학교 앞에 가면
편의점 있잖아요. "뭐 먹을래?", 어쩌고저쩌고[하면서] 둘이서 하나 먹
고, "들어가" 그러면 "어, 알았어" [하고], 학교 올라가는 거　보고 저는
학원 가고 이렇게 몇 번 했었거든요. 한번은 편의점에서 먹다가 "올

라가" 그랬더니 "시간이 좀 애매한데 나 저 뒤로 돌아서 갈래" [하는 거예요]. 뒤로 들어가는 문이 있어요, 그때 처음 알았어요. 그래 갖고 단원중학교 있는 쪽으로 해가지고 골목으로 해서 저 뒤로 돌아가니까, 뒤쪽 그 빌라 쪽으로 해서 올라가니까 단원중학교하고 단원고하고 바로 붙은 철조망 있는 데가 있더라구요, 들어가는 길이, 쪽문이. 뒤쪽 빌라에 사는 애들이 다니는 길인가 봐요, 처음 알았어요. 그 길을 그리 들어가더라고요. "야, 개구멍이다, 개구멍" [하니까] "아니야 애들 일루 다녀" 이러더라고. [그래서] "얼른 들어가" [하니까] "어" [하고 들어가더라고요]. 단원중학교랑 철망 있잖아요? "야, 체육 시간에 한 번씩 나가서 ○○이 불러" 그런 얘기도 한 번 했었거든요? "아휴" 이러면서 들어가더라구요. 그랬던 기억들이 있어요….

8
댄스 동아리

면담자　　춤추고 싶다는 얘기는 언제부터 시작했었어요?

경주 엄마　　고1 처음 올라가 가지고 학교 적응하는 기간에 댄스 동아리 오디션 있다고 [했어요]. 그때 제가 집에 있었을 때였을 거예요, 있는 시간이었던 거 같애요. 초반이었기 때문에 학교 체육복을 그때 안 샀었거든요. 안 샀던 시기여 가지고 "엄마, 나 지금 체육복이 필요해" [해서] 부랴부랴 뛰어가 가지고 문방구에 가서 학교 체육복 사다가 강당에 갖다줬어요. 나와갖고 애가 받아가지고 "나 지금 오디션 봐야 돼" 하고 들어갔어요, 그 기억도 나거든요. 중학교 때 댄스 동아리가 있어요. 동아리가 있는데, 중학교 때는 그런 걸 안 했고…. 저희 기관 송년회 때 친구랑 둘이 와서 춤을 한번 춘 적이 있거든요. 그 영상을 아무리 찾아봐도 없는 거예요. 저희가 포맷을 했던 거 같아요, 컴퓨터를. 같이 일했던 동료가 찍어논 사진은 하나 있더라구, 사진만 한 장 남아 있는데…. 그리고 나서 고등학교 가서 오디션을 보고 지가 하고 싶었던 거예요. 바로 붙고, 정말 동아리 활동 열심히 했었어요.

면담자   중학교 때도 평소에 연습하거나 했나요?

경주 엄마   집에서는 그런 모습은 못 봤죠, 친구들 있을 때는 어떻게 했는지 모르겠는데…. (면담자 : 놀이터에서 했을까요?) 네, 그니까 송년회 때 와서 하는 모습 보고 제가 놀랐죠. '언제 저렇게 연습했지?' 그랬는데, 나중에 친구 얘기하는 거 보니까 친구네 집에서, 저희 집에선 안 하고, 창피한 거죠, 친구네 집에서 연습했다 하더라고. 며칠 연습 안 했는데 잘하더라고요.

면담자   댄스 동아리 때문에 학교를 다녔다고도 볼 수 있겠네요.

경주 엄마   그쵸. 거의 2학년 올라가면서는…, 걔가 생존자예요, A라고 걔가 회장을 맡았죠. 동아리 회장 맡았는데 저한테 얘기하는 게 "거의, 엄마, 경주가 회장이었어요" 얘기를 하더라구요. 근데 하도 학교 빠지고 그러니까 선배들이 그런 걸로 빼버린 거예요, 자극받으라고. 근데 크게 개의치는 않더라구요. 경주가 안무도 다 짜고 A랑 페이스북이나 이런 거 보면 주고받았던 내용도 있고, 동아리는 끔찍이 생각했었던 거 같애요, 열심히 했었고.

면담자　　　　2학년 올라가서도 동아리는 계속 열심히 했었어요?

경주 엄마　　　그렇죠. 그렇게 하면서 수학여행 가면 반별로 대항하는 것도 있었고, 장기 자랑도 있었고 아마 자기네들끼리도 있었을 거예요. 그거 안무 짜고 연습하느라고 올림픽기념관 매일 가고, 토요일도 갔었고. 가기 전주 주말에도 땀 뻘뻘 흘리고 오고 그랬던 거 같애요. 그런 모습들 전 자주 봤죠.

면담자　　　　경주는 수학여행을 기대를 많이 했었겠네요, 장기 자랑도 하고.

경주 엄마　　　1학년 때 단원고 축제가 있잖아요, 그때 동아리 했었어요, 예당[예술의 전당]에서. 저희 보면은 영상에 다 나와 있잖아요, 그때 댄스 동아리 [공연]했었어요. 그때 할 때 어떤 춤인지 모르겠는데 배꼽티, 까만색 나시 이렇게 입고 옷을 올리는 춤 씬[scene]이 있었어요. "엄마, 어떻게 하지? 배 땜에" 배 땜에 이러더니 결국은 짧은 거 안 입고 긴 거 입었더라고, 올리는 장면은 빼고 이렇게.

면담자　　　　그렇게 잘하는 거 보면서 어떤 생각하셨어요?

경주 엄마　　　믿음이 있었죠, 저는. 경주한테 대한 믿음은 있었죠. 얘가 뭐든 하면 잘하는 아이니까, 안 해서 그러지 하기만 하면 잘할 거라는 건 알고 있었는데, 점점 저도 시간이 지나면서 기다려주는 게 된 거죠, 저한테도, 100프로는 아니더라도.

면담자　　　　연습생 될 뻔했다고 하셨는데, 그 이야기도 들려주세요.

경주 엄마　　　　워낙 좋아하고 하니까 고모부가, 고모가 하나밖에 없으니까 고모부가 조카들 중에 경주를 너무 이뻐했어요. 너무 이뻐해 가지고 "니가 하고 싶은 건 다 해" 이런 저기였어요. 개리[리쌍의 래퍼]도 예전에 고모부가 그런 유의 작업을, 일을 한번 했었던 적이 있었을 때 알게 됐었는지, 그런 인맥에 대해서 저는 잘 모르겠지만, 그쪽에다 얘기 해서 "연습생으로 꽂아줄 수는 있다"라고 해서 통화도 한번 했었더라구요, 보니까. 직접 "조카가 이런 게 있다"[고 소개를 했는데], "공부는 잘하냐?" 이런 것도 물어보고 했었던 거 같아요. "그래서 어려운 부탁이지만 했다"고 하더라고. "니가 결정하고 얘기해라"라고 했는데, 처음에는 "엄마 안 할래, 서울까지 어떻게" 그런 얘길 했었어요. [20]14년도 초에 저한테 네일 하는 것도 얘길 하면서 "엄마, 네일 배워 보면 어때?" [하길래] "니가 하고 싶으면 해. 인문계에서는 니네들 적성으로 해서 다닐 수 있지 않냐?"고, "하고 싶으면 하라"고 그런 얘기도 했었고…. 그러고 나서 그러던 찰나에 "엄마, 고모부가 얘기했던 데 나 오디션 보러 가면 안 돼?" 그런 얘기도 [해서], "할 수 있을 거 같애? 전철 타고 다니는 거, 니가 할 수 있겠냐?" 했더니 "해보지, 뭐"라고까지 얘기를 했던 단계였어요, 그 초에. 그리고 2학년 올라갔던 거 같아요.

면담자　　　　그래도 뭔가 하고 싶어 하긴 했었네요.

경주 엄마　　　　저는 그거죠, 춤을 아무리 좋아해도 알잖아요, 정말 뛰어난 재능이 있지 않으면 하다가 중간에 포기할 수도 있는 거잖아요. 자기가 좋아서 하는 거니까 좋아서 하더라도 재능이 없으면 떨어지고 뒤처지기 마련이니까, 일단은 부닥쳐 보라 이거죠. 해보고 안 되면 다른 길로 가도 되니까, 한 가지가 아니더라도 지가 하고 싶은 게 있다 그러면은 하라 그랬거든요. 그러고 있었던 상황이었던 거 같애요.

9
수학여행 가기 전날 경주를 마지막으로 봄

면담자 15일의 기억을 여쭙겠습니다. 기억나시나요?

경주 엄마 아파요, [그때를 기억하면]. 15일이 화요일이었나? 화, 수, 목, 금, 맞죠? 3박 4일. 14일 날 제가 14일, 15일 이틀 출근했잖아요. 첫 출근을 하는 게 14일이었어요. 근데 학원에서 자격증을 따고, 거기에 저희 고모가 일을 하고 있었거든 그 미용실에, 원장님이 둘이서 하니까 주말에는 바쁘니까 스페어로[예비로] 뛰어달라고 자격증을 땄으니까, 가서 한 서너 번 정도 했었던 데였어요. 그래서 저 하는 거 보고 정식적으로 배우고 해라라고 해서 14일부터 첫 출근을 한 거예요. 근데 첫 출근을 한 날, 경주가 "엄마, 수학여행 때문에 옷 사야 된다"고 [해서], "그래, 그럼 엄마 8시에 끝나니까 미용실로 와" 이랬거든요. 미용실에 왔는데 입이 이렇게 나와 있어요, 소파에 앉아 있고. 거기는 손님이 되게 많아요, 정신이 없거든요. 얘도 신경 써야 되고 손님도 봐야 하니까 자꾸 신경이 쓰이는 거예요. 끝나갈 시간은 다 되가는데 그러고 있길래 어찌어찌하다가 다퉜어요, 끝나고. 정말 되게 많이 화가 났어요, 제가.

저희가 하는 가게도 아니고, 제가 직원으로 있는 데고, 원장도 있었잖아요. 원장님도 계시고 한데 와서 이렇게 입이 뚜뼤하게[뚱하게]

나와 있고, 그러고 있으면은 제가 그렇더라고요, 손님들도 있었고. 그런 상황에서 전화 와도 전화도 제가 못 받은 상황이었기 때문에 오라고 한 거였거든요, 끝나고 사려고. 오면서 친구랑 안 좋았대요. 그런 기분이었는데 "그냥 나한테 돈을 부쳐주지. 내가 그냥 친구한테 가서, 친구랑 같이 가서 살 건데" [해서], "엄마가 돈을 부쳐주고 할 시간적 여유가 아니다. 그러면 진작에 니가 주말에 얘기를 하든지" [하고 뭐라 했지요]. 주말에는 가서 연습을 했거든요. "그러면 그때 얘기를 하든지. 왜 지금 가기 바로 당일 전날 얘기를 그렇게 하고 하냐. 급하니까 엄마도 오라고 한 거 아니냐" 이렇게 실갱이가 된 거예요. 그러다 나왔어요, 고모는 옆에서 좌불안석이고. "가자. 경주야, 사러 가자" 이렇게 얘기가 된 거예요. 그러다가 나왔는데, 이렇게 하다가 큰소리가 나오면 싸우게 되고, "그럼. 가지 마! 수학여행이고 뭐고 가지 마!" 제가 이렇게 돼버린 거예요. 그랬더니 얘가 뭔가에 모르게 복받쳐 갖고 울기 시작하는 거야…. 그때로 다시 돌아가고 싶어요, 저는. 왜 그랬는지 물어보고 싶고.

다음 날 ××이한테 얘기 듣기로는 친구랑 다퉜다고 얘기를 하더라고, 근데 그게 문제는 아니었던 거 같고. 왜 꼭 그런 거 있잖아, 사람들이 생각하는…, '왜 얘가 떠나기 전 마지막에 그런 모습을 보였나'라는 생각이…. 그러면서 저는 고모랑 서 있고 애가 먼저 걸어갔어요, 집 쪽으로. 지금도 그 길을 다니긴 하지만, 그래 서갖고 "어떻게 하냐"고 "나는 안 보내고 만다"고 화가 나 씩씩대고 있는데 고모가 "그래도 언니, 데리고 가자" 이런 얘기 하고 있는데, [경주는] 혼자 막 걸어가요. 고모 차를 타고 횡단보도 쪽으로 가면서 전화를 했어요, 전화를 받아요. "어디야?" 그랬더니 "왜?" 하고 이렇게 보니까 보이는 거예요. "거기 서 있어" 그러면서 "차 그 앞으로 가니까. 차에 타" 이런 얘길 하고 있는데, 보니까 전화기를 들고 있는데 걔가 계속 울고 있는 거예요. 제가 창문을 열고 "차에 타, 가게" 그랬더니 "안 가" 이렇게 얘기를 하는 거예요. 상황을 보니까 좀 아닌 거 같아서 제가 그러면 "너 그냥 가라", 이제 고모한테 "그냥 가라" 그러고는 저는 내렸어요.

내려갖고 그 횡단보도에 서가지고 이렇게 쳐다봤더니 계속 울고 있는 거예요. 그 뒤로는 한마디도 안 했어요, 제가. 한마디도 안 하고 횡단보도 신호 바뀌어서 건너고 그 언덕을 넘어서 빌라 쪽으로 가는데, 그 길을 계속 걸어가는데 쭉 올라가는데 뒤도 안 돌아봤거든요, 제가. 그게 14일이죠. 그러고 중간에 뒤를 딱 돌아보니까 저 끝에 전화기를 들고 오는지 천천히 걸어오는 거예요. 얘가 엄청 울고 있었어요. 그 모습이 저는 마지막이었고, 옆으로 쳐다봤을 때 경주의 모습이 마지막이었거든요. 그러고는 '오겠지. 집에 따라오겠지'라고 생각하고 걸어갔어요. 한참을 기다려도 안 와요, 횡단보도에서. 전화를 할까 말까 하다가 안 했어요. 그리고 집까지 걸어갔어요. 갔더니 가서 제가 문자 주고받은 거 같기도 하고 하여튼 기억이 잘 안 나요. 근데 그날 집에 안 들어왔어요, 안 들어오고 ××이네 집에 가 잤더라고 보니까. 저는 경주 모습이 그게 마지막이었죠. 다음 날 아침에 일어나서 출근하면서 전화를 했어요. 저녁에 전화했더니 안 받더라고. 문자로 "왜?" [하길래] "진짜로 안 갈 거냐?"고 [물으니까] "몰라" 뭐 어쩌고 [해서] "그럼 가지 마라" 이렇게 하고 끝났거든요, 문자로. 서로가 뭔가가 안 풀린 거죠.

다음 날 아침에 일어나 가지고 전화를 했더니 안 받아요, 안 받고 문자가 왔어요. "왜? 무슨 일이냐고"[고] 왔더라고. "학교 안 가?" 그랬더니 "갈 거야" 이러는 거야. "지금 시간이 몇 신데, 몇 시 출발인데?" 그랬더니 몇 시 출발이라고, 지금 일어나서 준비하고 가면 된다고 이렇게 얘기하는 거예요. 안 보낼 수 없잖아요. 그제서야[그제야] 일어나서 준비하고 집에 와서 가방 쌀 때 "뭐, 뭐 가방에 있고", "뭐, 뭐 챙기고" 어쩌고저쩌고 문자를 막 보냈어요. 그러고는 저는 출근을 했어요. 출근을 하고 나가지고 한참 있다가 청소를 하고 있는데 전화 통화를 했던가? 하여튼 계속 문자를 했던 거 같애요. 그리고 "니 통장에다가 얼마를 너 놨으니까 현금을 다 찾아가지 말고 쓸 거 몇만 원만 찾고, 나머지는 카드로 써도 되니까 괜히 가다가 잃어버릴 수 있고 하니까 카드만 챙겨서 가라" [하고] 그리고 "가방은 뭐 싸고 짐은 뭐 하고 이거 챙기고 저거 챙기고…", 직접 옆에서 같이 해줘야 되는데 못 하니까 문자로 다 보냈죠. "출발하기 전에 전화를 해라" 했거든요. 그 문자를 주고받았던 거밖에 없는 거 같애. 전화 한 번 통화하긴 했는데 빨리 끊었던 거 같애. 그리고 얘가 출발할 때쯤 저한테 문자가 왔어요, "엄마, 이제 출발해". 그때가 4시? 하여튼 오후 시간이었어요, 학교 끝나고 가니까.

그래서 제가 "가서 좋은 거 많이 보고, 경험 많이 하고 뭐 어쩌고 저쩌고하고 와" 했더니, 저한테는 존댓말 안 쓰거든요, [그런데] 답이 "네" 하고 왔어요. 그게 끝이에요. 그 전날은 경주 얼굴 본 게 그게 마지막이고 문자는 그게 마지막이고…. 그날 저녁에도 배가 못 뜨면 못 뜬다고 저한테 전화해야 되잖아요? 저한테 전화 안 해요, 저도 전화 안 하고. 왜냐하면 얘에 대한 믿음이 있기 때문에 그랬던 거 같애요. 어디를 가도 걱정을 안 해요, 잘 하니깐. 그리고 저녁에도 그날따라 손님이 되게 많아 갖고 집에 오자마자 그냥 곯아떨어졌던 거 같애요, 잤던 거 같애요. 그리고 긴장도 했기 때문에 일한 지 며칠 안 됐으니까, 전화하고 이게 없었던 거 같애요.

10
4월 16일 소식을 듣고 학교로, 진도로 이동한 과정

면담자　　처음에 사고 소식은 어떻게 들으셨나요?

경주 엄마　　16일 날 아침에 출근을 하고 있는데 우연찮게 선부동쪽에, 처음에 경주 초등학교 때 이쪽으로 이사 왔을 때 앞집 뒷집 살면서 친해졌던 저랑 동갑내기 엄마가 있어요. 딱 마주친 거예요, 저 바로 가게 가기 전 버스 정류장에서. "반갑다" 어쩌고저쩌고하고 있는데, "어" 하고 "다음에 보자" 하고 갔어요. 딱 하고 출근을 하는데, 그 친구 만나고 출근을 해서 수건을 갠다고 딱 하는데, 그 시간이 9시 조금 넘었었거든. 저 예전에 주간 파트로 일했던 음식점에서 같이 일을 했던 언니가 있어요. 전화가 온 거예요. 오자마자 "병화야, 놀라지 말고" 이렇게 얘기하는 거예요. "왜? 언니" 그랬더니 순간 뉴스 틀어 논 것도 아니고 아무것도, "너, 놀라지 말고 침착해" 처음 한마디가 그래요, 저한테. "왜? 언니" 그랬더니 "경주, 수학여행 갔지?" "어" "단원고지?" "어" "빨리 뉴스 틀어" 이게 첫마디였어. 그 순간 뭔가 온몸에 전율이 쫙 느껴지는 거야. 그러면서 고모가 들어오고, "뉴스 틀라"고,

TV 제가 못 하니까 뉴스 틀라고…. 뭔가 떨리기 시작하는 거야.

뉴스를 딱 트는데 어딘지를 모르잖아요, 어디 틀라 얘기도 안 했고. "어디?" [하길래] 언니한테 소리를 지른 거예요, "어디 뉴스?" [하길래] "YTN" [하고]. YTN 딱 트니까 벌써 배가 넘어간 거죠. 배가 이렇게 기울어가지고 "안산 단원고, 수학여행 배, 침몰 중" 이렇게 뜬 거 같애요. 그때부터 눈물이 나고 울기 시작하는 거예요. 뭔지 모르지만 내 몸은 아는 거 같애요. 고모는 옆에서 "언니, 아닐 거야, 아닐 거야. 잠깐만 언니, 기다려보자 언니" 하는데 저는 이미 이건 도저히 뭐가 계속 머리에 지나가는 거야. 경주랑 싸웠던 거, 어제 전화 한 통도 못 했던 거, 이런 별의별 게 다 지나가는 거야(훌쩍임). 그러고 나서 바로 담임한테 전화를 했더니 신호는 가는데 안 받아요. 근데 그게 중간에 끊어지더라고. 그러고 계속했더니 통화 중 걸리고, 겹치니까. 경주한테 전화했어, 안 받아요. 막 미치겠는 거야. 그래 갖고 나중에 도저히 안 되가지고 학교로 전화를 했어요, 행정실 찾아가지고 전화…. 또 안 받아요.

처음에는 받았어요, 누가. "이게 무슨 얘기냐?"고 그랬더니 "어머니, 제가 [확인해 드릴 테니], 몇 학년 몇 반이에요?" 묻는 거예요. "2학년 10반 이경주"라고 그랬더니 "어머니, 잠깐만요. 확인할게요. 확인하고 바로 연락드리겠다"고 학교에서. 근데 전화받으시는 분이 목소리가 너무 태연해요, 처음 제가 느낀 거는. 처음에는 몰랐던 거처럼 전화를 받으시는 거예요, 정말 몰랐던 건지, 그 시간이 9시가 넘었는데. 그래서 안 되겠다 싶어서, 선생님도 전화 안 받고, 그러고 막 계속 우왕좌왕하고 있는데 경주한테 문자가 온 거예요. 경주 핸드폰이 아니라 3반에 주이라는 친구 핸드폰이었어요, 나중에 알고 보니까, 누군지는 모르는데, "엄마, 나 경준데" [하고] 문자 저한테 온 게 있거든요, "엄마, 나 경준데 지금 배가 기울어서 뭐 어쩌고저쩌고하고 있어" 뭐 이렇게. [그래서] "선생님 인솔에 잘 따르고. 곧 그렇게 [잘 구조]될 거야. 하는 대로, 구조되는 대로 엄마한테 연락 줘" 제가 이렇게 문자 보냈어요. 그리고 이 문자 보내고 나서도 바로 일루 전화를 했는데 전화가 안 되는 거야. 계속 다 안 돼요. 경주, 선생님, 다 안 돼요, 전화가.

그리고 나서 1분, 2분 상간이잖아요, 그리고 나서 경주가 마지막으로 문자 온 게 "엄마, 물 올라와" 이게 마지막 문자 온 거. 그래서 '도저히 안 되겠다' 싶어 가지고 부랴부랴 갔어요. 학교를 딱 내렸는데 택시가 올림픽기념관 쪽으로 들어간 게 아니고, 저쪽 예당[예술의 전당] 쪽, 교회 쪽으로 해서 그쪽 방향으로 해서 들어간 거예요. 초등학교 쪽으로 해서 이렇게 골목으로 들어간 건데 골목으로 딱 들어갔는데 벌써 막혔어요. '어, 이거 뭐지?' [싶더라고요]. 학교 앞에가 차가 MBC, KBS 이런 방송국 차량 큰 것들부터 해가지고 꽉 막혀 있는 거예요. 도저히 택시가 못 들어가는 거, [그래서] 중간에 내려서 걸어간 거예요(한숨). '도대체 이건 무슨 난리지? 이건 뭐지?', 계속 눈물은 나지, 가긴 가야 되지, 확인은 해야 되지…. 아빠랑도 통화하고 갔거든요, 지금 상황이 이러니까. 제가 딱 그랬어요, "경주 10반이고…" 반부터 저는 생각이 나는 거예요. "경주 10반이고…" 보통 [확인이] 1반부터 여자부터 이런 게 있잖아요, 그런 생각이 드니까…. 애들 아빠가 전기를 하니까 지방에 있었거든요, 경남 쪽에 있었거든요. 경남에서 진도까지 가는 게 멀잖아요. "내가 지금 어떻게 될지 모르니까 자기가 [진도에 가서] 먼저 확인해" 내가 그러면서…. [그랬더니 애들 아빠가] "기다려보자"고, "자기도 상황을 봐야 되겠다"고 하는 거야. "볼 거 없다"고, "빨리 가라"고, "확인하라"고 [애들 아빠를 진도로] 보내고….

학교가 언덕이잖아요, 이 다리가 천근만근인 거야, 올라가는데. 근데 어떤 할머니가 어떤 손준지, 손년지 할머니를 모시고 가는데 다들 마음이 급하니까, 모시고 가다가 손을 놓는 거예요. 제가 이 할머니 부축해 갖고 올라갔어요, 그 와중에도. 다들 제정신이겠어요? 가니까, "어디로 가야 돼?" [하면서] 가다 보니까 강당으로 들어가라고 하더라고, 누가. 상황도 모르겠고 아무것도 모르고 왁자왁자한 거예요. 갔더니 벌써 부모들이 많이 와 있죠, 저는 달랑 저 혼자 가 있지. 뭐 누가 소리 지르고 난리 났고, 위에 선생이란 사람 올라와 있고, 교장인지 누군지 올라와 있고 아무것도 모르겠는 거예요.

그때 아마 영상 누가 찍었는지 모르겠지만 그 언론에서 찍은 것들은 있을 거예요, 있을 건데…. 얘길 하다가 그 순간에 드는 생각은 "전원 구조?" 웃기지 말라'고…. 믿고 싶죠, '내 딸은 살아 있을 거야. 살아 있을 거야' 이걸 믿고 싶은 거지. 그러면 살아 있는 아이들 명단이 나와야 될 거 아니에요? 안 나오는 거예요. 그냥 이미 제 마음 속에서는 배가 기우는 모습을 딱 보는 순간 뭔지 모르겠지만 와르르르 무너지는 거예요. 그러면서도 "전원 구조" 이런 얘기 나오고 문자도 왔었고 이러니까 '살아 있겠지. 살아 있어야지. 구조하겠지, 우리나라가 어떤 나란데. 그래도 해양 전문에서는 해양 부문에서는 우리나라가 조선업계에서는 그래도 알아주는 나란데' 이런 생각들이 드는 거죠. 그러면서 뭔 얘기하다가 "갑시다" 이렇게 돼가지고, 다이렉트로[직접] 시에서 차 준비했다는 그런 얘기 들었어요, 얼핏얼핏 들리고…. "탑시다" 우르르 내려와서 차 타고 내려가는데 왜 이렇게 소변은 마려운 거예요? 이 몸이 온 기능들이 제대로 작동을 안 하는 거예요.

어떻게, 어떻게 우여곡절 끝에 가는 내내 TV 뉴스는 틀어놨더라고. 뒤쪽에서는 통화를 해요, 애랑. 누가 생존자 부모인 거 같애, 나중에는 생존자인 거죠. 근데 "어, 누구야" 하더니 조용히 얘기하는 거야. 나중에는 (속삭이며) "어, 어" 이렇게 하는 거예요. 왜냐하면 다 부모니까, 전화 오는 사람이 없거든. 계속 눈물만 나는 거죠, '이거…. 아니야, 정신 차려야지'. 근데 전화는 계속 와요, 여기저기서 다 전화[가] 와. 전화는 다 받았죠. 모르는 번호들도 전화가 오는 거예요, 전화가. 다 받았죠. 소식들을 듣고, 전국에서 안다는 사람들은 전화가 다 오죠. 가는 내내 어떻게 갔는지도 모르겠고, 정말. 내렸는데 애들 아빠 먼저 와 있더라고요. 애들 아빠가 앞에 붙은 거 다 확인을 이미 했더라구요, 내리니까. 내가 "있어? 이름 있어?" 하니까 "아니" [하면서] 나를 잡아땡기는 거야. [그래서] 보러 가자고, 다시 확인하자고, 내가 이렇게 얘기했어요. [애들 아빠가] "없다"고 [해서] "안에 다 봤냐"고 [물었더니] "봤대"요, "없대"요. [애들 아빠가] "그냥 저쪽 옆으로 가자" [해서] 아니라고 내가 다시 확인한다고 (눈물을 훔치며) 확인을 다시 했어요. 확인을 다시 했는데 없어요.

안으로 체육관으로 들어갔더니 듬성듬성 몇 명 앉아 있고 부모들도 있고 사람들이 보이더라고요. 막 앞으로까지 무작정 갔다가 다시

55
1회차

돌아오는데 한 애가 이렇게 눈에 띄는 거예요. 잘 몰라요, 걔가 누군지. "너 몇 반이니?" 그랬더니 앞에서 "몇 반이에요" 이러는 거예요. 바로 뒤에 또 애가 있는 거예요, "너 몇 반이니?" 이랬더니 10반이래요. "너 경주 봤니?" 이렇게 된 거…. 얘도 정신이 없죠. 담요 뒤집어 쓰고 있고, 엄마가 이렇게 안고 [잡아]땡기는 거예요, "몰라요" 이러면서. 이렇게 얘길 하는[데…](울음). 밖에 나와가지고 애들 아빠랑 그냥 앉아 있었어요. 우리가 할 수 있는 게 아무것도 없는 거예요, 누가 '어떻게 해라' 하는 사람들도 없고. 그러고 나서 또 누가 "팽목으로 갑시다" 이래 가지고 "다 모이세요. 다 출발합니다. 다시 차 타세요" [해서] 애들 아빠 거기다 차 세워놓고 버스를 타고 팽목으로 갔어요. 근데 날이 어두워요, 껌껌해요, 아무것도 안 보여.

거기 내렸더니 벌써 천막 같은 게 하나가 쳐져 있는, 도대체 누가 관리를 하는 건지, 누가 뭘 하는 건지도 없고. 정복 입은 사람 한 명 왔다 갔다 하고, 해군인지 경찰인지 그렇게 보이는 사람 한두 명이 왔다 갔다 하는 거밖에 안 보이는 거예요. 아는 사람도 없고, 뭐 둘이서 어떻게 해요. 그냥 멀뚱멀뚱 서 있고 왔다 갔다 하는 거 보고 그러고 있는데, 같이 일했던 직장 동료가 있는 거예요, "언니, 여기 왜 있어?", "우리 딸도 몇 반이야" (한숨을 내쉬며) 할 말이 없잖아, 더 이상. 그러고는 시간이 흐르고 계속 상황이 진행되고…. 그날 그렇게 천막이 생기고, 언론 차들 계속 막히고, 들어오고 미어터지는 거야. 움직이면 사람 부딪치는 거야. 도저히 안 돼. 나중에는 누가 '이리 가라 저리 가라' 얘기해 주지 않았는데도, 우리가 "저 속에 들어가 있자, 담요 나눠주는 거 받고". 근데 이 담요마저도 내가 두르는 게 너무 죄스러운 거예요, 그 당시도. 내 새끼는 물속에 있는지 물 밖에 있는지는 모르겠지만, 저기서 구조가 됐는지 안 됐는지도 모르겠는데….

근데 이미 저는 제 마음속에서는 벌써 뭔지 모르지만 알고 있었던 거 같애. 근데 이게 아니라고, 아니라고 자꾸 부정하고, 그 당시에 '너는 올 거야. 너는 올 거야'라고 생각을 했었던 거 같애, 그 당시에. 그때부터 아마 시작이었던 거 같애요. 그래서 천막에서 대기했다가, 그날 첫날 "시신 두 구가 올라왔습니다"라고 했는데, 부모들이 팽목에 다 있는데 안 보여주는 거야. 12시에 나왔다고 분명히 얘기했는데 새벽 4시에 다시 온 거예요. 병원 갔다가 조회가 안 되니까, 최혜정 선생님은 [확인을] 했는데 여학생이 [확인이] 안 되니까 다시 돌아온 거야. "시신 확인하세요" [하니까] 부모들 우르르르, "여학생입니다" [하니까] 여학생 부모들이 가는 거죠. 갔는데 줄을 쭉 섰어요. 차 두 대, 앰불런스 두 대 이렇게 세워놓고 옆에 문을 열어놓고 이렇게 씌워논 거 있잖아요, 씌워논 거 지퍼를 이만큼 내렸어요. 여까지 줄을 서서 쭉쭉쭉쭉 가는데 처음에가 최혜정 선생님이었어요. 딱 보니까 최혜정 선생님이에요, 저는 얼굴을 아니까…. 못 보겠는 거예요. 그 순간에 어떤 생각이, 오만 가지 생각이 들면서 '그래도 선생님이 경주 챙겨줬으니까 경주 데리고 같이 나왔겠다' 이런 생각까지 드는 거예요. 얘가 경주겠거니 이런 생각까지 드는 거예요, 그 당시에.

'왜 내가 그런 생각을 하지?' 얘는 살아 있고 올 거라는 생각을 하면서도…. 그러면서 뒤에 가서 봤는데 애 얼굴을 못 알아보겠는 거예요, 상한 게 아닌데 못 알아보겠어. 옆모습이잖아요. 거기다가 우리가 목욕탕에 들어가면 손이 약간 불듯이 약간 느낌이 그냥, 그리고 싸한 느낌이 있으니까, 요까지 딱 내렸는데 "얼굴이 안 보인다"고 얘기했어요. "누군지 못 알아보겠다고요!" 내가 이렇게 얘기했어요. 얼굴을 만지진 않았던 거 같애. 이거[지폐]를 내려줬던 거 같애. "그러면은 가까이서 보세요" [하고] 얘길 하는 거예요. 그래서 이 안으로 문을 열어놓고 여기선 더 이상 못 들어오게 하는데, 여기 있잖아요, 우리가 여기서 보잖아요, 이렇게 들어갔어요. 근데 얼굴을 보는데 못 보겠어요. 저는 죽음이라는 것도 처음, 다른 주위에서는 장례식장도 가고 했지만 누군가를 정말 죽음을 실제로 앞에서 본 건 처음이거든. 이 온몸이 정말 어떻게 이루 말할 수가 없는 거예요.

그리고 돌아와서 최혜정 선생님을 봤잖아요. '어, 이건 뭐가 다 끝났나? 디 엔드인가? 우리 애는 어떻게 되는 거지?' 그때부터 시작이었던 거 같애요. 그러다가 다음 날 비가 엄청 왔잖아요. 중간에 부모들이 배 타고 나가고, 해경 배 타고 나갔다 오고…. 저도 중간에 한 번 친구한테 전화받았는데 페이스북에 누가 있다더라, 그 전화 제가 받은 거거든요. ××이 걔 친구가 전화 와서 "엄마, 아는 선배가 경주 반에 누구 살아 있다고 [하더라]" 하면서 그 전화를 제가 [받았어요]. "엄마, 전화번호 가르쳐줘도 돼요?" [하길래] "어"[라고 했었어요]. 제가 걔랑 통화하는데 아무것도 없어서 옆에 있는 라면 박스 찢어가지고 볼펜 달라가지고 이름을 받아 적었는데, 우리 반은 제가 적었던 거 같애요, 10반. 근데 경주 이름이 없었어요. 이 아이들이 3층 매점 옆에 거긴데, 다리가 다쳐서 피가 나고 있고, 그런 얘길, 전화받은 게 저예요. 제가 그거를 들고 "상황실 어디예요?"라고 뛰어나가는데 어떤 사람이 제 손목을 잡고 막 끌고 가는 거예요. 누군지도 몰라요, 저는. 애들 아빠도 어리둥절하게 따라 들어오고 그런 과정들이 있었어요.

카메라 들이대고 플래시 비치는데 눈을 못 뜨겠는 거예요. 얘기를 하는데 "무전 돼요? 안 돼요?", 정복 입은 사람 하나 있었어요. 누군지 모르죠, 저는 그 당시에. "무전 돼요? 안 돼요? 현장 돼요? 안 돼요? 거기 3층 어디에 애들이 있대요. 거기 확인하라고, 수색하라고, 들어가라고" 그런 얘기를 하고 있었는데, 저희가 이미 나중에 알게 된 사실이잖아요, 아무도 못 들어가고, 아무도 들어가지 않았다는 거. 그런 과정이 있고 나서 배 타고 다음 날 현장 갔다가 왔을 때, 끝부분 조금 남아 있는 거 우리가 몇 킬로[미터] 반경에서 봤으니까, 그 모습 보고 비가 많이 왔잖아요. 그러면서 시어머니, 식구들 다 내려왔어요. 도저히 비 오는 데 있을 수 없어서 "체육관으로 가자" 해서 체육관 가 있다가 경주가 23일 날 올라왔으니까, 22일 날, 21일, 22일인가, 21일쯤에 제가 도저히 못 있겠는 거예요, 체육관에서. 다 부모들은 확인한다고 팽목에 가 있는데, 그러면 [아이가] 왔다 하면 확인하고 여기서 가고 이러기는 너무 싫은 거예요. [그래서] "난 다 가서 봐야 되겠다"[고 했어요]. 애들 아빠하고 체육관에서 말 한마디도 안 했어요, 너무 싫은 거예요.

11
경주가 온 날

면담자   싫다는 게, 어떤 게?

경주 엄마   다 니 탓인 것만 같기도 하고 내 탓인 것만 같기도 하고,

서로가 너무 싫은 거예요. '너랑 나랑 안 만났으면 이런 일 없지' 이런 거 있잖아요. 별의별 생각도 많이 들고 그랬었어요. 그러면서 안 간다는 거예요, 애들 아빠가 "못 보겠다"는 거예요. "그래, 그럼 넌 여기 있어" [했지요]. 근데 여까지 올라왔죠, '넌 애비 자격도 없어'이런 말이 여까지 올라갔는데 못 했죠. 그래 가지고 팽목으로 넘어가 가지고 날밤 꼬박 세우다시피 하고 했는데, 저희 친정 오빠 둘이서도 내려오고, 애들 아빠랑 고모부랑 계속 있었거든요. 고모부랑 둘이 넘어왔더라고요, 팽목으로. 술을 한잔했더라구요. [그래서] 자라고, 자고…. 그때까지도 7일 차였잖아요. 7일, 8일 만이었으니까, 세수도 안 하고 이빨도 안 닦았어요, 애들 아빠가. 저는 그래도 이빨이라도 닦았어요. 주는 밥 국물이라도 몇 번은 먹었어요, 저는 나중에는. 처음에는 정말 물도 못 삼켰는데 먹어야 되겠더라고. 그리고 한 7일 동안 그러고 버티다가 다음 날 일어나 가지고 새벽에 눈 떠졌죠, 몇 시간 안 자도. "가서 얼른 이빨 닦고 세수라도 하고 오라"고 그러고 보냈다. 애들 아빠가 씻으러 가는 거예요. 그러면서 옷도 가져간 것도 없고 이러니까 체육복을 주시더라고.

그래 갖고 체육복, 애들 아빠가 옷 갈아입게 하려고 받아놓고 기다리고 있는데 방송을 하는 거예요. 경준 거예요, 경주 친구가 내려왔었거든요. 팽목 와가지고, 전날 경주가 친구 집에 있으면서 지 옷을 "뭐, 뭐 이거 다 가져갔다"고 얘기를 하더라구요. 경주가 어떤 옷, 어떤 옷 가져갔으니까 "엄마, 어떤 옷은 여기 영어로 무슨 색깔 적혔구요, 어떻고요" 다 얘기를 해주는 거야. 그거를 다 적어놨었거든요. 적어놀 필요도 없죠, 외울 정도였지 그거를. 그리고 경주가 목걸이 한

거랑 이런 것들은 아니까, 근데 딱 처음에 키 160, 경주가 163이거든
요, 160에 중간 머리에 파마머리고 통통한 편이고 하면서 딱 하는데,
목걸이가 어쩌고저쩌고하는데 목걸이가 경준 거예요.

경주가 차고 있던 목걸이가 오에스티[주얼리 브랜드]에서 산 건
데…. 한번은 알바를 갔었어요, 경주가. 하루 종일 일하고 7만 원인
가 8만 원 벌어 왔어요. 단순 작업 하는 데서 벌어 온 거 같애요. 그
래서 "야, 너 알바했는데 엄마 뭐 안 사주냐?" 내가 "맛있는 거라도 사
줘야지" [했었어요]. [그랬더니] 중앙 시내 나가가지고, 오에스티 나가
가지고 목걸이 그거를 사갖고 온 거예요. 그게 진짜 금이나 이게 아
니잖아요. 제가 알레르기가 있거든요. 그걸 찼더니 목이 두드러기가
다 일어난 거야. "경주야, 엄마 이거 못 차겠다. 피부 다 일어났다" 그
랬더니 애들은 그나마 괜찮더라고요. 그거를 지가 차고 있었거든요.
그래서 그 목걸이를 기억을 하죠. 방송을 딱 하는데 애들 아빠가 저
기서 딱 걸어오는 거예요, 다리에 힘이 딱 풀리더라구요. "경주 왔다"
고(울음).

면담자   며칠 동안 안 씻으셨던 아버님이 그날따라 씻으신 거
네요.

경주 엄마   "씻고 와" 그랬더니 아무 말도 안 하고 씻으러 가더라구
요. 경주 맞으라고 씻으러 간 거 같애요. 아니, 자꾸 그런 식으로 연결
이 되는 거죠.

12

진도로 가는 버스를 타기까지 과정과 몸 상태, 옆에 앉았던 다른 어머니

면담자   처음에 학교 오셨을 때, 버스는 다 준비가 되어 있었나요?

경주 엄마   버스는 그때 없었구요, 방송 차량들이 다 깔려 있었고…. 일단 제가 가게에서 출발하기 전에 학교에서 문자가 와서, 행정실이랑 통화하고 나서 문자가 왔어요. "전원 구조"라는 게 떴구요. 그 당시에 그때 단체 문자가 보냈던 거 같애요, 한 번인가 두 번인가 왔어요.

면담자   강당에 인솔자가 있었나요?

경주 엄마   교장이 앞에 나왔었어요. 나와서 얘길 했었고, 교장이라고 했었고. 옆에 [사람에게] "누구냐?"고 [물었더니], "교장이래요" 이렇게 얘기를 하더라고. 얘기를 하고 있고 하는데 귀에 하나도 안 들어오죠. 이 상황들이 미친 거 같고, 그냥 말도 안 되는 거 같고, 꿈 같고 그런….

면담자   차량은 부족하지 않으셨어요?

경주 엄마   내려갈 때요? (면담자 : 네) 안산시도 완전히 다이렉트로 저기니까 교육청하고 해가지고 뭔 얘기 나오면서, "바로 가야 된다. 백몇 명 이송 중, 이동 중이다" 이렇게 나왔었잖아요, 아이들, 생존자 아이들 그랬을 때. 나중에는 어쩌고저쩌고 "전원 구조" 얘기 나오면서 주고받고 하다가, 그럼 "내려가자" 이랬더니, 그럼 교장하고 누군가가 얘기를 하고 하더니 "버스를 준비했습니다. 하겠습니다, 했습니다" 이렇게 돼갖고, "잠시 후에 내려가시면 되겠습니다" 해갖고 바로 버스가 그래 갖고, 버스가 몇 대 와가지고 인원을 각 가정에 두 명만 잡아도 몇 대를 준비해야 되겠어요? 자기네들 아니까 일단 했겠죠. 무조건 탔어요.

면담자　　　　집에 들르시거나 하지 않고 바로 진도로 가셨나요?

경주 엄마　　저는 출근한 그 모습 그대로 학교 갔다가….

면담자　　　　버스에서 통화하셨던 어머니는 기억나세요? (경주 엄마 : 누군지 몰라요) 내려가실 때 기억에 남는 사람이 있으세요?

경주 엄마　　내려가는 동안에는 그런 거는 정신이 없었구요. (면담자 : 어머니 옆자리는 누가?) 옆자리는 저기 다른 엄마, 이름이 생각이 안 나는데 그 엄마하고 같이 앉아서 내려갔는데 이 엄마가 계속 우시는 거예요, 저도 슬프지만…, 눈물을 흘리고 "아들이 하나"라고 하시더라고. 엄마는 뉴코안지, 저쪽 어디 백화점 쪽에서 일을 하시다가 오신 거 같애요. "누구야, 누구야" 하면서 계속 우시는데, 제가 그만 우시라고, "우리가 내려가서 어떻게 될지 모르니까 정신을 차려야 된다"고, 그만 우시라고 "진 빠진다"고 손 꼭 잡고(울음), 둘이 손을 꼭 잡고 내려갔던 기억이 나요. 지금도 가끔 온마음센터에서 한 번씩 보면 반가워하시고…. 근데 참 희한한 게 올라온 날, 경주 올라온 날 경주 확인하고, 저는 여자잖아요, 거긴 아들인데 이름이 생각이 안 나네, 제가 그러고 나서 쓰러졌어요. 쓰러져 갖고 누워서 링거 꽂고 이러고 있는데 옆에 이 엄마가 누워 있는 거야. 이 엄마도 애기가 나온 거예요. 웃기죠?

면담자   그날 같이 나온 거예요?

경주 엄마   예. 그래 갖고 누워서 우리 무슨 얘기했는 줄 알아요? 누워 있는데 "우리 애들 둘이 연결시켜 줍시다" 이러는 거예요, 저한테. 그 와중에도 저 아무 말 안 했어요. 우리 경주도 생각도 존중해 줘야죠. 그래서 저 아무 말 안 했어요.

면담자   소변 때문에 힘드셨다고 하셨는데 차를 타고 난 뒤에 그러셨던 거예요?

경주 엄마   아니요. 일 딱 터지고 그때부터 전화받고 그때부터 계속 화장실 왔다 갔다, 그리고 학교에서도 내려와 가지고 버스 타기 전에 한 번 갔다 왔어요. 타고 출발하기 전에 또 갔다 왔어요, 불안하니까. 그리고 가다가 예당 앞에서 한 번 차를 세웠어요, 다시 뭘 한다고. 태워서 단원고에서 출발해서 예당 앞에서 한 번 세웠는데 그때도 가고 싶은 거예요. 갔다 왔는지 기억이 잘 안 나요, 하여튼. 그리고 출발해서 중간에 가다가 세웠어요, 차 전체를. 저뿐만이 아니었던 거예요. 남자분들 그냥 서 가지고 이렇게 하시면 되니까, 근데 여자들은 [화장실이] 없잖아요, 휴게소를 지나쳐서 내린 거, 선 거야, 그 휴게소를 지나친 거야. 버스 기사분도 얼마나 긴장이 되시겠어요. 그런 와중에 지나쳐 가지고 그 많은 버스를 댔는데, 부모들이 휴게소까지 가시는 분도 있었고. 저희는 내려가지고 가드레일 밖으로 경사진 데 있죠. 경사진 데 내려가니까 이렇게 평평하더라구요. 거기 내려가지고 엄마들 뭐 할 거 없이 급하신 분은 그렇게 했던 거 같애요. 그리고 다시 또 출발했던 거 같애요.

경주 엄마 유병화

면담자　　　도착하셨을 땐 어두워지기 전이었나요?

경주 엄마　　그쵸, 저희가 4시, 5시 이때쯤 도착했을 거예요, 체육관. 12시, 아니야, 아니야, 그때가 4월이었죠? [학교에서] 12신가, 12시 좀 안 돼서 출발을 했을 거예요, 아마. 그때쯤 그렇게 해서, 시간이 기억 안 나지? 그래서 "6시간 걸린다" 그래서 6시쯤 도착인데, 일찍인가고 시간 때쯤 도착한 거 같아요. 아직 어둡긴 전이고, 어둠이 지려고 그럴 때쯤이었던 거 같아요. 차례대로 내려서 쭉쭉쭉 들어갔다가 확인하고…. 꽉 찼죠.

면담자　　　명단 확인 뒤에 안내는 없었나요?

경주 엄마　　그냥 다 밖에 서서 있고, 여길 가도 언론, 저기 가도 언론, 다 카메라…. 그랬던 거 같아요.

면담자　　　처음 도착하셨을 때 체육관 바닥에 뭔가 깔려 있거나 그렇지는 않았어요?

경주 엄마　　양쪽에 뭔가는 있는 거 같았는데, 사람들이 꽉 차 있는 건 아니고 드문드문 아이들이 있고 그 옆에 부모들도 있었고, 누군가 사람들이 있는데, 다 담요 있죠? 체크무늬 그 갈색무늬 나는 그걸 다 뒤집어쓰고 있는 거예요. 그러면서 앞쪽에도 사람이 보이기는 보였는데, 이런 거를 저는 처음 겪으니까, 저 역시 다른 분도 그렇겠지만 어떤 게 눈에 딱, 딱 들어오고 그런 건 없죠. 이게 뭐고 이게 뭐고 알지를 못하는 거예요. 그냥 내 새끼 찾는 데 혈안이 되 있는 거죠, 우선 그게 먼저니까.

13
바지선을 탈 엄두도 못 낼 정도로 진이 다 빠진 상태

면담자　　팽목에 나가서서 바지선을 타야겠다는 생각을 하진 않으셨나요?

경주 엄마　　팽목에서 바로 배를 타고 간다는 생각은 못 했어요, 저는.

면담자　　팽목에 그런 부모님들이 많으셨나요?

경주 엄마　　그날 다 내려갔을 때 먼저 가신 분, 뭐 한 2시간 차이겠지만, 먼저 가신 분도 계시겠지만 어쨌든 체육관 도착했을 때 거의 다 내려온 상태잖아요, 안 오신 분들도 계시겠지만. 그다음에 팽목으로 갔을 때 거의 다 왔다고 봐야 되는 거잖아요, 반 이상은. 거기서 정복 입은 사람 몇 명 있는 거 외에는, 그러고 나서 진도 군수, 군이니까 군수 정도였을 거 같아요. 누구다, 그게 뭐 귀에 들어오는 것도 아니었고, 정복 입은 사람은 보였는데 누군지도 모르겠고 하여튼…. 그러면서 3반 혜원 아빠도 앞뒷집 살았기 때문에 혜원 엄마랑, "아, 혜원이도 여기야?" 이렇게 되고, 저희 반 은별이 이모네도 알기 때문에 "이모가 왜? 언니가 왜?" [그랬더니] "우리 조카가…" [그러시더라고요]. 이렇게 아는 사람들이 몇 명 알게 되는 거예요. 그러면서 있으니까, 아는 사람들밖에 없으니까, "어떻게 됐대?" 이렇게 서로 묻는 정도.

　　그러면서 좀 있으니까 "배 타고 나가" 이런 얘기 하고 "배 어떻게?", "몇 명은 돈을 모아가지고 배를 샀어, 그래서 나갔어", 나머지는

경주 엄마 유병화

해경 배가 와가지고 "몇 명밖에 못 태웁니다" 어쩌고저쩌고 막 얘길 하는 거야. 진이 빠지니까 그 상황에서도 타고 나갈 생각이[을] 못 하는 거야. 저는 그때까지만 해도 정신을 차려야지 하면서도 이게 몸이 안 따라줘요. 그래 갖고 이렇게 쳐다보고 있었어요. 혜원이 아빠라고 가길래 가서 어떻게 되는지 바로바로 연락해 주라고, 엄마는 있고 아빠는 그렇게 했으니까, 그렇게 했던 과정들이 있었어요.

14
프락치 발견 후 반별 모임 구성, 잠수사 인터뷰 청취

면담자   그때는 부모님들끼리 반별로는 모르셨던 거죠?

경주 엄마   몰랐죠. 그나마 아는 사람 몇 명 있으니까 그렇게만 얘기하는 정도였고, 연락되는 것도 없고 외부에서 아이들 친구들이나 연락 오는 것, 그런 거 외에는 따로 없었어요.

면담자   당시에 구조가 되고 있다고 생각을 하셨나요?

경주 엄마   그 당시 뉴스를 듣지를 못했어요, 내려가서는 그 상황만 지켜봐야 되는 거니까. 이거는 그냥 피를 말리는 일이었죠. 제대로 설명을 해주시는 분도 없고, 여기저기서 이런 얘기들이 들리면 그런 것들이 진짠지 아닌지 모르는 거니까 그랬던 상황이었던 거 같아요.

면담자   어머님 계실 때 팽목에 컨테이너가 있었나요?

경주 엄마   없었어요. 천막에서, 처음에 갔을 때 천막 하난가 두 개 있었고, 그 터미널 매표소 있는 데 맞은편 부두 내려가기 전에 거기 천막 하나 있었고, 고 옆에 천막 하나 있었고, 나머지 천막 몇 개 있는 거는 한두 개 더 있었던 거 같애요. 그거는 언론사들 거였던 거 같애요. 그 양옆으로 벌써 언론사 큰 거 있죠? 그런 것들이 쫙 진 치고 있는 거예요. 부모들이 이쪽으로 들어오려고 차를 몰아도 못 들어오는 거예요, 힘든 거예요. 그니까 실랑이도 많았고 그랬던 거 같애요.

면담자　　　자원봉사 하신 분들이 들어오고 그랬을 때 어떤 생각을 하셨나요?

경주 엄마　　　생각할 겨를이 없었어요. 그냥 그때도 차를 나누어 주고 하신 분들이 분명히 있었던 거 같애요. 있었던 거 같은데, 이분들이 어디서 왔는지, 왜 이렇게 빨리 왔는지 이런 생각들 있잖아요. 그런 생각을 잠시 잠깐 했을지 모르는데, 그냥 깊게는 생각 안 했던 거 같애. '그냥 있나 부다' 이런 것들은 무미건조했던 거죠, 오로지 이게 어떻게 됐는지를 알아야 되니까. 갔다 온 사람들도 얘기가 없고, 아무 것도 안 하고 있고, 나중에는 뭐 어떻다더라 얘기도 없고, 천막에 앉아서 이러고 있는 거예요, 핸드폰만 들고 있는 거예요. 어떻게 하지를 못하는 거죠. 그리고 둘째 날인가? 제 기억으로는 둘째 날인지 셋째 날인지 모르겠는데 배 타고 나갔다 와서 비 오는 날이어서 체육관 넘어갔잖아요. 넘어가고 나서 자꾸 그게 저도 헷갈리는 게, 가자마자 자리를 잡고 앉았어요. 들어가서 들어간 입구에서 우측 편, 들어간 지 얼마 안 되는 우측 편 가운데 통로 있는 우측 편 바로 앞에 앉아 있었어요.

사람들이 꽤 많더라고. 그러고 나서 앞에 누가 왔다 갔다 하고, 저

앞쪽에 학교 관계자들 있다고 나중에 얘기 들었죠. 관계자들, 교육청이면 뭐며, 뭐며 있을 거 아니에요, 안산시, 진도 다 있을 거 아니에요. 거기 있고 의료팀 이렇게, 왜냐하면 혹시라도 의료팀은 있는 게 딱 보이더라구요. 있고, 누가 와서 브리핑을 해주고 하긴 하는데 저 사람이 누군지도 모르겠고. 그리고 나서 부모들끼리 뭐 하는데 저 사람이 진짜 부몬지, 부모같이 안 보이는데 저 사람 누군지 모르잖아요, 우리가. 정말 전 거기 가서 반별 정하기 전까지, 박근혜 왔다 가고 나서까지 한마디도 안 했어요. 그냥 쳐다만 보고 있었어요, 어떻게 하는지 보기만 했어요. 그러다가 나중에 제가 한번 탁 터진 게, 저희 반 송희 삼촌이라고 있어요. 송희 삼촌, 큰삼촌 작은삼촌 두 분이서 앞에서 이렇게 하고 계시는데, 갔다 오고 나서 그 어떤 언론사에서, 채널A인지 어디 언론사에서 자기네들 "직접 수중 들어가겠다"라고 해가지고, 들어가 가지고 촬영했던 영상이랑 음성이랑 다 있다고 해갖고, 송희 삼촌한테 갖고 와갖고 하여튼 그런 과정들이 있었어요.

저도 기억이 그거까지만 나는데, 그래서 "반별로 뭐 하겠다" 유민 아버님이 저희 반, 이렇게 하면서 "너 누구냐?" 부모들끼리도 못 미더워서 그래 갖고 나중에는 알고 봤더니 사복경찰이고 이런 과정들이 밝혀지면서, 저희 부모들끼리도 이래선 안 되겠다고 해가지고 "그럼 반별로 모입시다. 반 대표를 세웁시다" 이렇게 된 거예요. 그래서 그런 얘기 나오면서 할 때 고 과정도 있었거든요. 내가 처음으로 행동을 하고 움직였던 게, 그 영상을 송희 삼촌하고 그 옆에 누가 있었어요. "이거를 틀면 안 됩니다" 이 사람은, 송희 삼촌은 "틀어야 됩니다" 이런 과정들이 있었어요. 그 앞에서, 무대에서 위에서 이 사람 막 실랑

이를 하는데, 제가 그거를 보고 뛰어갔어요. 여기 뒤에서, 여기서 거까지 뛰어갔어요, 뛰어 올라갔어요. 잡을려고 가니까 송희 삼촌이 이 사람을 데리고 안으로, 그 안에 회의하는 실처럼 거기로 데리고 들어간 거야. 저까지 다 데리고 들어간 거야. "틀라"고, "안 틀면 여기서 어떤 일이 벌어질지 모른다"고 "틀라"고, "이건 봐야 되겠다"고, "우리가 찍어온 거 아니냐"고, "보여줄 거 아니냐"고 그랬더니 "안 된다"고 무슨 얘기를 막 하는 거예요.

그거는 어떻게 마무리가 됐는지 모르겠지만 제가 알기로는 어떤 언론사에서 그걸 촬영을 해가지고 내보내겠다, 자기네들 특종이잖아요. 그래서 그런 과정들이 있었던 거 같애요, 하여튼. 그래서 자세한 거까지는 모르겠고 하여튼 고 과정, 찍어온 건데, 그래서 결국은 음성은 틀었어요, 한 번. 틀어서 그 영상을 다 틀었어요, 저희가. 잠수사가 하는 얘기가 "안 보인다", 근데 창문 뿌연 게 가시고 나서 창문 있는데 틈으로 해서, "줄진 무늬의 옷이 보이고 [시신이] 두 군가 세 군가 있다", 하여튼 그렇게 얘기하는 것들이 보여요, 들려요, 다 들었어요, 저희 거기 있는 부모들이. 이거 안 틀면 안 된다고 끝까지 틀게 했거든요. 그래서 그걸 틀어가지고 들었어요, 저희가. 그러면 이미 일단은 그 잠수사가 누군지 모르겠지만, 언론사였는지 모르겠지만, 갔다가 보고 확인한 거잖아요. 그러면 아이들이 그렇게 되어 있다는 거잖아요. 근데 얘네들이 발표하는 거랑 다른 거잖아요. 가드레일 원줄 달아가지고 "잠수사가 들어가서 했다. 안 보인다. 작업 못 한다" [했는데] "웃기는 소리 하지 말라"고. 며칠 동안 있는 과정 중에 제가 계속 보다가 그 영상에 뛰어 올라간 거죠, '이거는 우리가 알아야 되겠구나' [하는 생각이 들더라고요]. 계속 뭔가를 감추고 있는 거잖아요.

제대로 실시간으로 보고를 안 해주고, 실시간으로 얘기를, 우리한 테 알권리를 안 주는 거잖아요. 그때부터 아마 시작이 됐던 거 같애요. 그러면서 반별로 모이고, 반 대표를 모으고 했던 거 같애요. 그러면서 팽목에서도 반별로 어쨌든 흩어져 있으니까 이쪽에서 있으니까, 이쪽에서도 해갖고 나중에는 만나서 했던 거 같애요. 프락치 발견되고 "신분증 내놓으라" [했어요], 부모들도 참 대단하죠, 했더니 경찰 신분증 있는 거예요, 그런 것들…. 되도 안 하는 사람들이 와서 설치는 것도 있었고…. 여기는 가족들만 있고 싶은 거야. 근데 자꾸 외부인들이 개입돼 가지고 이상한 소리를 하니까 더 헷갈리잖아요. 그런 과정들이 있었어요.

면담자   어머니는 그때 처음에 대표를 하셨던 건가요?

경주 엄마   네. 잠깐만 쉬었다….

면담자   아 네, 사실 오늘 너무 많은 시간을 하셨어요. 오늘은 이것으로 정리하고요, 다시 2회차 구술에서 이어서 말씀 듣도록 하겠습니다. 긴 시간동안 너무 고생하셨고요, 감사드립니다. 1회차 구술은 이것으로 마치도록 하겠습니다.

2회차

2018년 3월 6일

1
시작 인사말

면담자   본 구술증언은 4·16 사건에 대한 참여자들의 경험과 기억을 기록으로 남김으로써 이후 진상 규명 및 역사 기술에 기여하고자 합니다. 지금부터 유병화 씨의 증언을 시작하겠습니다. 오늘은 2018년 3월 6일이며, 장소는 안산시 단원구 4·16기억저장소입니다. 면담자는 김아람이며, 촬영자는 강재성입니다.

2
채널A 보도

면담자   나와주셔서 감사합니다. 1회차 구술에 이어서 말씀 듣기로 하겠습니다.

경주 엄마   체육관 갔을 때부터 얘기하면 되나요? 제가 확실히는, 첫날, 둘째 날, 셋째 날 다 기억을, 며칠날 기억을 못 하겠어요. 그냥 제 머릿속에 있는 거로는 첫째 날 팽목, 체육관 도착해서 그때가 네다섯 시쯤 됐었을 거구요, 5시 넘어서였나 그 시간 그때는 좀 밝았어요. 어두워지기 전이었고, [생존자 명단] 확인하고 팽목 넘어갔다가 거기서 하룻밤을 지내고 그다음 날 오전에 비가 왔던 걸로 저는 기억을 해요. (면담자 : 체육관 돌아오실 때?) 아니요, 가기 전에. 17일 날 아침에 비가 왔던 걸로 기억을 해요. 그때 "배를 타고 가족들이 현장으로 간다" 이랬던 걸로 기억나는데 그게 17일인지, 18일인지 자세히 기억이 안 나요, 날짜는. 제가 어쨌든 팽목에 있었던 거는 첫날 저녁에 넘어가서 그다음 날이라고 생각을 하거든요. 배를 타고 현장 갔다가 돌아온 거까지 기억이 나는데, 그리고 가족들이 와서 도저히 있을 데가 없어서 체육관으로 넘어갔던 거, 그게 17일로 기억을 하거든요.

근데 그게 날짜별로 생각을 했을 때는 엄청 길잖아요, 1시간 1시간이. 그래서 16일인지, 17일인지 헷갈리는 거예요, 17일인지 18일인지. 그 당시에 제가 전에 일했던 직장 동료들이 계속 오면서 하는 얘기가 계속 "적어놔라. 그때그때 어떤 일이 있었는지 적어놔라" 얘기를 하는 거예요. 적을 힘도 없고, 핸드폰을 들고서 핸드폰에 글을 남겨야 되는데, 이것도 뭔지 모르지만 내가 뭔가를 한다는 거는 죄스럽더라구요. 그래서 그냥 멍하니 계속 있었던 거 같아요. 체육관 넘어갔을 때 저희는 체육관 들어가서 일단 자리를 잡고 앉았어요. 그때부터 그냥 계속 앞에만 쳐다보고 있었죠. 누군가가 나와서 얘기를 하기는 하는데 저 사람이 누군지도 모르겠고. 지금 이렇게 영상을, 옛날 영상을 한 번씩 가끔 볼 때 보면 여기는 누구 아빠, 여기는 누구 이게 보여요. 보이는데 그 당시에는 누군지 몰랐죠.

그러면서 그렇게 첫날 지나, 둘째 날인가 지나가면서 대통령이 오네, 안 오네 그런 얘기도 있었고, 기자들도 위층에 다 깔려 있었고 자원봉사 하시는 분들도 드문드문 보였었고, 앞쪽에 조그만 천막들이 쳐져가지고, 교육청, 안산시, 의료팀 등등 해가지고 몇 군데가 보이긴 했어요. 그리고 부모인지 누군지는 잘 모르지만 그 당시는, 앞에 나와서 뭐라고, 뭐라고 얘기도 하시고, 나와서 설명해 주시는 분하고도 얘기하시면서, 그 단상 밑에서 "어떻게 하면 되지 않겠냐, 아직까지 어떻게 되가는 거냐. 수색은 되냐? 잠수는 했냐?" [하는 이야기를 나누기도 하셨어요]. 처음에 배가 뒤집어지고 들어갔을 때 생명줄이라고 그러죠? 첫 번째로 줄을 연결하는, 그 잠수부가 들어가서 하는, 연결을 하는 가드 레일[가이드라인, 혹은 세이프티 라인]이라고 하나? "작업을 했냐?" 배 관련해 가지고, 잠수하는 관련해 가지고 식구들 중에나 아시는 분들이 그런 얘기를 하시는 거 같애요. 그리고 사돈의 팔촌, 안다는 사람들 다 동원해서 알아봤겠죠, 이런저런 얘기도 듣고, 저 역시도 그런 얘기를 들었으니까. 그러고 있는데 어디서 이상한 얘기가 터져 나오면 부모들이 "우" 이렇게 하는 분위기가 생기고, 하여튼 분위기가 안 좋았어요.

'이게 부모가 도저히 맞는지'라는 생각이 들 정도로 행동하시는 분들도 있고 그래서 나중에는…, 저희야 그 상황을 처음 겪으니까 제 입장은, 다른 분들도 마찬가지겠지만, 그곳에 사복경찰이 잠복해 있다거나 국가에서 나오는, 가족, 지금 얘기하는 "그 당시 가족 감시했다" 하는 그런 분들이 누군지도 몰랐구요. 그냥 눈에 보이는 거라고는 언론들, 이렇게밖에 안 보였는데 그런 얘기들도 막 오고 가는 거예요. 그러더니 나중에는 17일쯤인지 18일쯤인지 어디선가 누군가 소리 지르면서 "저 사람이 시신 한 구 건져주는 데 1억을 달라고 한다" [하는] 잠수사 얘기가 나오면서 그런 얘기들이 오고 가는 거예요. 도대체 누가 그런, 저는 나서서 얘길 하는 건 아니지만 그런 얘길 하는 거예요, 들리는 거예요. '도대체 이게 무슨 상황인 거지? 왜 그런 얘기들까지 오고 가는 거지? 이게 뭘 어떻게 하자는 거지?' 이런 생각들이 드는 거예요.

지금 생각하면 그런 얘기들이, 제가 집행부 일을 맡고 있을 때 어떤 목사님이 찾아오셨어요, 저한테. 앞에 나가서 얘기를 하셨던 분 중에 두 분이 10반에 송희 삼촌이셨어요, 큰삼촌, 작은삼촌. 엄마가 아프셔서 두 분이 내려오셨거든요. 그리고 저희 반에 은별이 이모라고 계세요. 은별이 엄마도 아프셔 가지고, 엄마들이 아프셔 가지고 삼촌이랑 이모가 내려온 케이스가 있어요. 은별이 이모는 원래 제가 알던 분이었어요. 안산에서 일을 할 때 같이 아시던 분이어서 그런 상황이 있었는데 그분들이 앞에서 얘기하고 있고, 단상에서 누가 얘기하면 그분들하고 얘기하고 있고, 그분 말고도 많았죠. 유민이 아빠도 있었고, 다른 반 한솔이 아빠도 있었고, 몇 반 누구누구도 있었고 많이 계셨는데…. 잠깐 그 얘길 하면 집행부 일을 할 때 절 찾아오셨어요. 그래서 "송희 삼촌이라 했다. 본인은 도와주려고 거길 갔었는데 자기가 누명을 쓰게 됐다"(면담자 : 그 목사님이?) 네, 그래 갖고 "채널A에서 이거를 취재를 해가지고 내 이름까지, 어느 어느 지역에 목사라고 하더라, 목사 누구라고 하더라 해서, 이분이 그런 얘길 했다라고 한다. 그래서 자기는 완전히 이 사회에서 매장이 돼버렸다. 이거를 풀어달라, 내가 그렇게 얘기한 거 아니다"라고 얘기하시는….

　　그 정황이 제가 어떻게 됐는지 모르잖아요. 그런 얘기들이 떠돌고 돌았을 뿐인 거지 어쨌든 저희 반이라고 해서 저한테 보내신 거예요. 이분은 만남을 주선해 달라 해서 그 당시에 만났던[는]지 어쨌든지 한 거 같아요. 그리고 저는 만나게 했으니까 개인적인 문젠 거 같고 해서 저는 다른 일을 하고 있고 했는데, 3주기 때쯤 다시 저한테 연락이 오신 거예요, 카톡으로. "아직까지 안 풀렸다. 송희 삼촌을 다시 한번 만나게 해주시면 안 되겠냐" [하시는 거예요]. 저는 [집행부 활동을] 15년 초까지 하고는 그 뒤로 활동을 안 했으니까, 나갈 일도 없었고, 그리고 주위에 부모님들하고 연락을 하고 지내거나 그러지도 않고, 그렇게 지내다 보니까 송희 삼촌하고도 연락을 못 했어요. 그때 마침 유민 아빠랑 연락이 돼서 "이러이런 게 있는데 어떻게 해야 되냐? 송희 삼촌 연락처를 아냐?" 그랬더니 "일단은 자기가 해보겠다" [하셨었어요]. 그 기사에 유민 아빠 얘기도 잠깐 나왔었어요, 그런 것들이….

본인이 통화를 해보겠다고 해서 유민 아빠가 통화하면서 저는 해결된 줄 알았어요. (면담자 : 그게 3주기 때였어요?) 3주기 며칠 전 주, 한 한두 전 전주부터. 작년에 그랬는데, 3주기 당일 때 저는 분향소를 안 가려고 생각을 하고 있었거든요, 힘들어서. 근데 유민 아빠가 전화가 온 거야, 부랴부랴 "빨리 와야 되겠다"고, "목사님 오셨다"고 그래서 어쩔 수 없이 인파가 많은 데를 뚫고 들어갔어요. 사람들이 많으면 공황장애가 와가지고 너무 답답한 거야. 가서 만나서 얘길 하는데 그때 7반에 수빈이 엄마도 옆에 있었고 이래서 이런저런 얘기하다 보면 조금씩 기억이 나질 않을까 해서…. 그런데 서로 얘기하다 보니까 잘 모르겠어. 이런 얘기를 했는데 어렴풋이 조금씩 기억이 나긴 하더라고요. 그래서 얘기하다가 집행부 계신 다른 분, 같이 얘길 하면서 "이러이러한 상황이다. 우리가 해줄 수, 내가 해줄 수 있는 건 없다. 어떻게 해야 되겠냐. 집행부에서도 해줄 수 있는 건 없다. 개인, 집행부를 도와주고 있는 변호사분들 계시니까 변호사분들 연결은 해줄 수 있다. 그리고 채널A하고의 소송이기 때문에 채널A 그 기자하고 단독으로 진행하셔야 된다"[고 말씀을 드렸어요].

이거는 이분들이 그랬다고 해서, 당시는 얼마나 정신없는 상황이에요. 말 한마디 민감한 상황인데 그런 어처구니없는 얘기들이 나오니까 어떤 상황들이 되겠죠, 저희는 몰라도. 그러니까 그런 일이 오고 갔을 것이고, 그런 말을 전했던 분들이 송희 삼촌이 됐건, 은별이 이모가 됐건 그 기자한테 얘길 해달라고 그분은 말씀을 하시는 건데, 제가 판단할 일이 아니라고 생각을 해요. 그래서 어쨌든 집행부에도 도움을 요청을 해보고 했는데, 결과적으로는 "그렇게 진행을 하셔야 합니다"라고 얘기가 끝나고, "필요하시면 집행부에서 도와주실 수 있는 거는, 변호사를 연결을 해주겠다. 도움을 드리겠다"라고 했거든요. 전 마무리가 된 줄 알았어요. 근데 이번에 또 카톡이, 이 내용이 저한테 카톡이 온 거예요. 지금은 2, 3주 된 거 같애요, 4주기가 다가오니까 그런가. 〈비공개〉 그 당시에 아마 언론사별로 그런 영상들을 갖고는 있을 텐데 위에서 많이 찍었거든요. 저희 일거수일투족을 거의 찍었을 거예요. 이런 일이 있었다 그러면 은별이 이모 성격이 분명히 그때 소리를 지르면서 아마 얘기를 했던 게 기억이 나요. 저는 그랬으면 그게 아마 영상에 담겨져 있을까 생각도 하는데, 어떻게 찾을 방법은 없잖아요. 저희가….

그 기사는 갖고 계시더라구요, 채널A인가 그쪽에서 나간 기사는. 그 당시에 잠수사를 데리고 오는 조건으로 시신 한 구 당 1억을, 그런 얘기들이 있었어요. (면담자 : 이분의 실명도 거론되었고요?) 네, 거론됐고. 저희는 그렇게만 알고 있었던 거지. 이분이 어떤 식, 어떤 루트[경로]로 해서 들어왔고 어떤 식으로 한 거에 대해서 그 과정을 정말 자세한 얘기는 모르잖아요. 이분은 저한테 설명하기는 본인 일이 터지고 나서, 어떤 잠수에 대한 얘기가 나오면서 자기가 봐도 '이건 아니다' 싶은 생각에 직접 체육관으로 왔대요. 찾아와서 진도 누구 담당 누구를 만났대요. 만나가지고 "부모님들을 좀 만나게 해달라" 그래서 만난 게 송희 삼촌이었다고 이렇게 저는 들었어요. 고거까지는 이 목사님이 저한테 얘길 하신 거고 그 외에 저는 안 본, 거기 때문에 모르는 거잖아요.

면담자   방송했던 기자도 이런 일이 있는지 모르고 있는 상태인가요?

경주 엄마   알겠죠. 근데 거기에 대해서 어떤 상황이 오고 가는지는 저는 모르죠.

〈비공개〉

3
부모만 참여하는 반별 모임 구성

경주 엄마   그 당시에는 제 기억으로 그랬던 분들이 되게 많아요. 이거를 막을 수 있는 것도 아니고 못 하게 할 수 있는 것도 아니고, 그렇다고 하라고 할 수 있는 것도 아니고 저희는 바라만 보고 있는 상황이었죠. 그래서 체육관 얘기 중에는 요런 게 하나가 있었고. 나중에는 카메라를 찍고 방송에 TV를 틀어놨어, TV를 틀었나? 그 당시에, 기억이 안 나네. 박근혜 오고 나서 "화면 띄워라" [해서] 현장 사진이랑 해경 배에서 찍는 사진이랑 그런 것들이 화면을 띄우게 됐는데, 그거를 보면서 한쪽에는 뉴스를 계속 틀어놓고 있었던 상황이었거든요. 그래서 그걸 봤을 때 다른 분들도 인터넷 검색이나 다 했을 거 아니야. 부모님들이 그러면서 어디서 갑자기 우르르 와자지껄 어디 "YTN 나가라", 어디 "MBC는 나가라" 이런 식으로 언론을 얘길 하면서 그러다가, 부모님들 우르르 올라가 가지고 우당탕탕···. 하여튼 그런 경우들이 되게 많았어요.

그러고는 심지어는 어떤 할머니 같은 분인지 아주머니 같은 분인지, 뒤쪽에 제가 있었기 때문에 앞쪽에서 무슨 일이 벌어지면, 그냥 그 모션만 보이지 자세하게는 안 보이거든요. 막 난리를 치는 그 과정 중에 갑자기 부모님들이 "잡아" 이래 갖고는 데리고 왔는데 보니까 사복경찰이고 이런 경우들도 있었고···. 결국은 18일쯤이었는지 아마 제 기억엔, 하루하루가 커트 커트가 되는데, 날짜가 정확한지는 저도 확인을 다시 해봐야 되거든요. 그래서 부모님들 누가 앞에 나오셔서 "저희들 외부인들이 너무 많아서 너무 헷갈린다. 저희가 생판 모르지만 반별끼리 모입시다" 그렇게 해서 반별로 모이기 시작을 했구요. 그 당시 유민 아버님이 10반, 송희 삼촌들도 있었지만 10반 저희가 모이니까 가족들이, 체육관에 있는 가족들이 있고, 팽목에 있는 가족들이 있잖아요. 저희 체육관에서 열몇 가족이 모였어요. 저희가 모여가지고 스탠드 위로 2층으로 올라갔어요, 10반은. 10반, 9반, 8반, 7반 반대쪽에 1, 2, 3, 4 하고 이쪽 들어가서 왼쪽 편에는 그쪽에 반이 있었어요. 그러면서 부부끼리 앉아 있잖아요. 할머니, 고모 다 빼고 그냥 엄마, 아빠만 모이자 이렇게 된 거예요.

정 부모님이 안 계셨을 때는 한부모가정이라든지 이런 과정에서는 저희 반 케이스는 엄마가 정말 몸이 안 좋은 상태여서 송희 삼촌이 계셨고, 은별이네는 은별이 이모가 계셨고 이런 케이스가 있긴 하지만 그래도 가족을 대표할 수 있는 어느 누군가가 나와가지고 이렇게 했었거든요. (면담자: 다른 친척은 안 되고요?) 안 된다. 그렇게 저희가 맞춘 거죠. 그래서 그 앞쪽에 단원고도 있었고, 안산시 교육청 있잖아요. 거기다가 바로 얘기를 해서 명찰을 다 만들었어요. 학생들 명단이 있으니까, 각 명찰 두 개씩을 만들고, 한 개씩이었나 두 개씩이었나? 만들었을 거예요. 그리고 반 써가지고 뒤에 그리고 아이 사진도 넣었나? 기억이 잘 안 나요. 그것도 가물가물한데, 그렇게 하다가 "반 대표를 뽑자"라는 얘기가 나왔어요. 유민 아빠가 저한테 넘겼어요. 그래서 요즘은 유민 아빠 얼굴 한 번씩 보면, "어휴, 내가 유민 아빠만 아니었으면…" [하고 농담을 해요]. 저도 그 당시에 유민 아빠 처음 봤거든요. 유민 아빠가 나중에 우스갯소리로 하는 얘기가 "제일 젊어 보였고, 제일 똑똑해 보였다" 이렇게 말씀을 하시더라고.

면담자   넘겼다고 하시는 거는 본래 유민 아버지가 반 대표셨나요?

경주 엄마   처음에는 유민 아빠랑 송희 삼촌이 앞에 나가 계셨잖아요, 저는 자리에 앉아 있었던 상태였고. 앞에 나가서 박근혜 왔을 때도 뭔 얘기를 했었고, 앞에서 브리핑해 주시는 분한테도 계속하고 계셨던 상황이었어요.

면담자   그때는 공식 대표는 아니셨군요?

경주 엄마   그렇죠. 부모님들이 얘기를 못 하시는 분들도 있고, 그냥 저처럼 앉아 있는 사람도 있고, 온갖 여러 가지 사례들이 있으니까, "나가서 그래도 얘기하자"라고 하신 분들이 저희 반에는 유민 아빠랑 은별이 이모나 송희 삼촌 이런 분들이 계셨어요. (면담자 : 다른 반에도 그렇게 몇 분씩 계셨어요?) 계셨죠.

면담자　　각 반에 말씀하시는 분이 한 분씩은 계셨나요?

경주 엄마　　그거는 잘 모르겠어요, 제가 기억하기에는 4반에, 아니 4반 말고 5반에 성호, 천주교 다니는 성호 아빠가 계셨고. 9반에 한솔이 아빠가 계셨고 그리고는 크게 기억은 잘 안 나요.

면담자　　공식으로 뭉치기 전엔 그분들이 반 대표셨던 거죠?

경주 엄마　　그냥 부모의 마음을 대신 [전달]했던 거죠, 앞에서. 그런 역할이었던 거죠.

면담자　　유민 아버지는 왜 안 하게 되셨나요?

경주 엄마　　나중에 저한테 따로 얘기하시는 거는 본인이 이혼을 하셨고, 그 얘기 하시더라고요, "와이프도 와 있다". 유민 엄마도 저랑 나이가 동갑이라서, 그리고 알고 보니까 저희 빌라랑 옆 동이더라고요, 유민 엄마가. 근데 저도 그 상황에서 유민 엄마를 못 봤어요, 유민 아빠만 봤지. 나중에 반이 모였을 때 초창기에는 못 봤고, 나중에 3, 4일 지나서 반이 모였을 때 그때 유민 엄마 얼굴이랑 지혜 엄마, 저희 반 다 봤어요. 이제 팽목에 계신 분 빼고는 엄마, 아빠 얼굴 다 뵙게 됐는데, 유민 아빠가 그 당시 얘기하시면서 그런 얘기 하시더라고. "아니, 계속하시지 저한테 넘기셨냐"고, "저도 지금 잘하는 건지 모르겠다고"

그랬더니 나중에 얘기하시는 게 본인이 "혼자 되어 있는 몸이다 보니까, 유민 엄마가 와 있는 상태고. 내가 나가서 하기가 그렇다"고 그렇게 말씀을 하시더라고요.

면담자　　　송희 삼촌이나 은별이 이모님도 부모님이 아니셔서 물러나신 건가요?

경주 엄마　　　예, 그런 것도 아마 있었던 거 같아요. 왜냐면 "엄마, 아빠만 모이자"라고 했기 때문에, 그게 타이틀이었기 때문에. 왜냐면 "엄마, 아빠 그 외에도 누구도 믿을 수 없다", 가족들은 엄마, 아빠하고 소통을 하면 되니까 상관이 없는 거고, 근데 그런 케이스들은, 저희 반 같은 경우는 송희 삼촌, 은별이 이모를 같이 보듬고 갔어요. 어쩔 수 없는 상황이니까 그거는, 그거는 저희 반은 인정을 했거든요, 그런 식으로 같던 거 같아요, 저희 반은.

면담자　　　지난번에 어머니가 본격적인 대표로 활동을 하시게 된 게 방송 영상을 재생하느냐 마느냐 그 일 때문이었다고 하셨는데요.

경주 엄마　　　그런 과정이 있고 나서, 반 모이고 나서 그 영상이 있었나? 하여튼 그게 전인지 후인지 기억은 안 나지만 그 언저리에요, 같은 맥락이었어요. 송희 삼촌 그랬을 때 제가 반 이렇게 모이고, 반 대표 뽑기 전에 반이 모였던 거는 한두 번 정도 모였던 거 같아요, 이름표 나눠 주고, 인원수 파악하고 이랬던 작업들이 몇 번 있었으니까. 그 과정 중에 영상 찍어왔던 그것도 있었어요. 저희 부모님들, 체육관에 계신 부모님들은 녹음된 소리를 다 들었죠. 그랬을 때 잠수사가 내려가서 "안 보인다. 시야가 안 보인다"는 얘길 하면서 아직도 왜, 이거 뭐라 그러지? (면담자 : 산소통?) 예, 이거 달고 내려갔을 때 잠수사가 숨 쉬는 소리 있잖아요. 저 그 소리 너무 듣기 싫어, 아직도. 그렇게 내려가서 나중에 "시야가 안 보인다" 그러다가 이따가 그 당시 아이들이 흰색, 검은색 줄진 옷을 많이 입었거든요. 그 "줄진 옷이 보인다"고 얘길 하는 그거랑 "두 구, 세 구가 보인다" 이렇게 얘기했던 그거 다 들었어요, 저희가.

그래서 저희 부모님들이 생각했을 때, 제가 판단하기에 "아, 이건 그렇구나. 아이들이 와야 되는 것만 남았구나"라는 생각을 한 거죠. 그러면서 저희들끼리 뭉치기 시작한 거죠. 어떤 누가 가르쳐준 것도 아니고요, 그냥 마음이 움직였어요. 그렇게 해야 된다는 느낌이 왔었어요, 저는.

4
'불통'의 상황 지속

면담자   대표분들이 각 반별로 선출이 되셨고 그러면, 대표회의가 계속 있었겠네요?

경주 엄마   그래서 빛나라 엄마가 체육관에 있었구요, 7반에 수빈이 엄마도 체육관에 있었고, 제가 다 기억이 안 나요. 그 당시는 얼굴도 기억하고 누구 엄마, 누구 아빠 이렇게 기억을 했는데, 그렇게 해서 팽목이랑 연결하는 거는 빛나라 엄마, 다른 9반에 한솔이 아빠, 일반인 대표도 있었어요. 체육관에 나중에 들어온 게 일반인, 인천에 지금 장[종열][일반인 희생자 유가족] 대표가 [그때는] 대표가 아니라고 듣기는 했는데 그분도 계셨고. 선생님 가족도 물론 계셨겠지만 나설 수 없는 상황이었으니까 고렇게만 해서 저희가 [조직을] 했었거든요. 당시에 저희 모였을 때 일반인 대표, 인천 장 대표랑 저희 반 대표들, 6반에 재욱이 엄마, 지금 심리생계분과[장이]죠, 이렇게 해가지고 초창기 1기 멤버였던 분들이 많이 계셨어요, 반 대표분들이. 그래서 박근혜 오고 나서 며칠 있다 형성이 되고, 반 형성이 되고….

그때 해수부 장관이랑 누구죠? 그 체육관 쪽에 누가 왔었지? 해수부 관련해서 [인사들]. (면담자 : 해경 관계자?) 예, 있었어요. 팽목에 있었던 김수현이가 서해해경청장인가 그랬었고, 해수부 장관이 아니고 국무, 누구죠? 우리 일 터지면 가는 분, 대통령, 대통령 비서 말고 뭐 있잖아요. 생각이 안 나지? 이렇게. (면담자 : 수석? 장관?) 아니요, 아니요, 아니요, 기억이 안 나요. 그 당시에 체육관에 왔다 물세례받고 했던 분. (면담자 : 국무총리요?) 네, (면담자 : 정홍원 국무총리) 맞아요. 그분인가? 하여튼 그분 내려오신 날이었을 거예요. 그때 김수현 청장이 팽목에서 빛나라 아빠, 7반에 동수 아빠, 누구누구 거의 지금 활동하시는 분들 위주였을 거예요, 1기들 거의 많았고, 그분들한테 잡혀서 팽목에 있었던, 이틀 삼일 정도에 내용을 제가 모르잖아요. 아마 그때 활동하셨던 분들은 다 아실 거예요. 9반에 그 해화 아빠 등등 해서 그분들 다 거기 계셨거든요. 그래서 저희 반별로 여기도 있고, 여기도 있으니까 "만나야 되겠다" 해서, 그러면 저희가 인원수가 더 많으니까 "팽목에서 넘어오십시오" 했더니 "여기는 전쟁터다. 그쪽에서 넘어오십시오" 이래 갖고 저희가 넘어가게 된 거예요.

그래서 저희가 넘어가서 차 두 대로 해서 넘어갔다가, 가니까 지금 팽목 매표소 있잖아요, 거기가 상황실이 돼 있던 거죠. 거기에 김수현 청장이랑 관계부처 직원들이 쭉 앉아 있더라고요. 되게 작잖아요, 그 안에가. 부모님들이 들어가 계셨고, 저희가 들어가니까 문을 딱 잠그시는 거예요. 그 당시에 잠수사를 동원, 제가 그때 동영상을 찍었던 게 있어요, 저랑 재욱 엄마랑 둘이서, 그 동영상들을. 말하는 것들, 행동하는 것들을 다 동영상으로 녹화했어요. 재욱 어머님이 저한테 "찍어" 이렇게 얘길 하시더라고요. "왜요?" 그랬더니 "증거 남겨야 돼" [하시더라고요]. 저희가 뭘 알겠어요. 근데 어디선가는 봤거나 어디선가 들었거나 이게 왔겠죠, 그런 걸 해야 된다는 거를 아시는 거죠. 저도 찍기 시작을 했죠, 그때부터. 근데 김수현 청장이 정말 솔직한 심정으로 불쌍해 보였어요, 되게 불쌍해 보였어. 부들부들 떨고 계시더라고. 근데 부모는 그럴 수밖에 없는 거예요. 자식이 지금 바다에서 떠갔고 시신 건진 거만 새벽에 이렇게 한 명씩 한 명씩 번호 부르는 상황에 어떤 부모들이 제정신일 리가 있겠어요.

그래서 "잠수사들이 들어간다는 [거야] 안 들어간다는 거야? 잠수사가 온다는 거야, 안 온다는 거야?"부터 시작해서 "헬기를 띄워서 그쪽에 있는 거를 가지고 온다" 뭐 이런 얘기들을 막 하더라고요. 그 전 상황을 저희는 잘 모르니까 계속 찍고만 있었는데, 어떤 잠수산지 모르겠는데 "한 명을 데리고 와, 그럼" 이렇게 돼가지고 왔다면서 이 사람이 왔어요. 이 사람이 계속 떨고 있는 거예요. 우리 부모들의 기에도 눌렸을뿐더러 이 상황이 이분들도 말이 안 되는 거잖아요. 본인도 뭔 얘기 해야 되는데, 뭔 얘기 잘못했다가는 안 될 거 같고, 분위기가 딱 그래요. 말을 못 하시는 거예요. "어떤 식으로 왔냐. 들어갔냐?" 하여튼 그런 얘기를 쭉 하고 있더라고. 나중에 부모님, 아버님들 중에 정확하게 얘기를 하는데 답을 못 하시더라고, 그 청장이. 나중에 "그럼 안 된다. 그럼 대통령이 왔다 가면서 했지? 연락을 바로 하라 그랬지? 청와대로 전화 넣어라" 이렇게 된 거예요. 그랬더니 계속 그냥 이러고 고개만 숙이고 계시는 거예요.

뒤에 보좌관인지 누군지 모르겠지만 그분이 대변을 하면서 [답을 하니까 가족들이] "당신 대변하지 말라고, 직접 청장이 얘기를 하라고" [했죠]. 그 당시만 해도 이 청장이 최고인 거예요. 누가 위에서 컨트롤해 주는 사람이 없었던 거예요. 딱 봐도 이틀 정도 저희가 체육관에 있는데 팽목항 상황이 이것밖에 안 된다 그러면 '72시간?' 웃기지 말라 그래요. 얘네들은 시간만 보낸 거예요, 쉽게 얘기하면. 아이들이 살아 있었던, 처음부터 정말 아니었던, 시간만 보낸 거 같애요. 저희가 생각할 때, 저희가 본 느낌은 그거밖에 안 들었어요. 아니, 쉽게 얘기하면 교통사고가 났어요. 그럼 사고 이거를 처리를 하기 위해서…, 만약에 사람이 죽었어, 그러면 이거를 처리하기 위해서는 112도 전화하고 119도 전화하고 다 해야 될 거 아니에요. 그리고 도움을 받아서 빨리 해결을 해야 될 거 아니에요. 이 사람들은, 해경 청장이란 사람은 현장에도 누가 있을 거 아니에요, 그럼 연락이 바로 될 거 아니에요. 무전이 됐건 뭐가, 그 상황에 배가, 해군이 됐건, 누가 됐건 투입을 해서라도 배를 못 건지면….

그 당시에 상황이 말이 쉽지 '그런 상황이 못 된다' 그러면 잠수사들 동원해서 빨리 꺼내야 될 거 아니에요. 그것도 안 되는 거예요. 그러면서 72시간 골든타임? 웃기지 말라 그래요. 에어포켓? 저희는 그런 얘기 들을 때 한 알 실오라기라도 잡고 싶은 심정이었던 거지 안 된다는 건 알고 있었죠(한숨). 근데 저도, 제가 참 남들이 봤을 때 불쌍한 사람이잖아요 그 당시는, 자식 잃었는데. 저는 청장을 보는데 청장이 불쌍한 거예요, 부들부들 떨고 있으니까. '이 사람은 무슨 죄일까' 이런 생각도 들고 그러다가 연결을 못 하고 있더니, 웃기는 게 그 상황실이라는 전화가 청와대랑 연결이 안 돼 있다는 거예요. 우리가 웃었어요. "아, 그래요? 대통령이라는 사람이 와가지고 언제든지 연락을 하라 그랬는데 이 조그만 상황실이라는데 전화가 일반전화 유선이 청와대로 연결이 안 돼 있다고요? 그럼 당신 핸드폰으로 하십시오. 청장이니까 되겠지요. 청와대 비서실을 하든 하세요", 앞에서 아버님들이 막 얘기를 하시는 거예요. 그래 갖고 "제가, 제가…" 계속 이러시는 거예요.

저희가 눈이 돌죠, 다. "그러면 청와대로 우리가 직접 가겠다", 나중에는 이렇게 된 거예요. 그래서 저희 체육관 가는 차를 타고 체육관으로 가면서 "부모님들한테 얘기를 해야 된다, 사람들이 아이들을 [구]조할 생각이 전혀 없다", "분명히 대통령은, 이 나라 대통령은 자기가 언제든지, 하나도 빠짐없이 부모님들이 원한이 남지 않게 하겠다고 한 사람이, 지금 밑에 사람들은 이 모양인데 그럼 대통령 직접 만나야 되지 않겠냐, 우리가", 그래서 팽목은 팽목대로 모여서 출발하려고 했고, 그리고 저희가 누가 또, 그때 4반에 권오천이 형이었나? 그분도 같이 계셨을 거예요, 아마 형이 그분이 전화했었나? 체육관 쪽으로 아니면 "우리 뭐 타고 가지?" 이렇게 된 거예요. 그래서 "버스를 불러야죠. 버스회사 전화번호 알고 있어요" 오천이 형인가 아마 그랬던 거 같애요. 그렇게 해서 체육관으로 출발하면서 우리가 출발하는 동시에 부모들한테 얘기하고 "바로 버스는 와 있게끔 그렇게 하겠다" 우리가 그렇게 된 거예요, 그 상황이.

그렇게 해서 체육관으로 또 넘어갔죠. 딱 넘어가는 게 거기서 빠르면 20분, 30분 걸리잖아요. 팽목에서 체육관까지 가는데, 딱 가가지고 누가 올라가서 부모님들한테 마이크 잡고 설명했어요. "자, 저희가 청와대로 가야 됩니다. 상황이 이렇습니다" 그랬더니 부모들이 다 일어나는 거예요. 다 일어나서 밖으로 쭉 나가기 시작한 거야. 그러면서 어느 인터넷방송 여자 두 분이서 앞에서 뭐라고 얘기를 했어요. 그러면서 이제 부모님들이 다 내려갔어요. 내려가면서 "국무총리가 온다, 국무총리", 이제 생각이 났어요, 오는데 체육관에서 내려가 가지고, 거기 체육관 올 때 보면 굴다리 밑으로 넘어와요. 위에 도로에서 돌아서 들어올 때 굴다리 밑으로 오거든요. 그 굴다리에서 버스로 들어왔었어요. 그 사람이 막혔어요, 부모님들한테. 근데 저는 내려가려고 하다가 다시 올라왔어요, 너무 어지러워 가지고. 그 자리에 앉아서 저는 안 가겠다고 생각을 한 거죠. 그랬는데 갑자기 밑에서 지금 "막혀 있고 부모님들이 못 가고 있다. 경찰 병력이 와 있다" 이렇게 얘기하더라고요. 막혀 있고 앞에 벌써 도로가에는 경찰 병력이 다 깔려 있다는….

저희가 온 시간이 2, 30분에 1시간도 채 안 됐어요. 근데 그런 병력들이 어디서 왔는지 이해가 안 가는…. 진도군이잖아요. 군에 그런 병력들이 있을까요? "도대체 우리가 무슨 테러범도 아니고 우리가 누구를 죽인 것도 아닌데 왜 우리한테 왜 이러지? 아니 분명히 대통령이 와서 해주겠다고 했고, 그 역할들이 밑에 참모진들이 못 하면 우리가 직접 가서 뵙겠다는데 왜 우리를 경찰이 막지?" 이런 과정들이었거든요. 저는 그때 너무 어지럽고 속이 메스껍고 그래 갖고, 몸에 기운도 없고 그래 갖고는 자리에 앉아갖고 쉬고 있었어요. 도저히 걸어 내려갈 힘이 없었어요. 그런데 앞에서 인터넷방송 한다는 어떤 여자분 두 분이서 "저희가 이러고", 남아 있는 분들 몇 분 계셨거든, "저희가 이러고 있으면 되겠습니까? 우리가 가서 힘을 도와줍시다, 주십시다" 이렇게 해갖고 그 상황에서 일어났죠. 저희 친정 언니도 있었고 형부도 있었고, 같이 제 친구도 있었고, 같이 옛날 같이 일을 했던 동료랑 걔가 나를 부축해서 나갔어요.

나갔는데 나가자마자 현관, 체육관 문 나가자마자 갑자기 플래시가 터지는 거예요. 저랑 제 친구가 맨 앞에 섰거든요. 갑자기 플래시가 터지는 거예요. 어쩌고저쩌고 묻는 거 같애요, 제가 대답을 해준 거 같애요. SBS 다 방송국이야. 저녁이니까 밤이니까 플래시를 켜고 찍는 거예요. 그 당시는 속으로는 '이게 말도 안 되는 상황이지만, 도대체 뭐 하고 있는 거지?' 그러면서 일단 내려가고 나가야 되니까, 거기서 뭐가 속에서 뭔가 올라오더라고요, '이거 뭔가가 잘못된 거 같다'라는 생각이. 우리 부모가 죄인도 아니고, 그래서 걸어서 밑에까지 갔더니 아니나 다를까 총리가 밖에 나와서, 총린지 누군지 밖에 나와서 막 얘기를 하고 있고 부모들이 다 둘러서 갖고 있더라고요. 버스 한 대는 거기 서 있고, 그 차를 타고 오다가 막혀서 내린 거 같아요. 부모들이 밖에서 "나와라! 나와라!" 하니까 그러다가, 팽목에서 넘어오신 분들도 다 거의 넘어오셔 가지고 여기서부터 경찰 병력에 막혔으니까 "우리가 걸어가겠다", 버스가 진도대교를 못 넘어온 거예요. "진도대교를 [걸어서] 넘어간다", 이런 식으로 해서 부모들이 쭉 다 걸어가는데 저는 그 행렬에는 못 들어갔어요.

1차 먼저 갔으니까 가다가 병력에 막혔잖아요, 그분들이 아침까지 계셨던 거고. 2차적으로, 거기서 얘기 듣고 있으면 뭐 하냐고, "가자, 우리도 같이 도와주러 가자" [해서 몸을 움직여 봤어요]. 〈비공개〉 하여튼 체육관에서는 그렇게 마무리되고 저는 [결국] 계속 누워 있었죠, 링거 꽂고 완전히. 링거 수액을 하나 맞고, 두 개 맞았나, 아침까지 계속 그러고 나서 겨우 정신[을 좀 차리고] '이래선 안 되겠다'라고 [생각]하고 죽을 먹기 시작했어요. 자원봉사자들이 주시는 죽을 먹고 '기운을 차려야지 내가 이래선 안 되겠다'라는 그런 생각을 한 거죠. 그러면서 계속 주시를 한 거죠. 그러면은 낮에는 계속 여기서 들리는 소리, 저기서 들리는 소리, 얘기만 듣고 있고, 뉴스 보고 그런 상황들만 속이 타는 거죠, 이제. 그래서 무산이 되고 그다음 날 끝났잖아요, 저희는 못 간 거잖아요. 그게 첫 번째로 정부에서 저희를 막았던, 말도 안 되는 첫 번째 사례가 됐던 거죠.

5
체육관에 머물다 팽목항에 간 다음 날 아침 경주가 옴

면담자   전과 후에 마음의 차이가 생기셨나요?

경주 엄마   그죠, 정부에 대한 불신이 확 든 거죠. 앞에 나와서 브리핑하는 자체도 못 믿는 거고, 정확하게 하라는 거죠, 저희는. 근데 안 해주시는 거지. 거짓말하고 그니까 저희가 직접 현장 들어가고 그랬던 거죠, 부모님들이. 되게 많이 고생을 하신 거죠. 그래서 제가 6일 차까지, 6일째 되는 날까지 체육관 있고 7일째 되는 날 넘어갔어요, 팽목으로 넘어갔어요. 그 당시 애들 아빠는 너무 속이 타니까 친정 오빠랑 고모부가 "이러고만 있으면 안 된다", 굴다리 건너면은 슈퍼가 있어요, 거기서 물병에다 소주를 받아 와가지고 "소주라도 한잔해라" [하고] 신랑을 먹이는 거예요. 그걸 보고 있으니까 속이 더 터지는 거예요, 저는. 그래 갖고 "팽목[으로] 가자"[고 했어요]. 새벽만 되면 아이들 이름이 불리잖아요. "몇 번, 몇 센티, 뭘 입었고, 뭘 입었고" [하고] 나와요. 부모들이 잠을 못 자잖아요. 부모들 잠을 안 재우는 거지, 쉽게 얘기하면. '왜 낮에는 못 하고 밤에만 나오지?' 이상하지 않아요? 그것도 아마 진상 규명에서 풀려야 되는 문젠 거 같애요.

생각할 때는 솔직히 "바닷속이 밝을 때 들어가도 똑같고, 어두울 때 들어가도 똑같다"라고 얘기하는 걸 들었거든요. 근데 이왕이면 낮에 들어가서 작업을 하면 되는데, 물때도 있다고 얘길 하지만, 매번 첫째 날 떠오른 것부터 시작해서 둘째, 셋째, 넷째 쭉, 우리가 한 달 넘게 있었잖아요. 그때까지 왜 밤마다 나오냐? 그거는 참 문제가 많은 거죠. 저희가 정말 그거는 알고 싶어요. 밤에가 조류가 없어서 조용, 물살이 조용? 그렇다 그러면 저희가 이해를 하겠는데 그런 것도 아니잖아요, 물때가 다 있잖아요. (면담자 : 밤낮의 차이가 아닌 거잖아요) 그렇죠. 완전히 부모들을 지레 말려 죽여가지고 아무것도 못하게 만든다는 생각이 점점 드는 거예요, 날이 갈수록. 당연히 그런 상황에서는 밥도 못 먹고 물도 못 마시는 상황인데, 이게 본인들도, 정부에서도 얘기했듯이 72시간 골든타임이라고, 아니 골든타임이래. 72시간이 생존 가능 시간이라고 얘기하면서 저희 부모들은, 물론 숨을 쉬고 있긴 하지만, 일주일, 열흘, 저 같은 경우는 8일 차, 8일째에 경주가 오긴 했지만 그때까지 정말 제대로 된 식사 이런 것도 못 할뿐더러 몸 상태가 정말 거의 말이 아닌 거잖아요.

근데 그거 생각할 겨를 있어요, 부모는? 그런 상황에서 밤에 잠까지 못 재우니까 거의 송장이죠, 송장. 쉽게 얘기하면 부모들이 빠짝빠짝 말라가는 게 눈으로 보이니까 도저히 이래 갖고 안 되겠다는 생각이 드는 거예요. '저 번호에 내 새끼가 있을 수도 있는 건데 내가 확인 안 한다는 건 아니다' [하는 생각이 들었어요]. 애들 아빠는 저랑 성향이 좀 달라요. "안 간다"는 거예요. "그래 그럼 나 혼자라도 갈게" [하고 팽목으로 갔어요]. 전 직장 동료들이 저는 옆에 와서 많이 힘이 돼줬거든요. 그래서 같이 넘어갔어요, 친구하고 넘어갔어. "나는 간다. 넌 여기 있어라" 이렇게 된 거죠. 팽목에 넘어간 게 저녁이었나 그랬을 거예요. 갔더니 은별이 이모도 거기가 있더라구. 은별이 이모랑 이런저런 얘기하다가 천막 있는데 가운데 하나 있는데 거기[서] 날밤을 거의 세우다시피 했죠. 이러고 있는데, 거기도 번호로 칠판 해가지고 적혀 있는 게 있더라고. 거기도 상황실이겠죠, 바깥 쪽 상황실. 그리고 벌써 매표소 [옆에 있던] 몇 개 있던 텐트가 좌측 편에 쫙, 양쪽으로 자원봉사뿐 아니라 텐트가 장난 아니게 생겼더라고, 며칠 사이에.

'진짜 우리나라 뭘 하나 시작하면 빠르다'라는 생각이 들더라구요, 뚝딱뚝딱. 보고 있는데 계속 자원봉사 하시는 분들이 추우니까 핫 팩

같은 거, 그리고 안마기 같은 거 여러 가지 있잖아요. 생필품, 부모님이 [명찰을] 걸고 있으니까 알잖아요. "뭐 필요하세요?", "뭐 하세요?" [하면] "괜찮습니다, 괜찮습니다" 밤새 그랬던 거 같애요. 그렇게 보내고 있는데 애들 아빠가 내가 넘어오고 나서, 본인도 미안했던지 넘어온 거예요. 저희 친정 오빠랑, 고모랑, 고모부랑 해가지고 넘어왔는데, 텐트에는 안 오고 근교에, 초입에 보면은 슈퍼 있어요, 거기에서 셋이서 있더라고요, 내비뒀죠. 저는 이따가 거의 2시, 3시 다 넘어서 4시 정도 돼가지고도 아무런 저기가 없어서, 아직 아이들 나오는 것도 없고 이래서 은별이 이모랑 있다가 "언니 한 2시간이라도 눈 붙이고 나오자" 그러려고 하는데 애들 아빠가 오는 거예요. "들어가서 자라", "일단 재워라, 자라" 그러고 재웠어요. 바로 고 옆에 텐트가 있었거든요, 저희는 팽목에 거주했던 게 아니니까, 다른 분들은 저쪽 텐트에 자리가 다 있더라구요. 근데 저희는 입구에 쪼그려 갖고 잤어요, 텐트 안에 들어가서.

잠깐 눈 붙였는데 5시, 6시 아마 그 정도에 눈 떴을 거예요, 7시 안됐을 거예요. 두세 시간 눈 붙였을까, 그리고 일어났는데 벌써 사람들은 북적북적 대고 밥 준비하고 있고 바쁘시더라고. 그래 갖고 일어나서 저도 '찬물에 세수는 하고 와야 되겠다' 싶어서 가서 이빨 닦고 세수는 하고 넘어왔어요. 이렇게 쭉 넘어왔는데, 애들 아빠 일어나서 나오길래, 그때가 23일 날 아침이었으니까, 그때까지 이빨을 한 번 안 닦았어요, 세수도 한 번 안 하고 애들 아빠는. 23일 다음 날이, 24일이 저희 결혼기념일이었거든요. 23일 날 눈뜨자마자 "오늘부터 여기 나오면 나는 보러 갈 거니까, 자기는 그래도 있을 거면 이빨이라도 닦고 세수라도 하고 오라"고. "일어나서 정신 좀 차리고 닦고 와서 밥이라도 오빠랑 같이 밥 먹으라"고 그렇게 얘기했는데, 가는 거예요, 씻으러. [씻는 데가] 저 끝이거든요. 고집이 좀 있어서 안 할 텐데 씻으러 가는 거예요.

씻으러 가는 사이에 저희가 아무것도 없이 내려갔잖아요. 물론 체육관에서도 티[셔츠]나 수건 주긴 했지만 여기서도 어디선가 체육복 같은 게 온 거예요. 애들 아빠 옷 갈아입히려고, 옷도 안 갈아입었지, 씻지도 않았지 [해서] 체육복을 제일 큰 사이즈 하나 받았어요. 저도 갈아입게 두 개 해가지고 받았어요. 받고 기다리고 있으니까 저쪽에서 오는 거예요. 그 시간이 아마 7시 넘었을 거예요, 하여튼 첫 방송했던 시간. 저쪽에 씻으러 갔다가 올 때쯤 돼갖고 받아갖고 있는데, 이제 방송을 하기 시작하는 거예요. 첫 번째 하고 두 번짼가 세 번째쯤에 경주가 나왔을 거예요, 첫 번짼가 두 번째쯤에. "여자, 키가 160에, 중간 머리 정도에 반 머리가 파마기가 있고 위에는 옷이 뭐고, 바지는 뭐고" 쭉 나오는 거예요. 그리고 "목걸이를 차고 있고" 딱 하는데 그냥 주저앉더라고, 경주더라고. 옷은 이미 친구, 그 전날 친구 옷을 다 가져갔으니까 저한테 어떤 색깔에 어떤 사이즈에 뭐가 적혀 있고 그걸 저한테 다 얘길 해줬으니까 머릿속에 꿰고 있었죠.

하는데 애들 아빠가 딱 보이는 거야. "빨리 오라고. 경주 왔다고", 그래 갖고 그때가 8시 거의 다 되어갔을 거야, 아마. "빨리 짐 갖고 있는 거 짐 챙기고 가자고" [하고] 안치소로 넘어갔어요. 넘어갔는데 저희 반에, 저희 반 한솔이 엄마랑 주희 엄마랑 있더라고요. 나중에 알고 보니까 그 당시 얼굴 봤던 게 기억이 나서, 한솔이 엄마가 저한테

[말]한 게 "잘됐다", 그게 할 소리예요? 부모끼리. 그죠? 죽어 돌아온 자식이 먼저 왔다고 "잘됐다" 이렇게 얘기하는 것도 웃기는 거고, "먼저 가서 미안하다"고 하는 것도 참 웃기는 거고. 하여튼 그런 상황이었어요. 거기 가족들이 많았어요, 드문드문 계셨는데, 앰뷸런스 차가 저쪽에서 오는 소리가 막 들리더라고. 이쪽으로는 거의 천막 치고, 그 당시에 아이들을 체육관에 있을 때, 그 아이들을 "합동 장례를 하자"라고 얘기가 나왔었고, 저희 반별로 모여서 얘기하고 나중에 부모들이 얘기했을 때도 팽목에서 얘기 나왔을 때 저희끼리 얘기했던 거는 "합동 장례식을 하자" 찬반 했는데, 그 당시는 솔직히 그랬어요.

새벽마다 아이들이 올라오는데 내 자식을 보면 데리고 가고 싶지 누가 두고 싶겠어요. 저희가 이거를 정치적으로 생각하는 것도 아니지만은 이게 이렇게 문제가 될 줄도 몰랐고, 이렇게 문제가 많은 일인 줄도 몰랐었고, 그냥 평범한 일반 사고가 아니기 때문에 그렇게 해야 되는 게 맞지만 누가 그렇게 한다는 거를 알겠어요? 지금 생각하기에는 어쩌면 그게 맞았을 수도 있는데, 그 당시는 그게 아니었던 거죠. 저도 물론 '해야 되는 게 맞지 않을까'라는 생각은 했지만, 그 마음이 정말 50 대 50으로 갈려 있었어요. 근데 정말 내 새끼 얼굴을 보면 1프로가 더 넘어갈 거 같은, 51프로가 넘어갈 거 같은, 저도 반대를 했어요. "데리고 가야 되지 않겠냐"고. 그래서 결국은 무산이 됐죠. 그래도 날이 점점 낮에는 더워지고 있으니까, 부모가 못 찾으면 아이들 어떻게 하냐 이거죠. 냉동고를 만든다고 해서 컨테이너 냉동고가 들어왔던 상황이었어요, 경주가 나올 때는 그게 그때 가동이 됐어요. 경주 나오는 날 틀기 시작했고 아이들이 거기 들어가기 시작했어요.

시간을 기다려가지고 8시부터 11시까지 기다렸던 거 같애요. 그 시간쯤에 아이를 볼 수 있었던 거 같애요. 앰뷸런스가 있고 이쪽이 여자고 이쪽이 남자였잖아요? 앰뷸런스 소리가 들려요, 저쪽에서 들어왔겠죠. 막 들려요, 앰뷸런스[가] 여[기]까지 들어오거든요. 앰뷸런스 문을 열고 들것에 실려가지고 한 구 한 구 들어가요. 그다음에 남자들 한 구, 한 구 들어가요. 다 차면 번호 불렀던 사람들 있죠? 대기하고 있던 사람들, 시간이 되면 장례 지도사들이 다 파견되어 있고 문 딱 열고 "들어오세요" 한단 말이에요. 맨 앞에 서 있었어요. 저희 갈 때는, 처음에는 그런 거 없었지만, 저희 갈 때는 가운데도 이렇게 천막이 되어 있고, 양쪽으로 안치실이 있으면 다 그게 천막이었어요, 다 가려진 상태였어요. 근데 이렇게 보면 보이잖아요. 이렇게 앞에 서서 보이면 "들어오지 마세요", 이렇게 선이 있어도 문 열고 들어가는 게 다 보이잖아요.

그래 갖고 이렇게 마지막에, 이쪽이 첫 번째, 두 번째, 세 번째, 네 번째, 다섯 번째, 네 번짼가 다섯 번 째까지 있었을 거야. 딱 하는데 경주가 맨 끝이었거든요. 첫 번째 이렇게 들어가고 마지막에 딱 앉아 있는데, 얘가 들어갈 땐 안 보이잖아. 풀 거 아니야. 이래 서서 계속 거기만 처다봤어, 천막 문 열리는 데만. 딱 제가 서 있는 자리가, 맨 끝이 바로 직통으로 보이는 거야. 마지막 경주를 놓고 풀고 딱 정리하고, 문 딱 여는데 저는 바로 보이는 거야. 내 새끼가 바로 보이는 거예요. 저는 한눈에 봐도 내 새낀 거야. 아, 이거 너무 힘든데……. (면담자 : 좀 쉬었다 할까요?) 아니요, 그냥 할게요. 딱 입구 들어가자마자부터 나는 제정신이 아닌 거죠. 이거는 알고 있으면서도 받아들이기 힘든 거죠. 애들 아빠는 가자마자 주저앉더라고.

경주 발만 잡고 고개를 못 들어. 고개를 못 들고, 저희 그때 새벽에 친정 오빠, 큰오빠랑, 막내 오빠랑 둘이 왔어요. 그때 고모부가 있었고 남자들만 있으니까 저보고 오지 말라 했거든요, "왜, 내 새끼 내가 봐야 된다"고 [하고 갔어요]. (한숨을 내쉬며) 경주가 구명조끼를 입고 있더라고요. 경주는, 3반에 주이가 먼저 나오고 경주가 나오고 그다음에 도언이가 나오고…. 웃기죠? 3반 아이들 사이에 있었어요, 경주는. 어떻게 짐작을 해보면 주이 핸드폰으로[을] 마지막으로 쓴 게 경준데, "엄마 물 올라와"가 10시 16분이거든요. '물이 올라오면서 바로인가? 바로 그랬나?' 이런 생각들도 드는 거죠. 그러면 지네들이 얘기하는 72시간? 에어포켓? 웃기지 말라는 거죠.

나는 근데요, 경주가 8일 만에 나왔어요, 너무 깨끗해요. 얼굴도 그대로구요. 우리가 목욕탕 가면은 물에 들어갔다 나오면 이렇게 젖어 있잖아요. 물이 뚝뚝뚝 흘러요, 머리에서도, 옷도 입고 있는 게 물에 젖어 있고. 근데 내가 이렇게 잡으니까 차요. '4월 달 바닷속 온도가 덥지 않으니까 아마 그랬지 않나'라는 생각도 들긴 하는데, 거의 제가 눈으로 스캔을 다 한 거죠. 경주가 이렇게 잘 때 약간 눈을 뜨고 자거든요. 근데 약간 눈이 3분의 1정도가 떠져 있어. 떠져 있는데 여기에 모래가 다 있어. 그리고 입술이 약간 색깔이 약간 푸르스름하더라고. 그리고 손톱 10개가 보랏빛이에요, 손톱만. 그리고 오른손에 붕대가 감겨져 있더라고, 요기 요만큼. 근데 그거는 친구한테 얘기를 들은 거고, 내가 이거 [붕대를] 풀어보려고 했어요. 혹시나 나는 몰랐으니까, '혹시나 얘가 배에서 살려고 하다가 다쳤나' 이런 생각이 [들어서] 풀려고 했더니, 그 장례지도산지 모르겠지만 그분이 "풀지 마세요"라고 하더라고. 그래서 안 풀었어요.

그런 [뭔가] 이유가 있겠죠. 물속에서 상처가 생긴 건지 아닌지는 모르겠지만 그게 어떻게 변형이 됐을지 모르니까, 그런 의도로 얘기를 하시는지 저는 잘 모르니까 일단은 안 풀었어요. 제가 소리소리 지르면서 "애 몸이 너무 차다"고, "이렇게 물이 뚝뚝 떨어지고 너무 찬데 보고 있냐"고, 이분들도 (눈물을 훔치며) 우시면서 수건으로 다 물기를 다 닦아주시는 거야, 제 말 한마디에. '그냥 그게 꿈이었으면 좋겠다'는 생각이 되게 많아. 그거는 정말 기억을 안 하고 싶거든요(울음). 저는 목포 해양경찰에다가 신청을 해가지고요, 그 사진 찍었던 거 있죠. 시신 사진이랑 그 일지 다 있잖아요? 그거 다 받아놨어요. CD로도 해가지고 서류로도 해가지고 다 받아놨어요……. 그러고 나와서 저는 쓰러졌어요. 쓰러져 갖고 다시 링거 꽂고 누워 있었고, 안에 안치실에 들어가는 거 보고 나왔거든요.

앉아 있고 누워 있는데 그쪽에서 와서 자식이라고 확인을 했어도, 특이 사항, 아이의 특이 사항을 얘기를 해주라고, 세 가지 이상. 몇 가지 이상 돼야 [된대요]. 그니까 체육관에 있을 때 며칠 안 됐을 때 DNA를 검사한다고 했었거든요. 제가 1등으로 했어요. 가가지고 면봉으로 입 안에 해가지고 했는데 제가 1번이었어요, 번호순으로 1번이었거든. 근데 거기 갔더니 DNA 검사가 한 자료가 없대요. "아빠보다는 엄마가 하세요" [해서] 제가 [검사하러] 갔거든요. [근데] 자료가 없대요. 제가 누워 있는 동안 아이의 특이 사항을 적어오라고, 고모부가 왔더라고 저한테 누워 있는데. 저는 그냥 줄줄 나오죠. 경주 앞 이빨 깨져 있고, 코 옆에 왼쪽에 수두 자국 하나 있고, 등에도 하나 있고, 어디에 뭐가 있고 줄줄 나오죠, 나는. 그랬더니 열몇 가지가 막 넘어가니까 "형수, 그만해도 돼. 이 정도면 될 거 같애" 이러고 고모부가 갔거든요. 근데 그거 확인하고 저는 바로 통과가 됐죠, "경주가 맞다, 자식이 맞다".

근데 DNA가 없으니까 해야 되잖아요. 어쨌든 아빠가 "그 안에서 했다" 하더라고. "미친 거 아니냐"고, "한 지가 언젠데. 그 자료는 어디 갔대?" 그랬더니 나중에 얘기 들어보니까 국과수에 넘어갔던 게 오류가 나가지고 왔다가 없어졌다 했는지 하여튼…. 그래서 "저희가 가고 나서 했던 게 왔다"고 한 거 같아요, 그렇게 얘기를 들었어요. 진작에 며칠 걸린다고 해서 그렇게 우리가 빨리했잖아요. 체육관에서 했는데도 불구하고, 8일 만인데도 그게 며칠 만에 나온다고 해서 그럼 진작 와가지고 있어야 되잖아요. 없는 거예요. 일처리가 그런 거예요. 그래서 저는 영구차하고 저희 차가 있었고 택시로 식구들이 있으니까 택시로 해가지고 이렇게 몇 대 해가지고 움직였어요. 11시에 만나서 거의 저녁에, 저녁 시간 8시엔가 출발했으니까, 9시, 10시, 11시, 12시, 1시, 2시, 새벽 2시쯤에 장례식장을 얘기를 하는 거예요. 저는 그래도 그 직장 분들이 현직에도 계시고 하니까 얘기를 해가지고 꽉 찼는데도 불구하고 "제일 장례식장 하나를 빼주겠다고 한 거예요. "됐다"고 "다른 분도 해야 되니까 우리만 있는 것도 아니고 다른 분 하시라"고 [하고], 그리고 경주는 내가 곰곰이 생각해 보니까 수원에서 태어났어요, 경주는. 그래서 그럼 가까운, 안산에서 가까운 "수원으로 가겠다" 제가 그랬어요, 정 없으면. "나 굳이 그렇게 안 하고 싶다"고,

"오늘 나온 사람만 해도 몇 명이냐?"고, "해야 될 거 아니냐"고 제가 마다했어요.

6
수원 장례식장

면담자   그럼 결국 수원 쪽에 있는 장례식장으로 가셨겠네요?

경주 엄마   수원으로 갔어요. 새벽 1시, 1시쯤 넘어서 도착했는데 이거는 전국적으로 다 알게 되고 전 국민으로 알게 된 사건이다 보니까 연락 안 하고 지내던 초등학교 친구부터 시작해서 저 옛날 [친구들이] 다 와 있는 거예요. 〈비공개〉 그 당시는 진짜 다 싫었어요. 식구들도 싫고, 우리 부모들도 싫고 다 싫었어요. '내가 왜? 아니 경주가 왜?' 이런 거 있잖아요. 그래서 어쨌든 지금도 후회가 되는 거는 내가 경주를 못 닦아줬던 거, 염할 때 다 만져주고 보내고 싶었는데 그걸 못 했다는 게 참 아쉽고…. 문득문득 그런 생각이 들거든요, 그 당시는 정신이 없었으니까. 그러고 나서 수원에서 하니까, 수원 쪽에서 교육청에서 나오고, 도 관련해서 나왔겠죠. 도교육청에서 나오고 했는데 장례비부터 시작해서 그런 얘기 하시더라고요.

"나는 경주, 우리 경주, 찬 데 있다 와서 화장 안 할 거"라고, "더운데 또 못 보낸다"고, 나는 [그렇게 생각하고 있었어요]. 저희를 부르더라고 "어떻게 하실 거냐?"고, 저는 "매장할 거"고, "매장이나 수목이나 그 둘 중에 생각할 거"라고 그랬더니 "그렇게 되시면 저희가 지원하는 금액이 얼마 선인데 플러스 얼마가 되기 때문에 부담하셔야 된다"고

[해서] "부담하는 거 상관없다"고, "한다"고 [말했어요]. "조금만 더 생각해 보시"라고, "다들 그냥 같이 이렇게 하는데 그렇게 하는 게 낫지…" [이러길래] "아니, 내가 싫다"고 그랬더니 애들 아빠도 제가 얘기한 거에 따라주더라고요. 그냥 있더니, 그다음 날 3일째 나가기 전에 얘길 하더라고, "그냥 우리도 그렇게 하는 게 낫지 않겠냐…" 이런저런 얘기를 하더라고요. 그래서 내가 어른들도 그런 얘기 하고 "자식은 그렇게 하는 게 아니다" 이런 얘기 하시더라고요. 그래도 나는 싫은데, "애가 그렇게 찬 데 있다가 왔는데 물에 있다가 불에 넣는 거 나는 싫다"고 [했어요]. (한숨을 내쉬며) 사람은 제가 예전에 어디 책에서 본 게, "흙에서 와서", 불교 용어인지 모르겠지만 "흙에서 와서 흙으로 간다"고 그런 얘기도 있고, 저는 '자연으로 갔으면 좋겠다' 그런 생각을 한 거죠. 그래서 결국은 제 생각대로는 하지 못했어요. 그냥 수원연화장 가게 되고 하늘공원으로 가게 되고.

면담자   하늘공원은 다른 곳하고 비교를 해서 가신 건가요?

경주 엄마 저는 하늘공원 얘기밖에 못 들었어요. 수원에서 했잖아요. 그쪽에서 말씀하시는 거는 하늘공원밖에 얘기를 안 해주신 거 같애. 제가 딴거를 자세히 못 들었는지 모르겠지만 저희한테 하늘공원으로 간다고 했어요. 그래서 이것저것 할 거 없이 하늘공원으로 저희는 갔어요.

면담자   다른 분들도 많이 오셨다고 하셨는데, 경주 장례를 치르면서 앞으로 어떻게 할까에 대해 생각하셨었어요?

경주 엄마 아무런 생각 없었어요, '예전에 알던 나의 친구들이 여기에 왜 왔지? 이런 일로 여기 온다는 게 참, 어떻게 설명을 해야 되지? 이런 일로 얘네들을 봐야 돼? 아, 이게 뭐지?', 하여튼 이거는 풀리지 않는 물음표만 생기는 거죠. 저는 그랬어요. 그리고 초등학교 때 알던, 쉽게 그냥 친구지만, 친하진 않아도 다 친구잖아요, 동창들이니까. 그 친구들이 몇 명 왔는데 그 신랑이 그쪽, 경찰 쪽인가 일을 한다고 했어요. 자세하게는 저도 정신이 없어서 그랬는데 사진을 찍어왔는지 얘가 나한테 보여준 게 기억이 나긴 해요, 어렴풋이. 공문 같은 거, 세월호 관련해서 그때만 해도 우리 8일, 9일, 10일, 며칠 안 됐잖아요. 보름도 안 됐잖아요. 지금은 기억에 없어요, 그게. 어떤 공문이 뿌려졌었어요, 그런 경찰 병력들이나 이런 사람들한테. 그거 보고 참, 그 이야기였던 건지 아니면 세월호 관련해서 어떤 공문이었던 건지 저도 기억이 잘 안 나는데, 그 친구하고 연락처를 제가 몰라요. 그래서 다시 물어볼 방법도 없고 이래서 그냥 넘어갔는데, 그때도 '그걸 내가 [왜] 더 물어보지 않았을까', 시간이 지나고 나니까 그 생각이 나는 거예요.

그 당시는 이게 뭐 몰랐잖아요(한숨). 정말 대통령이, 직무 부실, 자기가 해야 될 일을 못 한 그런 일로 치부가 됐지만은 어쨌든 국민의 생명을 하찮게 다룬 거잖아요, 쉽게 얘기하면. 거기에 부수적인 나머지, 해야 될 선에 있으신 분들이 제 역할을 못 하고, 중간중간에 어떤 음모들도 있었던 것도 드러났고, 이거를 정말 제대로 깔끔하게 딱 터지면 좋겠는데, '이게 정말 풀릴까? 이게 해결이 돼서 진상 규명이 돼서 깔끔하게 풀어질까?' [하고] 의문 생기죠. 왜냐면 우리나라에는 진실을 파헤쳐야 될 사건, 사고들이 한두 가지가 아니잖아요. 이 또한 역시 이 정도로 이렇게 뭔가를 숨겨야 될 게 많은 세월호 사건인지는 정말 꿈에도 몰랐던 거고, 우리가.

면담자　　　그 시점에 반 대표는 계속 맡고 계셨던 거예요?

경주 엄마　　그렇게 되고 나서는 제가 올라왔잖아요. 올라오고 나서는 다른 분이 대표를 하신 거죠. 그때 다영이 아버님, 저희 반에 다영이가 늦게 와서, 남아 계시는 분이 맡아서 그중에서 "누구 하세요" 이런 식으로 하니까, 그렇게 되셨던 거고요.

면담자　　　대표로 활동을 하면서 만났던 사람들 중 기억나는 사람 혹시 있으세요?

경주 엄마　　제가 체육관, 팽목에 있을 때요? 다른 건 없어요, 그냥 일상적인 그런 것들이라서….

면담자　　　매일 정해진 시간에 회의하는 건 아니었나요?

경주 엄마　　마이크 잡고 "나오세요" 하면 나와서, 단상 위에 방도 있었고, 그 뒤쪽으로 나가면 방이 하나 있었어요, 그쪽에서 한 번 얘기하던 것도 있었고…. 그 당시에 안산에 계신 목사님하고, 3반에 채연 누구라고 있어요, 누군가 하여튼 있어요, 아이 이름이 있는데 그 아이의 큰아버지라는 분이 광주에서 목사님인가 그래요. 그분들이 저희 회의할 때 들어오려고 했던 그게 몇 번 있어 가지고, "당신 누구냐? 나가라" 이랬던 기억이 몇 번 있고…. 그 당시는 워낙 우리가 부모 아니면 못 믿겠다는 거였기 때문에 그랬던 경우들이 몇 번 있어요.

면담자　　　어머니는 종교를 가지고 계신가요?

경주 엄마   저희 친정이랑 시댁은 불콘데, 저는 제 자신도 못 믿는데 어떻게 종교를 믿어요.

면담자   한 번도 종교 가져본 적이 없으세요?

경주 엄마   아니요, 어릴 때는 교회도 가보고 절에도 가보고 했는데 종교는 없어요.

7
남편의 출장과 외로움

면담자   시어머니 얘기 잠깐 하셨는데, 본래 사이가 안 좋으셨나요?

경주 엄마   안 좋아졌어요. 저희가 가정사기 때문에⋯. 저희가 어린 나이에 결혼을 하다 보니까 [돈이] 없이 시작을 한 거잖아요. 경주 낳고 둘이, 셋이 알콩달콩 재밌게 살았는데, 초반부터 우리만 산 게 아니기 때문에 식구들이 개입이 돼 있었고, 그런 부분에 있어서 제가 실망을 했던 부분이 많이 있어요. 그래서 '살아야 되나 말아야 되나' 고민들을 되게 많이 했었던 시점이 있고요, 분명히. "경주가 있으니까 우리끼리 잘해보자"라고 했는데 (한숨 쉬며) 〈비공개〉 애들 아빠가 유독 다른 자식들도 그러겠지만, 보면 그게 [시어머니한테 끈끈한 감정이] 강해요, 강한데.

면담자   어머니한테는 그런 것들이 부담스러울 수 있겠네요.

경주 엄마　　　부담이라기보다는 요즘 솔직히 저희 나이대에 그런 거 보고 살 사람들이 누가 있어요? 〈비공개〉 그런다고 해서 시어머니가 저희를 도와주거나 그런 적도 없었고, 둘이서 열심히 일해서 남한테 신세 안 지고 그러고 살았으니까, 부모님한테도 그렇게 효자, 효녀 노릇은 못 하더라도 저희가 할 도리는, 그래도 최소한의 도리는 하고 살았고 그렇게 생각을 해요. 저는 그러면서 아이들이 커가는 거 보면서 얼마나 즐거웠겠어요. 저희는 행복했죠. 행복하고 얘네들이, 경주가 고등학교 가고 작은아들이 중학교 가고 이러면서 덩치들이 저보다 다 커버리니까 뿌듯하더라고요. 뿌듯하면서 경주가, 얘가 중학교 올라가니까 저랑 대화할 시간도 없고 하니까, 애들 아빠는 일을 하면서 지방 출장이 많으니까 가면 1주일, 2주 이런 식으로 갔다 오고, 갔다 오고 하니까 주말부부 아닌 주말부부가 된 거죠.

그러면 저는 일을 하고 오면 혼잔 거예요. 그럴 때마다 느끼는 외로움들이 오더라고. 그래서 한번은 우울증 초기처럼 되게 심하게 온 적 있었어요. 경주 2학년 올라가기 전 그때쯤 제가 뭐 배우러 다니고 할 때, 애들 아빠도 지방 출장, 팀장님도 안산에 사는데 같이 내려가서 길면 2주 이렇게 해서 올라오니까, 매일 통화를 해도 그게 양은 안 차잖아요. 같이 있으면 모르는데 따로 떨어져 있지, 자식들도 자기 개인 생활들 있으니까 저 혼자만 있는…. 저도 밖에 나가서 직장생활 하지만 직장생활은 직장일 뿐이고 집에 오면 혼자니까…. 한번은 너무 힘든 거예요. 집에 혼자 있는 게 외롭더라고. 경주한테도 전화하고 "왜 안 오냐?" 이렇게 전화했는데 "어, 조금만 있다가" 이런 거 있잖아요, 애들은요.

혼자 있으니까 갑자기 눈물이 막 나는…, 그래 갖고 아는 사람들, 가깝게 지내는 사람들 전화해서 '잠깐 얼굴 보고 맥주 한잔할까?' 이렇게 할 수 있잖아요. 그게 싫은 거예요. 그럴 때 있잖아요, 남들한테 뭔가를 하기가 싫죠. 그래서 그때 한 번 저희가 단원고 옆에 명성교회 그 뒤쪽 빌라에 살았었거든요. 거기서 이렇게 걸어오다 보니까 학교 쪽으로 온 거예요. 그 위에 원고잔공원 있잖아요, 주차장 올라가는데, 거길 올라가 혼자 주차장에서 막 울다가 내려왔어요. 밤에 한 번 그런 적 있었어요. 그때부터 되게 외로움을 탔던 거 같아요, '아, 그래서 사람들이 나이를 먹고 자식들이 다 크면 부부밖에 없다고 하는구나. 그마저도 나는 그 역할이 안 되니까 내가 되게 힘들구나' 이런 생각이 드는 거예요. 되게 힘들었어요, 그 당시. 잠깐 그러고 나서 조금 회복하고 하는데 얼마 안 있다가 일이 터진 거죠.

8
이사, 배·보상, 고모네와 합가

〈비공개〉

면담자   선부동은 지하였어요?

경주 엄마   응, 응. 그런데 이쪽 빌라, 단원고 쪽으로 올 때는 전세 임대로 오게 된 거예요. 제가 애들 아빠하고도 얘길 했죠. "자기 벌고 내가 버는 게 적은 돈은 아니고 그렇다고 많은 돈은 아니다, 네 명이 살기에는. 그래도 우리가 지금까지 남한테 빚 안지고 살았고" 여기에 전세금 들어갈 때 우리가 5프론가 들어가거든요, 몇백이란 돈이 들어가고. 그니까 지금처럼 이렇게 하면 아이들도 대학 가고 물론 돈이 더 많이 들겠지만, 저는 그냥 애 둘 장성한 것만으로도 뿌듯하더라고요, 다 얻은 거 같고. "이해까지만 지원받는 거는 마지막으로 하자" [하고] 저는 정리를 하려 그랬어요. 그 당시에 다시 합쳐가지고 제대로 된 거 밑천 해가지고, 요즘 신축 빌라 같은 것도 대출을 갚아가면서 우리가 살면 되니까, 애들이 대학 갈 수도 있고 대학 못 가면 일을 할 수도 있으니까 그건 모르는 거잖아요. 그런 계획들을 세우고 있었죠, 애들 아빠랑 얘기를 하면서.

왜냐하면 저희가 빠른 나이에 결혼을 했다 보니까, 정말 둘 다 제대로 된 월급생활이나 이런 것들을 했었더라면, 어렵지 않았더라면 일찍 더 빨리 일어설 수는 있었겠지만, 그래도 저는 그런 단계를 오면서, 그 나이에 40대 초반에 그렇게 다시 시작할 수 있다는 게 저는 괜찮았거든요. 그런 얘기도 하고 준비하고 있었던 상황이었어요. "그 빌라에서 살다가 여기 만기 차면 신축 알아보자" 그런 얘기도 하고 있었던 상황이었어요. 애들도 크고 하니까, 방도 이쪽 빌라는 방이 되게 작아요. 그래서 "너무 작으니까 조금 옮기자" 그런 얘기도 하고 했으니까, 하고 있었던 찰나였는데 그러면서 넘어갔죠. 그리고 일 터지고 나서 제가 1년 가까이 활동하면서 애들 아빠가 되게 힘들어했거든요. 나서는 거를 싫어하는 거죠, 이 사람은. (면담자 : 원래 성격이 그러신가 보죠?) 예, 제가 이렇게 하는 것도 싫었었고, "집에 남아 있는 동생 돌보지도 않는다"[는] 이유도 있었고, 여러 가지 있었어요.

20년 동안 저랑 살아오면서 안 맞았던 부분들이 분명히 있었을 거고, 저한테 서운했었던 부분도 분명히 있었을 거잖아요. 그러고 나서 그 뒤에 저랑 가장 크게 부딪쳤던 게 보상 문제 때문에…. 왜냐하면 저희는 이혼이 돼 있는 상태잖아요, 법적으로. 그러면 이쪽에서 연락이 와요, 따로따로. 제가 "이것만은 건들지 말자"라고 얘기를 했어요. "이거는 어떤 건지 알지 않냐"고, "건들지 말고 받지도 말자"고 저는 그랬어요. 근데 어쨌든 애들 아빠는 애들 아빠 나름 무슨 생각을 하고 있었는지 지금까지 그런 얘기 안 하는데, 제가 그 마음을 읽어줄려고 노력하고 있어요. 그냥 '너도 많이 힘들겠구나', 그래 지금까지 살면서는 제가 거의 내무부 장관 수준, 제가 돈 관리하고 이렇게 생활했으니까 쪼들리게 살았죠, 남편으로서는 용돈도 적고 남들한테 가서 밥도 한 번 못 사고 이랬던 게 있으니까. 그래서 저는 그냥 우리의 입장으로 바라보는 시각이랑 또 다른 외부에서 사람들이 우리를 바라보는 시각이 또 있잖아요. 그런 걸 양쪽으로 다 보이는 거예요.

제 모습도 보이고 애들 아빠 모습도 보이거든요. '내가 이렇게 행동했을 때 딴 사람들은 나를 이렇게 보지 않을까', 근데 내가 굳이 그걸 신경 쓸 필요는 없으니까, '근데 내가 이렇게 함으로써 내 자신한테 어떻지?' 이런 것 있잖아요. 그런 것 생각을 많이 하거든요. 그래서 결국은 일 터지고 우리가 한번 그 빌라에서, 도저히 그 빌라에서…, 경주 일 터지기 전에도 아들 교통사고도 한 번 났었고, 그다음에 저도 계단에서 넘어져 비 오는 날, 무릎 한 번 수술 한 번 했었고, 몇 번의 사고들이 되게 많았어요. 그래서 '아, 이 집이 우리랑 안 맞구나'라는 생각이 들었던 거예요. 그래서 "이사를 빨리하자" 하고 일 터지고 나서 저희가 이따가 이사를 했어요. 〈비공개〉

111
●
2회차

9
마무리

면담자   다음 구술 질문은 활동하셨던 것부터 순서대로 여쭤보겠습니다. 4·16세월호참사가족대책위원회 발족부터요.

경주 엄마   발족이 됐으면, 4월 말일 날 아마…. 이게 발족된 게 어디서 된 거예요? (면담자: 5월 6일인데요) 5월 6일이면, 4월 23일 4, 5, 6, 7, 8(한숨) 한다고 이게 와스타디움에서 했던 건가? 이게 제가….

면담자   올림픽기념관에서 한 번 임시총회를 하셨네요.

경주 엄마   그죠, 제가 삼우제 갔다 하늘공원 갔다가 온 날, 제가 여기 올기[안산 올림픽기념관] 가가지고 한번 돌아보고, 뒤쪽으로 갔더니 대책위가 있더라고요. 그때 거기에 빛나라 아버님이랑 오현이[오천이] 형이 있었어요, 그래서.

면담자   6일 전에 임시 대책위가 있었어요.

경주 엄마   있었어요. 그래서 "여기 뭐 어떻게 해야 되냐?"[고 하니까] "가족이냐?"고 [물어서] "부모님"이라 그랬더니, "이거 등록해야 되냐?" 그랬더니 "아, 예" 그래 갖고 누구 몇 반이라고 적고 "따로 연락을 드리겠다" 해서 그다음에 연락이 온 게, 거기서 모인 건지 올림픽기념관에서 모인 건지는 모르겠어요. 아니 저기, 저기 예술의 전당, 아니 와스타디움.

면담자   그때부터 여쭙겠습니다.

경주 엄마   (면담자 질문용 일지를 훑어보며) 저 KBS 안 갔거든요.

면담자   정리한 것뿐이니 다음에 차근차근 맞춰서 질문드리겠습니다.

경주 엄마   제가 활동했던 거는 집행부에 가면 심리생계분과 캐비닛에 보면 제 자료 다 들어 있어요. 했던 거 다 넣어놨거든요.

면담자   다음 구술은 뭘 하셨는지보다는 생각이나 감정 위주로 여쭙게 될 것 같습니다. 오늘 2차는 여기서 마치도록 하겠습니다.

3회차

2018년 4월 3일

···

1
시작 인사말

면담자   본 구술증언은 4·16 사건에 대한 참여자들의 경험과 기억을 기록으로 남김으로써 이후 진상 규명 및 역사 기술에 기여하고자 합니다. 지금부터 유병화 씨의 증언을 시작하겠습니다. 오늘은 2018년 4월 3일이며, 장소는 안산시 단원구 4·16기억저장소입니다. 면담자는 김아람이며, 촬영자는 강재성입니다.

2
와스타디움 가족대책협의회의 초기 분위기

면담자   오늘은 어머님이 올림픽기념관에서 처음 임시총회 했을 때부터 기억나시는 거 말씀해 주시면 제가 거기에 따라서 질문을 드리겠습니다.

경주 엄마   올림픽기념관에서 모였던 거는 아니고요. 제가 경주를 하늘공원에다 하고 나서 집에 와서 올림픽기념관에 분향소가 있다는 걸 얘기 들었으니까, 그 전에 미리 알고 있었지만 일단 나와봤어요, 집 밖으로. 나와서 분향소 안에 한 바퀴 돌고 갔더니 유가족 팻말이 있는 거예요. 거길 따라가 봤어요, 어디다 연락할 길도 없고 누가 연락 오는 것도 아니고 그 당시는 그랬잖아요. 그래서 들어가 봤더니 현재 당시 초창기에 3반에 빛나라 아버님하고 4반에 오현이 형[오천이 형 권오현]이 있더라구요, 둘이서. 처음에는 누군지 몰랐는데 "가족이냐"고 물어봐서 "가족이다" 그랬더니 "연락처를 남겨달라" 해서 연락처를 남겨주고 한번 전체적으로 문자 갈 거라고, 한번 모임을 가질 거라고 해서 그렇게만 하고 저는 왔죠. 집에 돌아왔는데 나중에 연락이 와서 와스타디움에서 아마 전체 모임을 아마 했던 거 같애요.

면담자   처음 가셨을 때는 가족분들이 어느 정도 모이셨어요?

경주 엄마   그때가 5월 달이었기 때문에 반 정도는 계시지 않았나? 인원수로 봤을 때는 부모가 다 왔기 때문에 많이 오신 듯한 느낌은 들었죠. 250가정을 따졌을 때 500명 이상인데, 그 정도는 아니더라도 많이 모이신거 같애요.

면담자   모임을 주도하는 게 빛나라 아버님이셨어요? 모임의 관리를 누가 하고 계셨어요?

경주 엄마   저도 자세히는 모르지만, 그게 어떻게 시작이 됐는지는 모르겠지만 빛나라 아버님하고 당시 일찍 오셨던 분이 9반에 해화 아버님하고, 오현이[오천이] 형 그리고 몇 분을 뵀죠, 초창기에 계셨던 분들. 그러면서 그리고 올라오신 분들, 늦게 아이가 나온 부모님들 말고는 거의 다 계셨던 거 같애요. 그때 1기 활동하셨던 분들은 거의 다 계셨으니까, 그 당시에. 그래서 이제 밑에 있을 때 반 대표들이 있었기 때문에 그걸 주축으로 해서 진행이 된 거 같애요.

면담자   그때 10반은 유민 아빠가 대표였어요?

경주 엄마   아니요, 유민 아빠는 대표한 적이 없구요, 초창기에 역할을 했던 거고. 제가 맡다가 23일 날 경주가 나오고 나서 올라왔잖아요? 올라오면서 다영이 아버님한테 남아 계시는 부모님들 대표로 해달라고 부탁드리고, 부모님들한테도 동의를 받고 그렇게 해서 올라왔어요. 저는 경주를 보내고 아무것도 없는 상황에서 가족들 모임 있는 거 알게 되고, 모임이 생기게 되고 이러니까, 그러면서 부모님들도 많이 올라오신 상태였고 그러면서 다영이 아버님한테 "계속하시던 거 하시라"라고 했는데 "아니다, 경주 어머님이 하시라" 서로 이렇게 하다가 "그럼 우리는 둘이 하자" 이렇게 얘기가 되고 있었던 상황이었는데, 당시에 정부 관계자들 몇 분들이 오시고 안산시에서도 물론 왔겠죠. 교육청 이렇게 해갖고 빛나라 아버님이 그 앞에서 쭉쭉 얘기하다가 "뭐를, 뭐를, 뭐를 우리가 만들어야 된다. 반 대표들끼리 모여서 이거를 반에 가서 전달하고 이렇게 해야 되는 상황이니까 투표로 뽑아야 되지 않겠냐?" 이런 얘기까지 나오면서 그게 준비 과정이었던 거 같아요.

면담자   그때도 다른 반도 대표분들이 계셨던 거죠?

경주 엄마   네, 있었죠. 그래서 열 반이 다 모였고, 제 기억엔 그래요.

면담자   10반은 어머님하고 다영 아버님 같이 대표로 들어가셨어요?

경주 엄마   시간을 보고, 그 당시에는 거의 거기에다 몰입을 하긴 했지만, 같이 갔던 거 같아요.

면담자   상황에 따라 그때그때 다르기도 하고.

경주 엄마   네, 같이 갔던 거 같애.

면담자   문자받으시고 와스타디움 가셨다고 하셨는데 그때는 뭘 해야겠다는 생각을 하셨나요?

경주 엄마   이게 상황이, 아이들 구조라든지 이런 부분에 있어서 그 당시는 정말 저희가 법에 대한 것도 잘 모르니까, 이게 적나라하게 어떻고, 어떻고 이런 과정들보다는 "이 아이들이 왜 죽어야 되는지 밝혀야 되지 않냐", 아무것도 나온 게 없잖아요, 언론도 마찬가지고 정부에서 얘기해 주는 것도 없고 그래서 이 부모들이 아마 모였던 거 같애요. 그런 마음은 다 똑같이 한마음이었던 거 같애요.

면담자   그때 정부나 언론의 문제점을 다 알고 계신 상태였던 거죠?

경주 엄마   저희는 현장에서 겪은 거죠. 언론도 제대로 발표가 안 되고 있다는 것도 뻔히 우리가 봤기 때문에 알고 있었던 상황이었고, 그리고 해경 측이나 정부에서 하는 태도도 저희는 거의 눈으로 봤잖아요. 국회의원들은 와가지고 자기네들 사진 찍기 바빴고, 그런 상황들을 저희는 눈으로 직접 목격을 했기 때문에 믿을 수가 없는 거죠.

면담자   처음 모였을 때 정부나 시에서 지원이 있었나요?

경주 엄마   아니요, 전혀 누가 외부인들이 들어올 수 없는 상황이었고요. 제가 안산에서 시민 단체에서 활동을 했었기 때문에 관계되신 분들이 저한테 연락이 왔어요. "대한변협이랑 이런 데서 도움을 줄 수 있는데 어떠냐?"라고 저한테 물어보시는 거예요. 저는 제가 당사자잖아요. "제가 자식을 잃은 입장이기 때문에 그거는 제가 결정할 문제가 아니다. 내가 경주 하나만 잃은 게 아니기 때문에, 250가정이라는 이 모든 아이들의 부모들이 있다. 이거는 나 혼자서 결정할 수 있는 문제가 아니라 내가 어떻게 할 수 있는 상황이 아니다. 일단은 기다려보시라. 지금 다른 부모님들하고도 얘기를 하고 있으니까 여기서 어떤 내용들이 나오면 내가 그때 도움이 필요하면 얘기를 하겠다"고 제가 그렇게 말을 했어요. 그래서 저희 관련되신, 같이 근무하셨던 그분들도 저한테 쉽게 얘기를 못 꺼내셨던 상황이었구요. 나중에 우리가 이런 얘기 할 때 저보다는 다른 부모님들, 빛나라 아버님이나 이런 분들이 얘기하실 때 조금 더 정치나 세상 돌아가는 걸 저보다는 아시니까.

그래도 어떤 사건, 사고들이 우리나라에서 일어나면은 어떤 분들하고 얘기를 해야 되고, 어떤 분들이 도와줘야 되고, 이를 알고 계시더라구요. 그러면서 어쩌고저쩌고 얘기를 하시길래 "제가 이쪽에서 일을 했는데, 대한변협 쪽 분이 도와주시겠다고 하는데 미팅해 보실 수 있겠냐?"라는 얘기는 해봤죠. 아니나 다를까 제가 얘기를 하지 않아도 그렇게 생각하고 있었고, "그렇게 만나려고 했었다"고 [하더라고요]. 그 당시는 대한변협[대한변호사협회]이 아니라 민변[민주사회를 위한 변호사모임]이었죠.

면담자   어머님은 단체활동을 하셨으니까, 어디하고 힘을 합친다거나 그럴 필요가 있을 거란 생각을 하진 않으셨어요?

경주 엄마   저는 제가 직접 나서지는 않았어요. 제가 그분들을 찾거나 그분들의 도움을 요청하지는 않았어요. 그 당시는 저도 잘은 모르겠어요, 제가 왜 그랬는지는. 근데 그분들하고 제가 '도와주세요' 이렇게 할 수 있는 상황적인 분위기가 아니었어요. 어쨌든 저희 부모님들끼리 뭔가를 시작을 하려고 했었던 마음들이 더 컸기 때문에 '어떤 누구도 개입해서는 안 된다'라는 생각이 있었어요, 왜냐하면 알게 모르게 저희도 봐왔던 게 있으니까, 여러 가지 아이들의 일인데 거기에 대한 원인이나 그런 것들을 찾아야 되는데, 물론 전문가들도 필요하겠지만 '뭔가가 개입돼서 뭔가가 자꾸 이상하게 가는 거는 아니다'라는 생각들을 갖고 있었던 같애요, 저도 그렇고 다른 분들도. 그래서 다 조심스러웠던 거 같애, 초창기는. 그래서 저희 부모님들끼리 많이 얘기를 하고 최종적으로 그 대한변호사협회 분들이 오셨어요. 그분들이 직접 찾아오셨어요. 저는 민변분들을 소개를 하려고 했었고, 그분도 오셔서 일단 미팅은 하셨어요.

하시고 대한변협에서 오셔가지고, 나중에 알게 된 거는 민변이 대한변협 소속이라고 말씀을 하시더라구요. 그렇게 알게 된 거고, 그분들이 직접 오셔서 부모님들 앞에 서가지고 본인들이 생각하고 있는 거, 어떻게 해야 될지에 대한 거를 설명을 하셨어요. 그때도 부모님들이 되게 화를 내고 욕하시는 분들도 계셨구요. "니네들이 뭘 할 수 있냐?" 이런 식으로 부정적으로 말씀하시는 분들도 계시고, '믿을 수 없다' 이거죠. "어느 누구도 못 믿겠다" 이런 마음들이 있었던 거 같고, 초창기다 보니까 아무래도 심적으로나 정신적으로 불안정한 상황이었기 때문에.

3
가족대책협의회 운영 방식, 분과체제 구성

면담자　　부모님들 모두 생각이 다르시잖아요. (경주 엄마 : 그렇죠) 초기에 갈등이나 사건은 없었나요?

경주 엄마　　저희가 다수결로 했어요. 어떤 일이든지 간에 하나를 할 때 다수결로 해서 과반수 이상 찬성을 하면 통과되는 걸로 그렇게 진행을 했었거든요. 일반적이신 분들은 그런 거를 안 해봤으니까 잘 모르시잖아요. 그런 것도 일일이 설명을 다 해야 되고 그래서 시간이 빨리빨리 진행되진 않았어요. 왜냐하면 반별로도 먼저 설명을 해야 되고, 반별로 [네이버]밴드나 톡[방을] 만들어놨으니까 그런 데서 얘기하고, 모여서 그런 과정들 거치고, 이렇게 하다 보니까 시간이 빨리빨리 진행되지 않았어요. 대표들끼리 따로 먼저 모여서 회의하고 그런 과정들이 몇 번 있었거든요.

면담자　　초기에도 분과 체제가 구성되어 있었어요?

경주 엄마　　아니 5월 말인가, 5월 말쯤에 투표했던 걸로 기억하거든요, 5월 말 그 정도였던 거 같아요. 그때 반 대표들끼리 회의 몇 번 거치고 나서, 대한변협 오고 나서 이런저런 초기 작업을 한 다음에 반 대표뿐 아니라 우리가 해야 될 거는 가족들 지원에 대한 것, 첫 번째 그리고 왜 이렇게 됐는지 진상 규명해야 되는 거, 그다음에 뭐 있었지? 초창기에 하여튼 세 가진가 네 가지, 네 가지 다섯 가지 만들어놓은…. [왜 이렇게] 기억이 안 나죠? 그 분과들 이름을 만들어가지고 당시 아마 그렇게 했던 거 같애요. 그래서 추천을 받는다 해가지고 추천을 했는데, 추천은 그 자리에서 아마 했던 거 같애요, 부모님들 다 모여가지고 있을 때. (면담자 : 분과위원장들을?) 예, 그렇게 해서 부모님들 한 분씩 일어나 가지고 "몇 반 누구 부모님을 추천합니다" 해가지고 투표로 해서 뽑았던 거 같애요.

면담자　　　추천의 기준이나 공유하는 원칙이 있었나요?

경주 엄마　　　없었어요, 없었고. 일단은 반 대표들이 모여서 회의를 몇 번 진행을 했잖아요. 회의를 진행하는 중에 대한변협도 만나고 시민 단체 분들도 만나고 여러 가지, 몇 가지를 했어요. 그러면서 시간이 한 달이란, 한 달은 채 안 됐지만, 그 기간 동안 저희들끼리는 얼굴을 익혔잖아요. 물론 현장에서도 얼굴을 익혔지만, 그러면서 반분들은 반분들대로 반 대표가 있으니까 그분들을 믿고 지지하는 분들이 많았잖아요. 그래서 보면 반 대표 역할을 하셨던 분들이 올라오셨어요, 후보로. 다른 반에서 봤을 때 "저분이 이 분과에서 했으면 잘하겠다"라고 해서 추천을 해주시고 하셨던 같애. 근데 저희 분과가 여자분들이 되게 많이 나오셨어요. 동혁이 어머니, 지금 재욱이 어머님 하여튼 다섯 분 이상 많이 오셨어요, 저도 추천받았고…. (면담자 : 후보로?) 네.

면담자　　　그럼 그때도 모든 결정은 다수결로?

경주 엄마　　　그렇죠, 그 자리에서 투표를 앞에서 해가지고 발표를 한 거죠.

면담자　　　10반은 어머님하고 다영 아버님의 공동대표 체제였어요?

경주 엄마   네, 하고 있었는데 제가 [심리생계분과장이] 됨으로 해서 다영 아버님이 반 대표를 맡으신 거죠.

면담자   다 온전히 부모님의 판단에 맡겨두신 건가요? 따로 투표 전에 무슨 활동을 하셨다든가?

경주 엄마   그런 거 전혀 없었어요. 부모님들이 그냥(웃음).

면담자   초기 대표분들에게는 공통점이 있었어요?

경주 엄마   그 당시는 그런 거에 대해서는 잘 몰랐어요. 시간이 지나고 나서 보니까, 아무래도 아이들의 부모님들이 연령대가 다양하다 보니까, 젊어 보여서 시키지 않으셨나 그런 생각도 들고, 젊은 축에 좀 끼다 보니까 '부모로서는 그렇지[젊지] 않나' 생각을 해요.

면담자   젊은 엄마가 하라거나 똑똑하니까 하라거나 이런 거였나요?

경주 엄마   그런 거까지는 부모님들이 모르시잖아요. 처음에 유민 아버님이 저한테 이제 "경주 어머님이 반 대표 하세요"라고 했을 때 "제가 왜 합니까? 유민 아버님이 하세요. 저는 못 합니다"고 했더니 "아니, 〈비공개〉 젊으니까 하라"고 그 당시도 그런 말씀을 하셨어요. 그래서 한 번 쉬어가는, 한숨 쉬고 가는 타임이었다 해야 되나? 그렇게 해서 저희 반끼리 모였을 때 한번 그랬던 거 같고요. 그러면서 "그럼, 알겠습니다" 하고, 유민 아버님 상황 있잖아요. 그거를 저한테 말씀, 넌지시 하시면서 "내가 상황이 이러니까 [경주 어머니가] 하시라" [하더라고요]. 저도 물론 다른 상황 아니었거든요. 저희도 가정이 [비슷

한 상황이었지만 '자식 일인데 내가 나서서 해야 되지' [싶더라고요]. 그
전까지만 해도 정말 저는 멘붕이었기 때문에 지켜만 보고 있었던 상
황이었고.

면담자　　다른 반은 대표가 다 한 분씩 나오셨던가요?

경주 엄마　　한 분이기도 했고 거기를 서포트해 주는 다른 부모님들
도 계셨고.

면담자　　온전히 대표 한 분이 도맡아서 하셨던 건 아니었나 보
네요.

경주 엄마　　그쵸, 부모님들이 다 도와주신 거죠, 옆에서 다….

면담자　　10반은 늦게 나온 아이들이 많았잖아요. 그런 것에 대
해서도 처음부터 이야기가 됐나요?

경주 엄마　　처음에 아이들 수습할 때, 그 바지선 위에서도 부모님
들끼리도 얘기가 많았다고 하는 걸 듣긴 했어요. 왜냐면 앞반보다는
뒷반 쪽이 많았고, 아이들이. 그리고 분포가 되어 있는 게 7반, 6반 이
쪽이 선수 쪽이고, 9반, 3반, 1반 여자 아이들 쪽이 선미고 이렇다 보
니까, 안 나온 반이 9반, 10반 여자 아이들, 그리고 7반하고 8반 남자
아이들 앞쪽 다인실 쪽이 거의 안 나왔으니까…. 거기에 대한 것들이
많이 얘기가 있었다고 하더라고요, 바지 올라갔던 분들 사이에서. 다
행히 그래도 동시에 같이 잠수해서 그때부터 하기 시작했다고 얘기 들
었어요. 그래서 남자아이, 여자아이 동시에 많이 그때 22일, 3일, 4일
요때 많이 나왔잖아요. 아마 그랬던 거 같고….

면담자   반별로 성향이나 색의 차이들이 있단 느낌을 받진 않으셨나요?

경주 엄마   개중에는 엄마들끼리는 단원중학교가 바로 옆이기 때문에 중학교 때부터 아시던 분들도 몇 분들은 계셨다고 얘길 들었어요. 왜냐면 그분들은 학생회, 학부모 활동하신 분들도 개중에 몇 분 계시고, 제가 듣기로는 2학년 수학여행 가기 전에, 1학년 때, 학부모 운영을 하셨던 분들이 몇 분 계신 걸로 알고 있어요. 그분들이 같이 답사도 갔다 오신 걸 알고 있어요. 근데 화는 나죠, 화는 나는데 그분들한테 화를 낼 수가 없는 상황이잖아요, 같이 자식을 잃었기 때문에. 그런 얘기들, 저런 얘기들 무수한 얘기들이 다 들려요. 저희 부모님들끼리 몰랐던 것들 알게 되는 과정이잖아요. 그렇다 보니까 반별로 특별히 [특징이] 노출되거나 특별하거나 이런 거는 없었던 거 같애. 왜냐하면 다 똑같은 입장이잖아요, 자식들[을 잃은 상황]이니까.

면담자   운영위원 하신 분들은 제주도 사전 답사를 갔다 오셨던 거였어요?

경주 엄마   답사 갔다 왔다고만 얘기 들었어요. 어떻게 어떤 경로를 갔다 왔는지, 배를 타고 갔다 온 건지는 거기까지는 모르겠구요. "답사에 참관했다"라고만 들었어요, 저는. "어떤 엄마가 답사에 참관했어" 이렇게 얘기 들었어요. [얘기가] 돌아 돌아 들어온 거죠.

면담자   반마다 정기적인 모임을 했나요, 아니면 수시로 소식을 주고받고 했나요? 총회는 일요일에 있었던 걸로 알고 있는데요.

경주 엄마   그거는 가족협의회[4·16세월호참사가족협의회]가 꾸려지고 나서부터구요. 그 전에는 수시로였죠. 일 있을 때마다 반 대표들끼리 회의하면 반별로 통보가 되고, 만약에 모일 일이 있으면 날짜 잡고 이런 식으로 했던 거 같아요.

면담자   그때도 일을 하는 분들보다는 안 하시는 분들이 훨씬 많으셨어요?

경주 엄마   거의 일을 할 수 없는 상황이었죠, 다들. (면담자 : 치료 받으러 다니시고?) 치료받을 수도 없는 상황이었죠.

4
심리생계분과장 활동

면담자   일상생활이나 생계의 어려움 같은 상황도 같이 공유를 하거나 그러셨어요?

경주 엄마   그래서 5월 말에 제가 되고 나서, 저는 심리지원생계분과 처음에 말을 하는데, 심리 지원도 해줘야 되고, 부모님들 생계 지원도 해줘야 되는 거예요. 책임이 막중하잖아요. 처음에 분과장들이 되고 나서 원탁회의란 걸 했어요. 그분들이 어디서 만들어져 내려왔는지는 나중에 알게 됐지만, 시민 단체, 전국적으로 다 모여, 서울에서 만들어지긴 했어요, 거의. 그러면서 그분들이 다 내려오면서 아니지, 그분들이 아니라 정부 관련자들 교육부, 노동부, 보건복지부 등등 등 해갖고 관련된 그분들이 다 내려왔어요. 범대본이죠, 쉽게 얘기하면. 중대본? 범대본? 그쪽 관련되신 분들이 내려오셨던 거 같아요. 그래서 저희 반 대표들하고 분과장들 뽑혔던 사람들하고, 회의 다 끝나고 부모님들 돌아가시고 나서, 원탁회의라 해갖고 그분들 쭉 앞에 앉으서 가지고 저희들이랑 얘길 했어요. 앞에 다 팻말 다 놓으셨더라구. 관련된 질문들을 저희가 하면서 아마 시작이 됐던 거 같애요.

면담자   분과를 만들어놓으신 상태였어도 정부하고 만났던 건 그 자리가 처음이었던 거예요?

경주 엄마   저는 처음이었던 거 같애요.

면담자   그때는 구체적인 요구 사항을 내놓을 수가 있으셨겠네요.

경주 엄마   이 재난이라는 게, 재난지역이라고 선포가 된 거잖아요. 재난이라는 거에 대해서 저희가 잘 모르니까 그분들이 설명해 주시면서 이러한 거, 지원에 대한 것들을 얘기를, 큰 루트[경로]를 주시면 거기에 대한 거 저희가 조사를 해야 되잖아요, 알아야 되잖아요. 그래서 초창기 때 처음에 안산에서 사회복지사 선생님들께서 만드신 게 있어요. 그분들 관련해서 트라우마센터라는 게 건립이 되면서 정부랑 연결이 되는 거죠. 그분들이 처음에 집에 계시는 부모님들 식사, 안위 이런 것들 다, 여성가족분가, 그죠? 여가부죠? 여가부에서 하고, 안산시 안에 있는 가정지원센터가 그쪽하고 연계가 돼가지고 일일이 다 집집마다 방문을 했는데, 방문하기가 참 힘들었었겠죠. 그분들 되게 힘드셨던 과정들을 많이 겪으셨고, 일일이 식사나 동의 통장님들이 되게 많이 고생해 주시고, 초창기 때는 그랬던 거 같애요. 그런 과정들을 하면서 트라우마센터가 생길 때 서울 국립병원에서 원장님이 직접 내려오셨어요. 파견이 되신 거죠, 정부에서. 그렇게 되면서 거기랑 사회복지사 선생님들 연결이 돼가지고, 저희는 심리 관련, 그리고 노동부하고도 직장 문제 때문에 생활 지원, 생계비 이런 등등 여러 가지를 하기 위해서 저희가 되게 많이 [노력했고], 옆에서도 고생도 많이 해주시고, 도움 많이 주셨죠.

면담자   그때는 진상 규명하는 문제도 있고 생활 문제도 있었던 건데, 분과별로 따로 활동하셨던 건가요?

경주 엄마   그 당시에, 제가 조금 전에 말씀드린 "책임이 막중했어요"라고 얘기를 했지만은 온전히 제 몫은 아니었어요. 제가 혼자서 맡아서 해도 빛나라 아버님이라든지 아니면 그때는 위원장이었으니까, 그리고 그다음에 해화 아버님하고 나머지 총무도 있었고, 이런 식으로 이분들의 역할도 상당히 중요했어요. 그분들이 정부 관계자들이랑 다이렉트로 연락을 했기 때문에 그런 과정들이 있으면서 같이 초창기는 다니면서 얘기도 했고 했는데, 나중에는 거의 같이, 회의 자리나 이럴 때는 한 번씩은 꼭 참석을 하셨어요. 위원장이나 부위원장이나 같이 와서 분과장들하고 같이 정부 관계자들 만나서 같이 회의하는 식이었어요.

면담자   계속 같이 갈 수밖에 없는 거였던 거겠네요?

경주 엄마   왜냐하면 저희가 법 관련해서는 지식인들이 아니기 때문에, 우리 서로의 머리라도 맞대야만이 할 수 있는 상황이었어요.

면담자   활동을 하려면 공부를 하셔야 하는 상황이었겠네요.

경주 엄마　　나중에 저희가 복지사분들하고 실태조사라는 걸 확인했어요. 왜냐하면 서울 국립병원에서 내려오신 병원장님도 마찬가지고 부모님들에 대한 실태 파악이 아무것도 안 되어 있구요, 안산시에서도 그걸 해줄 수가 있는 상황이 아니었고, 범대본에서 마찬가지고. 그래서 그쪽에서 갖고 있는 거는 학교에서 준 연락처, 주소, 이런 거밖에 없는 거예요. 가족관계 이런 거를 알 수가 없는 거예요. 그 당시는 부모님들은 둘 다 미친 듯이 밖에 나와가지고 "내 새끼 왜 죽었냐?" 이런 식으로 나와서 할 수밖에 없는 상황인데, 나머지 남아 있는 가족들이 있잖아요. 형제, 자매가 분명히 있고 그 외에도 가족들도 있을 거 아니에요. 그런 부분에 있어서 저는 많이 어필을 했던 거[관심을 뒀던 게] 같아요, 초창기에. '우리는 상관없다, 부모는. 나는 그냥 죽으면 그만이니까' 이런 생각을 했지만, 남아 있는 자식이 동생이나 형제, 위로 누나 다 있을 거 아니에요, 그런 것들.

　　그 당시 저는 친구들에 대한 부분도 분명히 있었어요. 이 아이들의 친구들, 거의 다른 타 학교들이 수업에 지장 줄 정도로 아이들이 학교에서 많이 빠졌을 거예요, 아마 장례식 쫓아다니느라고…. (면담자 : 충격을 좀 많이 받기도 하고) 그렇죠. 그 아이들의 충격도 이만저만 아니었던 거죠. 그 당시는 너나 할 거 있어요? [희생자가] 한 집 건너 하나니까 안산 시민 전체가 거의 상주, 상주, 그런 분위기였던 거죠.

면담자　　친구도 못지않게 아마 힘들고 슬플 거라는 생각을 어머니가 하실 수 있었던 거는, 경주 친구들 때문인가요?

경주 엄마　　경주는 친구들 중에 혼자 단원고를 왔기 때문에 친구들이 다 외부에 있잖아요. 나중에 보니까 정말 초등학교 때부터 같이 커

왔던 친구들이 단원고에 다 몰려 있는 친구도 있구요. 다른 친구들이 경주처럼 다 흩어져 있고, 혼자만 있는 친구도 있고 천차만별이죠, 친구들이. 근데 같이 초중고를 지내면서 아이들이 전학 간 친구도 있고 멀리 그런 아이들까지도 소식을 듣고 연락이 오거나 찾아오거나 했던 그런 경우도 많았어요, 저는.

면담자   그런 의견들에 대해서도 차이가 있었나요?

경주 엄마   차이 있죠, 다 생각이 다르시니까 부모님들. 그래서 저희가 할 때는 "부모님들 의견을 다 수렴하겠다, 다 달라"라고 했는데 나서지 않으신 부모님들도 되게 많으시고요, 그래도 도움 주신 분, 직접 와서 얘기해 주시는 분도 있고, 회의 때 직접 발표를 해서 얘기하시는 분도 있고…. 그러면 그런 것들 다 반영해서 진행을 하고 이렇게 했던 거죠.

면담자   리더 역할을 하다 보면 다른 가족분들에게 이해받지 못해서 서운하다거나 그런 건 없으셨나요? 이런 일이 처음이신 분들은 이해하기도 더 어려우셨을 것 같은데요.

경주 엄마   설명을 하면 자세하게 설명을 해드려야 돼요 부모님들이, 접하지 않으셨던 부모님들이 많기 때문에. 저는 한 번 얘기를 하면 이해를 빨리하잖아요, 접해봤던 부분이기 때문에. 근데 부모님들 앞에서 설명을 하게 되면 자세하게 설명을 해야 돼요. 그리고 질문들을 하세요. 이해를 못하시죠, 처음에는. [이해를] 하는 거 같으면서 이해를 못 하세요. 그럼 따로 연락이 오거나 따로 물어보시거나, 시간이 지났는데 물어보시거나 이런 경우들이 있어요. 그럼 설명을 다 해드려요. 제가 부족하면 관계자분을 직접 대면시켜서 설명을 한다든지 그런 과정들이 많았어요.

5
변호사 상주, 중앙대책본부와의 원탁회의

면담자 　전문적인 영역은 따로 전문가를 초빙해서 교육을 받거나 아니면 공부를 하진 않으셨나요?

경주 엄마 　아니요, 그렇지는 않구요. 처음에 대한변협에서 오셔가지고 나중에 통과가 됐어요. 그래서 저희한테 상주를 하기로 하신 분이 지금의 박주민 변호사랑 지금 국회의원이죠, 그분이랑 황변 (면담자 : 황필규 변호사님?) 두 분이서 저희한테 파견이 됐구요. 한 분이 더 계세요, 갑자기 성함이 생각 안 나는데[배의철 변호사] 그분이 자진해서 팽목으로 내려가셨어요. 팽목에서 일이 많긴 했지만 그 세 분이 저희한테 파견이 되셨어요. 직접 본인들이 하겠다고 나서셨고, 그분들이 처음부터 지금까지도, 중간에 황필규 변호사님은 본업으로 가셨고 하지만, 그런 상황이었어요. 그리고 저희 분과 쪽에서는 안산시 사회복지사들이 되게 많이 도와주셨고요. 그리고 나중에는 저희 [안산 지역 사회복지사들의 모임인] '[우리]함께'[에서] 활동하셨던 분들도 많이 도와주셨고, 안산시에서 시민 활동 하시는 시민 단체들이 많잖아요. 거기 계신 분들은 거의 다 연결이 되어 있기 때문에 그런 부분들은 서로 소통을 했었던 거 같고.

전준호 [안산시의회] 의원님께서 나중에 재난법 관련해서 법안을 갖고 오셔가지고 직접 저랑 같이 회의 때 도움을 주시면서, 이런 얘기 하시면서 생활 지원이라든지, 직업적인 그 직장 문제라든지, 의료 문제라든지 여러 등등 해가지고 그런 부분을 되게 많이 해서 재난법 관련해서 책자가 아마 나온 게 있을 거예요. 그거를 처음에 나온 거 수정해서 수정본 만들고, 그다음에 한 번 더 수정본이 들어가서 만들어졌을 거예요, 두 번 정도. 그거를 저랑 같이해서 만든 거죠.

면담자　　　사회복지사 말씀해 주셨는데, 규모가 어느 정도였나요?

경주 엄마　　"이렇게 하자"라고 마음 맞으신 분들이 40여 분 아마 됐다고 저는 알고 있어요. 지금 '우리함께'에 계시는 박성현 샘, 부장님하고 해서 온마음[센터]에 계시는 김선식 팀장님이랑 많이들 모이셨거든요. 그분들이 주축이 돼서 그렇게 시작을 하다가 온마음센터라는 게, 트라우마센터에서 온마음센터로 간 거죠. 가면서 몇 분의 사회복지사들은 흡수가 되고 나머지 분들, 박성현 샘이 '우리함께'도 만들고 했던 거 같애요.

면담자　　　부모님들 상황을 잘 모른다고 하셨는데 집집마다 다니면서 조사를 하신 건가요?

경주 엄마　　아니요, 저희 분과가 생기고 나서는 전체 회의 때 등본을 다 걷었어요. 개인정보가 들어가는 거잖아요; 이거는 철저한 비밀에 의한, 이 수집에 한정하는 것만 해서, 저희만. 그리고 저희가 나중에는 분과에서 일하시는 사회복지사 선생님이랑 같이 다 이거는 만약에 유출이 되거나 하면 [큰일이니까] 저희가 다 동의서를 다 썼죠. "발설하지 않는다"는 동의서 다 쓰고 그렇게 진행을 했었죠.

면담자   부모님들이 협조가 잘 됐었어요?

경주 엄마   그러면서 한부모 지원에 대한, 부모님들 이혼하신 가정이라든지 그런 것도 나중에 변호사님 분들 도움을 주셨던 거는, 나중에 배·보상 문제도 거기까지 갔을 때도 한부모[가정]에 대한 문제점들 있기 때문에, 그런 것도 초반에 사전조사가 필요하니까 기본적으로 했던 거죠, 저희 분과에서. 근데 되게 힘들었어요, 하면서 순순히 해주시는 분들도 계셨지만…. 다른 부분에서 힘든 거는 아니구요, 그런 과정들 거치면서 나중에 시간이 지나면서 부모님들이 자꾸 부모님들, 많으신 부모님들 속에서 소문들이 돌고, 이상한 안 좋은 소문들, 앞에서 나가서 열심히 하시는 부모님들을 힘들게 하는 과정도 많았어요.

면담자   일을 하는 과정에서 미처 몰랐다거나 아니면 가정별로 이런 어려움이 있구나 싶었던 게 있으세요?

경주 엄마   그런 거는 어쩔 수 없는 상황인 거잖아요? 그렇기 때문에 그런 거는 받아들여야 되는 상황인 거고…. 그런 과정들보다는 저는 정부 관계자들하고 얘기를 했을 때 너무 답답한 거예요. 저도 사회복지사 공부를 했었고 사회복지사 일을 했지만, 이것도 준공무원처럼 그런 루트로 일을 하는 거기 때문에, 공무원들 보면 되게 답답했던 게 책임을 안 지려고 해요, 자기 직책에 있어서. 자기 직책의 한계가 요 정도면, 여기에 1프로 못 미치더라도 그만큼에 책임을 져줘야 되잖아요, 자기 일엔. 그런 거를 안 지려고 하는 걸 보다 보니까 회의가 느껴지는 거예요. 그리고 이거는 일반적으로 우리가 행정적인 업무를 하는 게 아니잖아요. 재난 상황에 있어서 정말 이 사람들을 우리가, 당사자인 우리가 나서서 해야 될 게 아니라 그들이 나서서 해줘야, 할 일을 우리가 하는 건데도 불구하고 저희랑 타협을 하는 거예요. 이렇게 행정적인 업무를 하고 있는 거예요, 너무 답답한 거예요.

그 당시에 범대본에 계셨던 분 중에 한 분이 저한테 그런 말씀하시더라고. 저는 아직도 기억에 남는 게 "어머님은 유가족 같지 않으세요" 이렇게 말씀을 하시는 거예요. '제가 어떻게 행동을 했길래' 이런 생각이 들죠. 사람들이 다 똑같을 수 없으니까, 그런다고 정말 저처럼 이런 사람이 없으면 누가 그 많은 부모님들을 챙겨주겠냐고요. 그분도 그 말을 했을 때 미안한 감이 많으셨던 거 같아요, 저한테 그런 말씀을 하실 때. 그런 분들도 계시긴 하셨어요, 정부 관계자 분들 중에. 지금 문득문득 생각, 전혀 기억이 없다가 생각을 하니까, 그런 일들, 사소한 것도 생각이 나는데, 여러 가지들이 많았던 거 같아요. 되게 화나는 일도 많았고 답답한 일도 많았지만 그래도 그 속에는 그런 분들이 계시는, '우리를 읽어주는 그런 분들이 좀 더 많았으면, 더 좋았지 않았을까'라는 생각이 드는데, 아마 다들 쉽게 표현하면 몸을 사렸던 거 같애요, 정부 일을 하시는 분들은. 제가 보기에는 그렇게 보였어요.

면담자　　　어머니 보시기에도 느껴질 정도였어요?

경주 엄마　　　그럼요. 국회의원들, 당대표 하셨던 분들 다 왔다 갔잖아요, 분향소에. 저희한테 욕 안 들어먹으신 분들 없었을 거예요, 아마. 저도 마찬가지였고요. 제가 엔간해서[웬만해서] 막 소리를 지르거나 화내거나 하지 않거든요. 저희 부모님들끼리도 회의를 하잖아요. 엄청 싸워요, 의견이 다르니까 심지어는 욕까지 나올라 그래요. 그때

중재 역할을 하는 사람이 저였거든요. 저는 이렇게 물론 이 의견도 있고 이 의견도 있으니까, 의견들이 있으면 충돌이 되는 건 당연한 거고, 거기에 밑받침이 돼서 좋은 게 나오면 다행인데 그렇지 않고 더 산으로 간다 그러면 이거는 중재를 해야 되잖아요. 그런 역할들이 필요했는데 제가 아마 중간중간에 그런 역할을 조금씩 했던 거 같애요, 제 생각에. 근데 정치를 하시는 분들이 오시면 참 속이 터지죠, '저게 쇼하는구나' 그런 것도 보이고. 제가 이완구 대표 왔을 때도 그분이 얘기하고 표현하는 걸 다 쓰면서 들었어요. 아마 제가 그동안 일 년은 안 됐지만 활동했을 때 기록들이 있어요. 그 기록들이 캐비닛에 다 그대로 남아 있을 거예요, 가면 남아 있을 텐데, 그런 모습도 봤고.

나가실 때 제가 한번 얘기한 적도 있어요, 조용히. "의원님은 예전에 경찰직에 몸담았다고 얘기를 들었는데 어깨에 너무 힘이 들어가셨어요" [하고] 제가 그 한마디 해드렸어요, 그러시는 거 아니라고. 눈물을 흘리시더라고요, 손수건으로 눈물을 닦으시면서…, 저희 앞에서 가식적으로 보이잖아요. '쇼하는구나' 딱 보이더라고. 박영선 의원도 마찬가지고, 왔을 때 제가 그랬어요, "당신이 정말 국민들을 위한 국회의원이라고 생각을 한다면 당신 직함을 내려놓고라도 나서서 해야지. 이런 식으로 하는 건 아니지 않냐"고, "당신이 여자 국회의원으로 활동한 거를 제가 잘은 모르지만, 자랑스럽게 생각한 적 있었다" 그랬었거든요. "당신 자리 내놓고 할 자신 있으면 하라"고, "나는 그렇게 해주기 바란다"고 저는 진짜 대놓고 그랬어요. 답답한 게 너무 많은 거예요.

그 속에서는 '차라리 국민들 중에 정말 제대로 할 수 있는 사람들

뽑지, 왜 이런 사람이 국회의원이 돼야 돼?' 이런 생각까지 드는 거예요. 그니까 우리 스스로도, 우리 자식[이] 왜 이렇게 됐는지만 알면 되는데, 얘네들을 위해서 밝혀주면 되는데, 우리가 왜 정치적인 거를 논해야 되고, 정치하는 사람들에 대해서 우리가 왜 평가를 해야 되며, 물론 국민이니까 그거는 알권리고 평가를 할 수도 있지만, 이런 상황들이 너무 화가 나는 거예요. 그리고 우리는 당사잔데, 우리는 위로를 받고 치료를 받아야 되는 사람인데…, 나중에는 정말 이게 오기가 생기는 거예요. 나중에는 이를 악물고 '나 아픈 사람 아니야. 나 아프지 않아' 이렇게 하면서 활동을 했던 거 같애요, 그래서 나서서 싸울 수 있었던 거 같고.

면담자   그런 사람들 천지인데, 그래도 그나마 사람 됐다고 생각하는 분이 있었나요?

경주 엄마   잘 된? 괜찮다고 생각하는? 그런 분은 사소하게 저희 주위에서 이렇게 같이 도움 주시고 하셨을 때, 그런 말씀을 해주셨을 때는 공감이란 게 있잖아요. 다른 말 하지 않아도 그래도 저분은 우리를 '미안해하시는구나'라는 게 느껴지는 거죠. 그런 분 말고도 몇 분 계시기는 하셨죠. 경기도 관련해서 저희 심리생계분과라 직접적 연관되신 분이 계셨거든요, 단원고랑. 그 당시는 다 연결이 되어 있기 때문에, 도와주려고는 하는데 자기 위치가 이거밖에 안 되기 때문에 더 이상에 뭔가 안 되는 거 있잖아요. 부닥치잖아요, 그분들도. 그런 거는 저희도 보이는 거예요. 그게 워낙 높으신 분들이 왔다 갔기 때문에 저희는 그게 다 보이는 거예요. 이분들이 해주고 싶은데도 결재, 결재, 결재, 이게 있잖아요. 그게 다 보이는 거예요. 그런 케이스들 많았어요.

면담자   그때 이 싸움이 길어지겠다고 생각하셨나요?

경주 엄마   '길어지겠구나. 이게 길어지겠구나. 아니면 우리가 죽을 때까지 안 밝혀질 수도 있겠구나'라는 생각을 항상 했죠.

면담자   특별한 계기가 있었나요?

경주 엄마   일을 시작하면서 정부 관계자들 만나면서 답답함이 그 속에서, '우리가 이렇게 싸우고 있지만 이게 5년, 10년 안에 끝날 일이 아닌 거 같고, 저렇게 쉬쉬하고 덮고 있는데 밝혀질까? 언제든지 청와대 와서 얘기하라고 하던 사람이 우리를 저렇게 짓밟아?' [하고 생각하니까] 악이 생기는 거죠. 그러면 경찰들하고 싸우게 되는 거죠. 우리는 그렇게 됐던 거 같고….

6
KBS 항의 방문

면담자   시기별로 여쭤보겠습니다. 5월 8일에서 9일 KBS 본관 항의 방문 및 청와대를 향한 도보 시위는 어떠셨나요?

경주 엄마   저는 영정 들고 갈 때는 같이 출발 안 했어요, 못 했어요. 그 당시 아마 제가 어떤 일을 하고 있었던 거 같애요, 그래서 못 갔던 거 같고. 다음 날 아침 일찍, 한 번 더 [전날] 지원 안 가신 분들[과 함께] 버스 타고 갔죠. 그때 들어갔었죠, 전. 갔더니 이미 경찰 병력이 우리를 보호해 주고 있더만요. 그 속에 들어가서 부모님들하고 같이 앉아서 땡볕에 앉아 있다가 나중에 김시곤 소장인가 (면담자 : 국장) 국장인가? 내려와서 사과하고 그렇게 일단락되고. 그날 저녁, 그 전날 저녁 처음 영정 들고 출발하셨을 때가 저녁이었었고, 서울 도착해 가지고 그 새벽에 정말 잠도 못 주무시고 [하는 모습을] 저희는 그 영상을 보고 있었어요. 그 당시에 '팩트TV', 처음 알았어요, 그때 아프리카TV 생중계해 주는 그걸로 보고 있었거든, 여차하면 저희도 부모님들 도와줘야 되니까 저희는. 그렇게 보고 있던 상황이어서 부모님들 반별로 다 연락하고 "모입시다. 올라가야 됩니다" 이렇게 하고 있었던 상황이었던 거죠. 그래서 아침 일찍 출발했었던 거고, 안 가셨던 분들은….

그 당시에 안 가셨던 부모님들이 많았던 이유는 아이들 영정을 들고 가야 되니까 그게 쉽지 않으셨던 부모님들도 많으셨어요, 사실은. 왜냐하면 이걸 어떻게 해야 될지도, 우리가 처음 겪는 거고, 우리 자식인데 내 새끼 영정을 들고 어딘가 나간다 하는 것도 맞는 건 아니고, 한국 문화에서도 그런 것도 있고, 부모님들 생각하는 것도 있고…. 그게 다 다르니까 얼마 안 되신 부모님들만 우선 가시고, 쉽게 얘기하면 강성이라 그러시죠, 왁 해가지고 "어떻게 저렇게 말을!" 해서 그러셨던 부모님들 먼저 가시고….

면담자   거기서 청와대로 가자고 해서 가신 건가요?

경주 엄마   해서 막힌 거죠, 거기서. 청운동 앞에서 막혀가지고….

면담자   막히기 시작했을 때는 어떤 느낌이셨어요?

경주 엄마   그게 아마 처음이죠. 처음에 '아, 과연 박근혜가…' 그때부터 믿을 수 없는 뭔가, 우리만의 그런 게 생긴 거죠, 가족들만의….

면담자   그래도 만날 수 있다는 희망을 가지고 계시진 않았나요?

경주 엄마　　　그죠. 그래도 대통령이 처음에 내려와서…, 부모님들 마음속에는 그런 게 있겠죠, 한 줄기라도 잡고 싶은 희망이라도 있으니까. 한두 명도 아니잖아요, 아이들이. 대통령이 내려와서 "여한이 없게 하라" 등등 얘기를 하고 "책임자 처벌 제대로 하겠다"라고 본인 입으로 얘기를 하고 가신 분이에요. 물론 한낱 우리나라의 언론 국장이란 사람이 그런 말을 했다고 해서 대통령까지 만나고 그런 과정들은 아니었지만, 그래도 "이렇게 할 수 있냐?"라는, 전 국민적으로 아픔을 갖고 있는 그 상황에서, 가셨던 분들은 분노를 못 참아서 아마 "청와대로 가자" 이렇게 했던 거 같은데, 어쨌든 그다음 날 이렇게 부모님들이 가서 사과받고 했으니까…. 그 뒤로도 분은 안 풀렸어요 부모님들, 제대로 된 사과가 아니었기 때문에….

7
SNS에서의 세월호 비방에 대한 대응

면담자　　　KBS 측에선 적당히 수습해 버리는 거지만, 유가족들이 그 일에만 매달릴 수도 없는 거니까요.

경주 엄마　　　그래서 우리가 하면서, 그 전부턴가 아마 언론플레이하면서 그런 사람들의 발언, SNS상 이런 것들 때문에 초창기에 반별로, 형제자매들도 있었고, 나와서 부모뿐 아니라 형제자매들도 있었어요, 도와주시는 분들이. 그때 언론 대응, 그 저희 세월호 관련해서 비방하는 것들을 잡아서 대표급으로 해가지고 고소장을 다 넣었어요,

되게 많았던 거 같아요. 그때 학생들도 되게 많았어요. 시간이 나중에 지나가지고 부모님하고 학생이 찾아왔어요, 저희 분향소로. 죄송하다고 그러면서 [방문]했는데 우리 부모님들이, 뭘 알겠어요 애들이…, "어떤 마음이었냐?" 그랬더니 자기는 그냥 분위기에 뭣 모르고 했다, "죄송합니다" 이렇게 하더라고요. "그러지 말라"고 부모님들이 얘기를 했죠. "만약에 너 이러는 상황에 너한테 이렇게 하면 마음이 어떻겠냐"고 그러면서 좋게 하고 보내고 했던 거 같아요. 초창기 때는 정말 악플들 달리는 거에 대한 상처가 많았죠. 직접적으로 우리는 듣는 입장이지만 그거를 담당했던 형제자매가 있어요, 얼마나 힘들었겠어, 걔네는 직접적으로 보고 했어야 되니까. 고소 건이 어마어마했어요, 분과별, 대표급 해가지고 다 나눠가지고 저희가 이름 써갖고 직접 제출하고 이랬었어요.

면담자   그 기초 자료를 형제자매가 준비했나요?

경주 엄마   아이랑 부모님들하고 해가지고 그 작업만 하셨던 분들이 있어요. 단원경찰서 사이버팀 해가지고 그렇게 진행을 했었고, 그랬었어요. (면담자 : 분과가 따로 있었나요?) 그러지는 않고 별개로 총무팀에서 관리하는 걸로 해가지고, 따로 어떤 분과는 아니구요, 그랬던 거 같아요.

면담자   어머니도 사례를 많이 접하셨나요?

경주 엄마   그렇죠. 저희 회의 때 항상 나오는 얘기들인데, 거의 하나도 빠짐없이 얘기들은 나오니까 알고는 있는 거죠. (면담자 : 일베 같은 단체였나요?) 개인들이 많았어요, 그 당시는…. 직책 있는 사람들도 분명히 있었고, 학생들도 많았고, 생각 없이 그랬던 분들도 있고….

면담자   동시에 많은 일들이 생겼는데, 심적 부담을 해소할 수 있는 방법이 있으셨는지요?

경주 엄마   저희가 집회도 많았고 농성도 많았잖아요, 그때마다 항상 옆에 계셨던 시민분들. 처음부터 지금까지도 남아 계신 분들도 많으시거든요. 근데 그분들 때문에 많이 힘을 얻었어요. 저희 마음을 읽어주고 이해해 주시는 분들이 있구나. 저희 나라에서 어떤 사건, 사고가 일어나서 국민들이 이렇게 지지해 준 적은 없었을 거예요, 저는 그렇게 생각해요. [세월호 참사만큼] 나서주고 발 벗고 함께해 주고 했던 게 없었던 거 같아요. 되게 힘이 됐어요.

8
4개월간의 국회 농성

면담자   5월 27일에서 29일에 세월호 참사 진상 규명을 위한 국정조사를 요구하면서 국회 앞에서 2박 3일 동안 농성을 했을 때 기억나시나요?

경주 엄마   국회 농성이 4개월 정도 진행이 됐었죠. 거의 살았죠, 국회에서. 최초, 최초, 이것도. "국회를 점거한 최초의 국민"이라고 아마 들었던 거 같아요. 처음에는 국정조사 때문에 그날 잘되면 내려오려고 했는데, 그 당시는 서울 시민 단체 쪽, 저희 4·16연대[4월16일의 약속국민연대]에 지금 다 계신 분들이죠, 그분들의 영향도 있었어요.

어떻게 하는 방법들을 가르쳐주시는 부분들이 [도움] 되잖아, 이렇게 해야 되는 것들에 대한…. 그러면 저희 부모님들도 생각을 할 거 아니에요, 우리가 이렇게 하는 게 맞는지. 그 속에서도 회의를 진행했었구요, 같이.

면담자　　　시민 단체와 결합하게 되는 시점이 언제쯤인지 기억이 혹시 나세요?

경주 엄마　　　국회 가기 전부터였던 거 같긴 한데…. 변호사분들 계시고. (면담자 : KBS 가실 때는 없었던 건가요?) 모르겠어요. 기억이 잘 안 나요. 저는 그때 앞에서 마이크 잡고 얘기하셨던 분도 찬호 아빠랑 예은이 아빠였기 때문에, 그때 그분들이 나서갖고 하진 않았던 거 같고. 그 후로 아마 그분들 같이했던 거 같은데, 어떻게 접했는지 기억이 잘 안 나요. 그래서 그분들 같이하게 될 때, 국회에서 같이, 지금 4·16연대에 계시는 분하고 성함이 생각이 안 난다. 한국노총, 민노총 분들도 계셨구요. 서울에서 어디지, 그분들이 계시는 데가? 그 무슨 단체죠? 생각이 안 나, 인권 (면담자 : 네, 인권재단 사람?) 그분들하고 (면담자 : 참여연대?) 참여연대 분들하고 등등해서 그분들이 같이하게 되신 거죠.

면담자　　　그분들이랑 국회 농성 가기 이전까지 연대하거나 이런 거는 전혀 없었나요?

경주 엄마　　　아마 있었을 거예요, 기억이 안 나요. 워낙 많았기 때문에 지금 기억이 [안 나요].

면담자　　　국회 농성이 투쟁으로 바뀐 계기라고도 볼 수 있겠네요.

경주 엄마　　　그렇죠. (면담자 : 그렇게 오래 하게 될 줄은 모르셨던 거죠?) 몰랐죠, 그때는. 장기적으로 가게 될지는 몰랐고. 그렇게 되면서 "그럼 여기서 어떻게 해야 되냐? 이게 특별법이 잘되게 수사권, 기소권 다 들어가게" 우리 부모님들은 그랬거든요, "수사를 하고 기소를 할 수 있어야 진상 규명되지 않겠냐?", 근데 변호사는 "힘들다" 이런 과정들 다 겪었죠. "최대한 할 수 있게 하자. 그럼 우리가 어떻게 해야 되겠냐?" "우리 단식하자, 삭발하자" 이런 얘기들이 다 나왔어요. "지금 그럴 상황 아니다" 그래서 의견들을 계속 주고받은 거죠. 그렇게 하다가 처음 시작된 게 단식으로 들어간 거죠. "우리가 너무 과격한 행동은 하지말자, 이렇게 하다 보면 국민들도 '저 사람들 뭐지?' 하고 등을 돌릴 수도 있고 우리 편이 안 돼줄 수도 있다"[는 의견도 있었고요, 모두] 절실했던 거죠, 저희는. 왜 이렇게 돼야 됐는지, 정말….

　어떤 부모님이 그런 얘기 한번 한 적 있을 거예요. "왜 우리 새끼가 죽었는지 알고 싶을 뿐인데, 왜 우리를 이렇게 막냐!" 경찰 앞에서 한 적 있는데, 정말 그 마음이거든요. 그것만 얘기해 주고 밝혀주면 될 걸, 왜 이렇게 막는지…. 그러면 [답이] 나오잖아요, '감추려고 하는 자가 범인'이라고…, 그런 거 같아요. 그러면서 저희 관련해서 경찰 공무원들 있잖아요? 그분들하고도 이렇게 서서 나중에 얘기하는 거 보면 "저희도 힘듭니다, 힘드시겠지만 저희도 마음이 아프고 힘들고…" [그러세요]. 청와대 앞에 계시는 분들도 있고, 그분들이 얘기하시는 게 다 그래요, "어떻게 도와줄 수가 없다" 이거지. 자기네들이 "역할이 여기까지다" 이거지, 항상 그런 거 보고 있으면 "예, 열심히 하십시오" 저희는 그래요, 최선을 다하라고….

면담자   농성장을 운영하는 지침이 있었나요?

경주 엄마   그런 건 없구요. 어머님들이 주축이 돼서, 영석이 어머니 같은 경우 밥을 혼자서 다 챙겨주고, 성향이고 성격이니까 그렇게 했던 거지 따로 이렇게 [역할을 배분]했던 거는 아니구요. 저희가 그런 거는 있었어요. 처음에 간담회 다니고 이런 걸 했을 때, 전국적으로 저희한테 개인적으로 "경비 하십시오" 하고 주는 거 있잖아요, "이런 걸 다 [받지 말자]"[고 했어요]. 저희가 재단이나 법인이나 이런 거를 만들, 저희 가족의 뭔가 특별한, 특정적인 거를 만들기 전까지는 "이런 거는 안 받습니다. 받지 마십시오"라는 게 저희가 처음에 얘기했던 거예요, 이런 문제로 얽히고설키고 싶지 않기 때문에. 그 마음들은 충분히 이해를 하죠. 당사자들이 본인들이 돌아다니면서 하는 게 안쓰럽고 그분들은 그러겠지요. [하지만] 저희는 그걸 [받을] 수가 없었어요, '그거는 아니'라고 생각을 했고. '아이를 먼저 앞세운 부모로서 그렇게 하면 안 된다'고 생각을 했기 때문에 그런 거는 있었어요.

9
특별법 서명전을 위해 전국을 다님

면담자   6월부터 세월호특별법 제정을 촉구하는 천만 서명운동, 거리 서명과 버스 투어, 국회 농성, 전부 사람이 많이 필요한 거였죠?

경주 엄마   그래서 부모님들이 거의 다 참여했다고 보시면 돼요. (면담자 : 그때가요?) 그렇죠, 왜냐하면 여기도 해야 하고 여기도 해야 하고 그러니까. 근데 힘을 실어주기 위해서는, '우리가 하나다'는 거를 보여주기 위해서는 거의 같이 움직였어요. 몇 분만 남아서 뭘 하고 나머지는 거의 대부분 가서 움직여서 집결, 이런 식으로 그렇게 했던 거같아요.

면담자   서명 같은 경우에는 반별로 도시를 나눠서 돌아다니신 거죠? (경주 엄마 : 돌았죠⋯) 회의를 거쳐서 정해진 건가요?

경주 엄마   회의에서 나온 거죠. "어떻게 하면 좋겠냐?"라고 해서 반별로 나눠서, 홀수 반, 짝수 반 이렇게 해가지고 했던지 아마 했을 거 같애요. 그래서 서쪽, 동쪽 이렇게 나눠가지고. (면담자 : 경상도, 전라도 이렇게요?) 그렇죠, 그렇죠. 그래서 부산부터 해서 대구로 해서 강원도로 돌고, 그 광주로 해가지고 충청도 이렇게 이쪽 돌고.

면담자   그때 어머니는 어디를 주로 도셨어요?

경주 엄마   그때 저는 광주 쪽을 돌았죠, 되게 힘들었어요. 서 있는 데도 눈물이 나고 그랬었어요. 그때부터 서명받을 때 민노총 분들이랑 시민 단체 분들이 다 한 분씩 동행을 했었거든요. 두 분씩 이렇게 해서 그때 그분들하고 얼굴도 익히고 그랬던 거 같애요. 그때 생존자 부모님들도 같이 동행을 하셨구요. 그때는 생존자 부모님들도 되게 많이 나오셨어요.

면담자   일정을 정하면 반별로 한꺼번에 다 같이 움직이셨나요?

경주 엄마   그죠, 거의 동시에 돌았을 거예요, 이렇게 양쪽으로. 그렇게 서명을 다 받았던 거 같애. 그때 연예인분들도 오셨고, 모르게 해갖고 오셔서 힘내시라고 하고 가시긴 했는데, 그런 분들을 봐도, 예전에 연예인 보면 후광이 비치고 이랬잖아요. 그런 거 전혀 없었어요. '똑같은 사람이구나…', 너무 큰 충격을 받고 나니까 모든 게 밋밋해요. 놀랍지도 않고 신기하지도 않고 그런 게 없었던 거 같애. 우리가 언제 정치인들 보겠어요. 그분들이며, 연예인들이며, 많이 왔었잖아요. 나중에 끝나고 나면 일화 또 얘기해 드릴게요.

면담자   모르는 사람을 대면하고 상대하는 거 자체가 쉬운 일은 아니었을 것 같아요.

경주 엄마   그 당시 반응은 대부분 우셨어요, 우셨고. 저희도 '서명 부탁드립니다'라는 소리가 안 나왔어요, 처음 모르는 사람 앞에서 얘기를 해야 되니까. 근데 우시는 분이라든지 이렇게 반응들을 보이시잖아요. 그런 분들 때문에 점점 더 힘을 얻어갔던 거 같애요. 그러면서 박카스라든지 이렇게 음료수라든지 사서 놓고 가시는 분들, 그런 분들 때문에 힘을 얻고 더 크게 얘기를 했던 거 같애. 그러면서 그렇게 많은 서명을 받았던 거 같애요.

면담자   그때도 대표라는 거 때문에 일을 좀 더 해야겠다고 생각하진 않으셨나요?

경주 엄마   저는 처음에 분과장 되고 했을 때 그런 생각을 했죠, '경주가 엄마한테 할 일을 주고 갔구나…'. 그래서 저는 제 가족보다는 거의 집에서 잠깐, 몇 박 며칠 밖에서 자고, 집에서 잠깐 옷 갈아입고 자고, 그리고 뒤도 안 돌아보고 나왔어요. 저는 거의 그런 생활 했기 때문에 그래서 애들 아빠한테 [경주] 동생한테 되게 미안하죠. 그래도 사람들이 이해를 해줬으니까 제가 버틴 거지, 그동안. 그러면서 이렇게 라도 엄마가, '엄마 능력이 요 정도면 요 정도만큼 엄마가 해'라고, '경주가 나한테 뭔가 숙제를 주고 갔구나'라는 생각을 했었어요, 처음에.

면담자　　힘들지는 않으셨나요?

경주 엄마　　힘들지 않았어요, 저는. 그래서 열심히 했던 거 같고, 제가 하는 동안은 진짜 열심히 했던 거 같애요. 〈비공개〉

10
민주당사 점거, 청운동 농성

면담자　　특별법 투쟁이 제일 부모님들이 많이 나왔던 때라고 하셨는데, 그때 힘이 제일 많이 나셨나요?

경주 엄마　　네, 그때는 정말 그랬던 거 같애요, 온 힘을 다 쏟아가지고 국회를 장악하고 있으니까 우리가. 장악이라 표현하면 그런데, 어쨌든 국회에서 그러고 있으니까, '아, 이게 그냥 일반 사고가 아니구나'라는 생각들이, 그 전부터 갖고 있었지만, '그냥 쉽게 넘길 일은 아니었구나…', 이렇게 보니까 '그 높으신 국회의원들도 저렇게 고심하고 있는 걸 보니 뭔가 있겠구나. 밝혀져야 되겠구나. 꼭 밝혀져야 되겠구나' 이런 생각이 드는 거예요. 그러면서 힘을 가한 거죠. 계속 박차를 가하고 그러면서 우리가 야당 쪽에서 하는 행태를 보고, 우리가 갑자기 몇 명이서 돌발 행동을 한 거죠. "야당[현 여당]을 접수하자", 갔잖아요. 가가지고 경찰들하고 우리가 몸싸움해 가지고 접수했어요. 눌러앉았잖아요, "저희 잘했죠?" 서로 "잘했어" 이러면서. 근데 그 안에서도 몰랐던 것도 알게 되고 하여튼 여러 가지……

면담자　　어머니께서는 그 현장 계셨어요?

경주 엄마　　처음에 접수할 때[부터 거기 있었지요]. 제가 좀 빨라요, 몸이. 그래 가지고 엘리베이터 타고 올라가서, 머리도 잘 굴러가요. [다른 사람들은] 계단으로 어떻게 해서 올라가고 했는데 막힌 사람[은] 막혔어요. 막힌 사람은 막히고, 성호 아빠랑 저랑 또 한 명 더 있었는데 해가지고 올라가자마자 경찰 있더라고. 밀어버리고 우린 드러누워 버렸어요. 성호 아빠 드러눕고, "아!" 이렇게 하면서 제가 영상 다 찍고, 우리 증거 남겨야 되니까. 그래서 결국 접수했어요. "올라오라 하라고! 보내라고! 그니까" 이러면서 경찰들한테 나중에 "미안해요", 경찰들한테 [그랬죠].

면담자　　그때 몇 분 계셨어요?

경주 엄마　　열 분, 열 분 좀 넘었던 거 같애. 아마 그것도 자료로 있을 거예요, 아마. (면담자 : 반은 다 다양했나요?) 반은 다양하죠. 예, 그 당시는 나중에 점점 시간이 가면 갈수록 반이 중요한 게 아니라 이렇게 딱 보면 눈치만 봐도 아시는 거예요. 성향들이 있잖아요, 딱 맞으면 이렇게, 그랬던 거 같애요. 우리가 정말 가족은 아닌데 진짜 가족이 된 거처럼, 눈빛만 봐도 알고, 그 정도 상황까지 같던 거 같애요(웃음).

면담자　　민주당 당사에 오래 계셨죠?

경주 엄마　　며칠 있었던 거 같애요.

면담자   해결은 어떻게 되셨나요?

경주 엄마   그래서 어쨌든 우리가 그러고 있을 때, 아마 국회 쪽에서 그분들이 직접 해가지고 아마 논의를 했던 거 같애요. 그렇게 하면서 밑에 있는 애들, 대학생들 와가지고 그러는 것도 우리가 보고…. 맞기도 많이 맞구요, 다치기도 많이 다치고 했었어요.

면담자   아프지 않으셨다고 하셨지만 몸이 상하고 있는 거잖아요.

경주 엄마   그렇죠. (면담자 : 어떻게 하셨어요?) 그냥 버텼죠.

면담자   고통이 느껴지거나 하진 않으셨어요?

경주 엄마   저희 청운동 처음에 [농성장] 깔 때 여경하고 [충돌해서] 9반 예지 엄마 실려 가고, 성호 아빠 실려 가고 이랬을 때, 저도 그걸 어디서 알았을까요? 제가 가르쳐줬어요. "예지 [엄마]야, 애들 목걸이 다 차고 있을 때 여경이 너 잡으면 니가 목 졸라, 니가 그냥 니 스스로. 이거 [명찰 줄] 땡겨. 너 손 못 대게 해, 걔네들" 이랬어요. 정말 그랬잖아요. 뒤에서 이렇게 잡고 이렇게 했는데, 가방이[을] 크로스로 메고 있었는데 이걸 잡힌 거예요. (면담자 : 가방을?) 그래서 목이 꺾여버린 거야. 그래서 애 깁스하고 병원 갔다 왔잖아요, 실려 갔다가 왔잖아요. 저는 여경한테 잡혔는데, 전 날아다녔죠, 쪼인트[조인트] 까고. 애들 저한테 맞았어요. [경찰]애들[도] 불쌍하죠. "잡지 말라"고, "나 건들지 말라"고 저 이렇게 뒤로 걸어갔어요. 앉은 자리에서 날아갔어요. 얘네들 저 못 잡았어요. 그래 갖고 저 스스로가 도로가로 나간 거야, 저 인도로.

여기에서 인도에서 저 혼자 [두고 경찰들이] 빙 돌아 싸는 거야. 그
래 갖고 시민들하고 와가지고 "뭐 하는 거냐"고 "한 사람 놓고" [경주]
명찰 얼굴 디밀었죠. "니 동생 같은 애"라고 그러면서 애들 울고, 얘네
들이 무슨 죄가 있겠어요. 결국은 커피숍 옆에 자리 깔고 우리 다 누
워갖고 그날 보내고, 그때부터 이제 거기 깔기 시작해 가지고 자리 펴
고 한 거죠, 그게 시초죠. 청운동도 우리가 시초해 줬고 터를 닦아준
거죠. 가서 저는 다 참여를 했죠, 몸으로 다 하고…. 시민분들이 그다
음에 까는 거 던진다고 던지는데, 경찰이 막는다고 하면서 제가 받는
다고 뛰다가 경찰 팔꿈치에 맞았잖아요, 코. 번쩍하는 거예요. 왜 그
때 하필이면 코피가 나야 되는데 안 나는 거야. 그냥 맞고 쓰러졌죠,
쓰러졌는데 '이걸 어떻게 해야 되지?' 왜 그땐 우리 카메라가 따라다
녔잖아요. 실시간 찍고 생방하고 그랬잖아요. 어떻게 하지를 못하겠
는 거야. 그냥 얼굴 이렇게 가리고 있었어, 아파 갖고 이렇게. 그리고
까여가지고 여기, 여기 다 멍 들고. 직접 찍고 그랬었어요.

11
어머니의 활동에 반대했던 경주 아버지

면담자   농성하실 때 반별로 안산, 서울 왔다 갔다 하신 걸로 알
고 있습니다.

경주 엄마   저는, 저희 반은 반 대표가 따로 있었으니까, 저하고 다
영이 아버님 하시고 나서 송희 삼촌이 하셨어요. 그러다가 송희 삼촌

도 초창기에 이렇게 얘기가 있어 가지고 그만두고 저희 신랑이 한 번 나갔었어요. 저희 국회 있을 때 역할 했었는데, 그때 애들 아빠가 반 대표를 맡게 된 거는 저를 못 하게 하려고 했던 거예요. 그런 마음이 많았었어요.

면담자 그 대표는 임기가 있었나요?

경주 엄마 그렇진 않죠. 힘들다고 하면 바꿔주고 하는데 저희 반 이 대체로 나이들이 많으세요. 그렇다 보니까 다들 나서서 처음엔 안 하려고 하시지. 지금은 지혜 어머님이 하시는데 그 당시만 해도 못 한 다고 그러셨거든요.

면담자 아버님이 대표까지 마음먹으셨던 거는 어머님을 반 대 표 못 하게 하려고?

경주 엄마 저 못 하게 하려고….

면담자 그때 집 상황에 대해서는 아셨어요?

경주 엄마 저희 고모가, 애들 아빠 여동생이 같이 있었거든요. 그 래서 아들내미가 초등학생인데, 그래서 어쩌면 조금 더 안심은 됐죠. 같이 집에 있으니까, 봐줄 사람은 있으니까 좀 덜하긴 했는데, 믿는 구석이 있으니까 했죠. 근데 저희 반 어머님들도 그렇고 몇 분이 저한 테 그러셨어요. "○○이 좀 생각하라"고 그 얘기를 많이 하셨어요.

면담자 형제자매 있는 부모님들도 계실 텐데….

경주 엄마 똑같았어요. 다 똑같았는데, 다르지는 않았어요. 근데 같이 부부들이 별 트러블 없이 하니까…. 저희는 애들 아빠가 되게 싫어했었죠, 마음에 안 들어 하고 했는데 내색을 못 했던 거고. 그래서 본인이 직접 나와서 하면 '얘가 관두지 않을까' 이런 생각에 했는데 저를 못 꺾으니까 애들 아빠 다시 집으로 들어가셨어. (면담자 : 다음 대표는 누가 되셨나요?) 거의 없었던 거 같애요, 다영이 아버님이 계속하셨던 거 같애요.

면담자 아버님이 싫어하신다는 걸 당시에는 잘 모르셨어요?

경주 엄마 알고는 있었죠. 알고는 있었는데 내가 할 수 있는 게 이건데, 지금 내가 해야 할 수 있는 거보다 내가 해야 될 게 이건데 뭐가 중요하냐고….

면담자 아버님은 동생 걱정을 하신 건가요?

경주 엄마 사고 자체가 저랑 달라요. 저는 "어떻게든 뭔가 해야 돼. 이런 상황이면 그게 맞지 않냐?", 쉽게 말하면 "니 자식이야, 니 새끼라고. 근데 니는 아무것도 안 해?" 제가 이렇게도 얘기했거든요. 제 새끼 일이니까 제가 해야죠. 근데 애들 아빠는 "이렇게 한다고 뭐가 달라지냐? 이렇게 한다고 경주가 살아 돌아오냐?" 이렇게 얘길 하는 거예요. 그 말도 틀린 말은 아니죠. 아닌데 그렇다고 해서 그냥 바보 같은 부모가 될 순 없잖아. 내 새끼가 아무 이유 없이 그렇게 됐는데 "이유는 좀 알자고. 그냥 보고만 있어?" 그런 상황이었던 거 같애. 가치관이 달라요, 저랑.

면담자 다른 가족들도 그렇게 생각한 분들이 있었겠네요.

경주 엄마 있겠죠. 그래서 아예 얼굴도 모르시는 부모님도 계실 거 같애요. 저는 거의 얼굴을 안다고 생각하는데 모르시는 분도 분명히 있을 거 같애요. 안 나오신 분들은 아마 그렇지 않을까 저는 그렇게 생각하거든요.

면담자　　　10반은 어머니가 활동하셨으니까 얼굴은 다 아시는 거죠? (경주 엄마 : 다 알죠) 거기도 처음부터 안 나오신 분들이 있었나요?

경주 엄마　　　송희 어머니는 송희 삼촌들이 나왔잖아요. 송희 어머니는 몸이 안 좋아서 안 나오신 거고, 정슬이, 정슬이 어머님네도 안 나왔어요, 처음에는. 정슬이 엄마는 지금까지도 전 얼굴 몰라요. 할머니, 할아버지가 그 후에 좀 나오셨고. 그리고 수정이, 수정인가 소정이, 이름 뭐지? 우리 반에 수정이[장수정], 하여튼 있어요, 한 명. 이름까지 생각 안 나네요. 그 아이는 엄마가 그분도 아프셔서 안 나왔는데 나중에 몇 번 나오셨어요. 몸이 좀 안 좋으신데도 나왔어요. 몇 번 나오시다가 못 나오시고, 그리고 나머지는 다 부부끼리 다 나왔어요.

면담자　　　정말 많이 나오신 거네요.

경주 엄마　　　그럼요. 저희 반뿐 아니라 7, 8반은 더 많잖아요, 인원이. 그러니까 더 많으시죠.

12
단식 농성 당시 유민 아빠 가정사를 악용한 언론

면담자　　　7월 12일부터 119일간 4·16특별법[4·16 세월호 참사 진상규명 및 안전사회 건설 등을 위한 특별법] 제정 촉구 단식 농성이 국회 본청과 광화문광장에서 있었습니다. 그때 이야기를 해주세요.

경주 엄마　　　삭발을 한다고 처음에는 그러다가 삭발에서 단식으로 갔어요. 제가 "단식을 하겠다" 반별로 한 명씩 이렇게 됐어요. "우리 반에서는 제가 하겠습니다" 했는데, 애들 아빠가 반 대표를 하고 있었거든요. "너 내려가. 내가 할게" 이렇게 저를 보낸 거예요. "내려가라" 고, "○○이 챙기라"고. 그래서 저는 믿고 내려왔죠. [근데 애들 아빠가] 단식 안 하는 거예요. 다영이 엄마가 단식을 했어요.

면담자　　　반별로 한 분씩만 하자고 합의가 되셨던 거예요?

경주 엄마　　　예, 예. 누군 하고 누군 안 하고 이게 아니라, 그런다고 대표들만 하고 이게 아니라, 반별로 자진해서 하실 분들 한 분씩 이렇게 하든. (면담자 : 엄마, 아빠도 관계없이?) "근데 부부가 다 하면 안 돼" 그거는 있었죠. 둘 다 하면 안 되니까 그런 것도 있었어요. 그니까 저희도 많은 얘기들을 했죠, 그 상황을 보면서. 그래서 애들 아빠가 반 대표니까 나보고 "너 일단 내려가고 ○○이 봐. 내가 할게" 이러더라구요. "알았다"고 열심히 하고 있을 줄 알았거든요. 왔더니 안 하고 있는 거예요. 그랬던 거 같애요.

면담자　　　신체 상태도 있고 결정이 쉽지는 않으셨을 것 같아요. (경주 엄마 : 몸 상하는…) 유민 아빠는 국회에서 같이하시다가 광화문으로 옮겨 가신 건가요?

경주 엄마　　　아니요. (면담자 : 광화문에서 시작을?) 네. 빛나라 아버님, 예지 아버님, 유민 아버님 또 두 분 누구지? 한 분인가? 하여튼 그래 갖고는 광화문에 자리 깔았어요, 그분들은. 깔고 국회에서도 하고, 나눠서.

면담자　　　그분들은 어떻게 그곳에서 하시게 됐나요?

경주 엄마　　　그 당시 도와주시는 분들이 이렇게 이제 방법을 가르쳐 준 거죠. "국회 이렇게 하면서, 시민들의 그거를[지지를] 우리가 [획득] 해야 되니까, 특별법을 위해서는 광화문이 이거다", 이렇게 해서 그렇 게 가게 된 거죠.

면담자　　　그때 광화문에 처음 자리를 깔게 됐던 거죠?

경주 엄마　　　그렇죠. 저희가 진짜 최초인 거 같아요, 계속. 광화문, 시청 앞에는 집회하고 농성하고 많긴 한데 그렇게 깔고 장기간 한 거 는 정말 처음인 거 같아요, 저희가. 항상 뭐든지 보면, 좋은 것만은 아 닌데 이런 일이 없어야 되죠, 없어야 되는데….

면담자　　　그게 시작이 돼서 그 뒤로 분향소 만들게 되고 과정으 로 가게 됐던 거죠?

경주 엄마　　　네, 네.

면담자　　　유민 아빠는 워낙 언론에도 노출이 많이 되셨는데 특별 히 교감하거나 한 부분은 있으셨나요?

경주 엄마　　　그런 건 아니고 지내면서 유민 엄마도 저희랑 빌라, 알 고 보니까 바로 옆 동이더라고요. 저희랑 처음에는 몇 번 왔다 갔다 하면서 집에서 같이 한잔하고 얘기도 하고 했었거든요. 근데 처음에 는 유민 엄마도 나왔어요. 유민 엄마도 나오고 유민 아빠도 나오고 다 했어, 했는데. 가정에서 그렇게 상황이 진행된 거는 다 개인적인 가정사잖아요. 저는 그렇게 생각하거든요. 물론 우리 부모님들 중에도 색안경 끼고 보시는 분도 있을 수도 있겠지만, 저는 그거는 각 개인들의 사정이니까 우리가 왈가왈부할 일은 아니잖아요. 유민 엄마가 저한테 어렸을 때 어쩌고저쩌고 이런 얘기 하면 듣기는 했죠, 그거는 자기네들 일이니까.

그러고 나서 유민 아빠가 단식 길게 하면서 나중에 일 터졌잖아요, 유민 엄마의 페이스북 글 올라오고 동생이 올렸네 어쨌네 하면서. 나중에 유민 엄마랑 제가 통화를 했거든요. "어떻게 된 거냐?" 했더니 지금 이렇게 되고 나서 식구들하고 사이가 조금, 남동생이 하기는 한 게 맞는데 남동생하고 사이가 조금 그렇대요. 그거를 갖다 이상한 소리 지껄여 가지고 "내려라" 했는데 "저런 상황이다" 이렇게 얘길 하더라고. 가정사니까 이쪽 집안에서는 유민 아빠를 그렇게 볼 수도 있겠죠. 유민 엄마는 그렇게까지 하고 싶은 마음은 아닌 거잖아요, 자식일인데. 피해를 보는 것도 유민 엄마인 거거든. 그리고 ○○, 동생 있잖아요. 그 집 앞에 기자들 진 치고 난리가 났었거든요. 그래서 제가 이제 유민 아빠랑 통화를 했었죠. 다른 거는 모르겠고 "어떻게 해야 되겠냐?" 일단 유민 엄마 부탁을 하더라고. 알겠다고 내가 상황을 보고 어떻게, 집에 가보겠다고 그러면서 근처를 갔는데 기자가 하나도 없어, 가니까. "집 밖에 못 나간다"고 그러더라고, 전화 통화했더니 그러고 나서는 [기자들이] 간 거 같더라구요. 어떻게 된 상황인지 모르겠지만 통화했을 때만 해도 "앞에 못 나간다"고, "기자들 깔려가지고, ○○ 학교도 가야 되는데 못 간다"고 하면서, 근데 그러고 나서 통화하고 갔는데 없어서 그 뒤로 그나마 대응을 어떻게 해야 될 것인가도 고민을 했죠. 거기에 대고 맞대응할 수 없으니까, 기자분들이 우리한 테 물어보고 하면 "그걸 왜 궁금해하냐?"고, "그게 이슈가 될 만한 거냐?"고, "그거는 각 가정의 개인사들인데 그걸 가지고 이슈를 이러쿵 저러쿵하냐?"고, 저희 부모들이 다 이렇게 했죠. 그러고 나서는 크게 더 이상 안 올라왔는데 뒤에서는 자기네들이 난리가 난 거죠. 그런 데 서는 하든가 말든가 그런 거죠. 우리 신경 안 쓰는 거죠.

13
교황 만남을 통해 진상 규명이 되기를 바랐던 간절함

면담자   8월 15일에 특별법 제정 촉구를 위한 범국민대회가 광 화문광장에서 있었어요. 낮에 프란치스코 교황이 방문을 했었죠, 그 때 준비를 같이하셨나요?

경주 엄마   따로 준비는 저희는 안 했고, 천주교 다니시는 분들 주 축으로 해서 그분들이 더 잘 아시니까 그런 거에 대해서는 그분들 주 축으로 해가지고, 그때 성호 어머님 5반에, 그분 주축으로 해서 교구 이렇게 해가지고 다 연결하고 했던 거 같애요. 다 자기가 할 수 있는 분야들이 있었던 거야, 부모님들이. 그래서 어떻게 어떻게 하면 되고 동선을 어떻게 하면 되고, 유민 아빠가 어쨌든 그런 상황이니까 우리 손만 잡아줘도, 우리가 얼마나 간절했는지 모르죠, 그 상황을 지금 보 면. '그렇게 한 번이라도 해주면 전 세계적으로 우리가 이렇게 되면 정말 대통령이 안 해주고 못 베기겠지' 이런 생각까지 저희는 했던 거 같애요. 그래서 그렇게 진행을 했던 거 같애요. '동선을 만들어갖고, 요렇게 지나가니까 여기 있으면 된다', 고런 거까지 했던 거 같애요.

면담자 실제로 어떻게 될지 예측 안 하셨어요?

경주 엄마 아무도 몰랐죠. 아무도 몰랐는데 천주교 다니시는 분들은 정말 교황 손 한 번 잡아보는 게 평생에 못 할 일이잖아요. 우리 부모님들인데도 있잖아요, 줄을 서가지고 [교황님이 우리들 손을] 다 잡았다니까, 그쪽에. (면담자 : 정말요?) 잡았어. 교황이 한참 있었어요. 유민 아빠 그렇게 하면서, 유민 아빠하고 [악수]하고 직접 나가서 이렇게 하면서 한참 계셨어.

면담자 그때 어머니는 광화문에 계셨어요?

경주 엄마 저는 가운데, "유민 아빠 괜찮냐?" 확인하고 그러고 있다가 잠을 못 자가지고 저는 그날 뻗었어요, 거기서 이래 갖고 잤어요. 자다가 나중에 왔대요, 이렇게 돌 때 저희가 유[U] 자잖아요. 유민 아빠 가운데 있으면 저는 이쪽 끝에 돌 때 이쪽에 있었거든. '교황이신가 보다', 저는 그쪽이 아니니까 그런가 보다 그러고는 뭔지 모르지만 울컥하더라고요, 그거는 있더라고.

면담자 어머니는 종교가 있으신가요?

경주 엄마 없어요, 양쪽 집안은 다 불교인데 저는 크면서 그런 생각이 들더라고요. '나도 내 자신을 못 믿는데 내가 누굴 믿냐'고, '신이 있기는 해?' 이런 생각을 많이 했었거든. '신이란 존재는 허구'라고 생각을 했어요, 저는. 신하고 그냥 옛날에 이거잖아요, 그거는 '어떤 한 형상을 만들어놓고 내가 거기에 대한, 나에 대한 이런 거 아닐까?'라는 생각을 되게 많이 했었어요. 그러면서 '차라리 내가 내 자신을 믿는 게 더 낫지 않을까? 나에게 믿음을 더 주는 게 낫지 않을까?' 클 때 그런 생각을 했던 거 같애요. 그래서 저는 종교가 없다고 얘기를 해요. (면담자 : 나이 드셔서도?) 예.

면담자   사회복지사 일하는 분들 중에서도 특히 기독교도이신 분들 많지 않으신가요?

경주 엄마   네, 네. 근데 종교에 대해서는 서로 존중하는 거죠.

면담자   일 터지고 나서 종교에 실망하신 적이 있으신가요?

경주 엄마   일 터지고 나서 저는 그냥 하나님, 부처님, 천지신명님 다 찾았죠. 처음에 일 터지고 나서 '제발, 제발' 처음에는 그랬어요. 근데 교회에도 마찬가지고, 그렇게 믿음을 하면서 주마다, 일주일에 몇 번씩 하시는 분들이 많잖아요. '어디 있냐'고, '하나님이 어디 있고, 부처님이 어디 있냐'고. 저는 원래 종교적인 그게 없지만은 그러고 나서 부모님들 얘기하시는 거 보면, "정말 하나님 없는 거 같애" 다니시는 분들마저도 그런 얘기 하셨거든요. 우리가 직접 겪고 나니까…. 근데 봐봐요, 시간이 지나고 나니까 또 하시잖아요. 나 답답해요, 그런 거 보면 내 마음은. '그런 과정까지 갔는데 저게 믿음이라는 게 생기나? 저게 가능한가?' 이런 생각이 들어요. 근데 그거는 그분의 자유니까, 저는 더 그냥 안 좋은, 그렇게 내가 하나님, 부처님 다 찾았는데…….

면담자   경주 나오기 전에 그런 기도를 하셨나요?

경주 엄마   그럼요. 정말 손 모아서, 그 방파, 부둣가에서 정말 하느님, 부처님 다 찾고, "진짜 신들은 다 정말 한 번만 들어달라"고, "한 번만, 정말, 내가 저기 들어가라면 들어갈 테니까" 이런 식으로 했던 거 같애요. "제가 죽어도 좋으니까, 제 목숨하고 바꿔도 좋다"고 그렇게 했죠. 근데 없더라구요.

면담자   그때는 뭐라도 믿고 싶으셨던 거네요.

경주 엄마   잡고 싶고, 믿고 싶고 그랬던 거죠.

14
반쪽짜리 특별법

면담자   특별법에는 결국 수사권, 기소권이 포함되지 않았는데, 그 당시 어떤 심정이셨나요?

경주 엄마   수사권, 기소권이 다 포함이 되지 않은 반쪽짜리였죠. 그렇게라도 진행이 안 될 수도 있었던 거를[게] 마음에 들진 않지만 진행이 됐는데, 지금까지 청문회나 여러 가지 봤을 때 답답하죠. '결국은 감추는 자가 범인이다. 뭔가가 있다', 분명히 밝혀져야 되는 거구요. 시간이 지나면서 하나씩 나오고 있긴 하지만 이건 아주 새 발의 피라고 해야 되나? 진짜….

면담자   당시 2014년 8월 달에 민주당 박영선 대표가 여당이랑 합의를 해버렸는데 어떻게 보셨어요?

경주 엄마   답답했죠, 같이 있는 의원들도 답답해했었고 같은 당 의원들도 답답해했었고. 그리고 그 당시 여당에서는 정말 그 사람들하곤 얘기하고 싶지도 않았어요, 정말. 근데 대표들이, 원내대표가 바뀌었잖아요 계속. 바뀌면서 유승민 대표가 할 때에는 조금 바뀌긴 했는데, '좀 뭔가 다르다'라는 느낌은 받았어요. 근데 확 바뀌거나 이러지는 않았던 거 같아요. 보면 '도대체 뭘까? 뭐가 이 사람들을 이렇게 잡고 있는 걸까?'라는 생각들이 되게 많이 들었던 거죠. 그동안 1차, 2차, 3차 청문회 하는 거를 봤을 때는 답답함이 이만저만 아니었고, 저희는. 왠지 모르게 그런 거 있잖아요? 저희 부모들은 이미 다 알고 있는 거 같아요, 결과를. 그냥 그런 생각이 들어요. 뭔지는 잘 모르겠지만 그래서 더 답답한 거 같아요, 보고 있으면.

면담자   세월호 특조위가 처음에 만들어졌을 때 부모님들의 논의는 어떻게 진행됐나요?

경주 엄마   처음에요? 특조위 때 제가 없었던 거 같아요. 제가 [집]행부를 20[1]5년 2월까지 했기 때문에 그 뒤에는 제가 일정이 없어요. 그 뒤로 간 거는 5월 달에 아마 마지막 저희 농성이 있었을 거예요. 그 광화문 저쪽 어디지 거기 넘어가려고 막혔을 때, 그때 한 번 시도한 적 있어요, 저랑 시연 엄마랑. 마지막으로 MBC 기자 카메라 저희가 잡고 하여튼 경찰 벽 뚫고….

면담자   그때 캡사이신 뿌리던 그때죠?

경주 엄마   그쵸, 웅. 캡사이신 엄청 맞구요. 날 꼴딱 새[우]고 다음 날 저쪽으로 넘어가 가지고 도로, 인도에서 날 새[우]고, 낮에. 그리고 이제 끝나고 광화문 와서 간단한 간담회 하고 해산했는데, 그때가 제가 집회 참여했던 게 마지막이었을 거예요.

15
간담회 가서 했던 얘기

면담자　　간담회도 많이 진행이 되었는데 어머니도 간담회에 다니셨나요?

경주 엄마　　많이 다니지는 않았구요, 저는. 거의 대외협력분과에서 했기 때문에 제가 많이 다니지는 않았어요.

면담자　　가셨을 때 기억나는 일들 있으세요?

경주 엄마　　저는 대학교를 갔던 거 같애요. 대학교를 갔었고, 다른 데는 역사 관련해서 그 관계되신 분들, 세미나실인가 하여튼 그런데 간 적 있어요, 제가. 그때 누구랑 갔었지? 하여튼 변호사님이랑 갔는데 황 변호사님인지 누군지, 같이 한번 갔던 거 같애요. 가가지고 저희 관련해서 얘길 했던 거 같은데…. 제가 지금 구술하고 있지만, 그 당시에 "이 4·16 참사가 역사에 어떻게 영향을 미칠지는 모르겠지만" 그렇게 얘기했던 발언을 제가 했던 거 같애요, 그분들 앞에서 감히. 거기 한번 갔다 오고 대학생들 앞에서는 다른 얘기보다는 그 처음에 우리가 겪었던 거, 처음에 내려갔을 때 분위기, 우리가 어떤 걸 보고 경험을 했는지에 대한 얘기들을 많이 했던 거 같애요. 그리고 경주 같은 경우는 유튜브에 많이 영상이 올라와 있어요. 길바닥이나 [미디어]

몽구 그분들이 영상 찍어주신 것도 있고, 친구들이 만들어준 영상도 있어요. 영상이 서너 개 될 거예요. 그 영상들 때문에 아시는 분들이 많더라구요. "어떤 아이"였는지 이런 거 물어보시고.

그런 얘기들을 대학생들한테 얘기하면서, 제가 처음 집회 다니고 할 때 우리가 청운동 이렇게 다니면서 할 때, 아이들 다치는 게 너무 싫어서, 혹시라도 다칠까 봐 이 아이들…. 아이들이 많이 왔었거든요. 그래서 그 당시 "조심하라"고 얘기하면서 얘길 했던 게 뭐냐면, "깨어나라"고 제가 그 얘길 많이 했던 거 같애요. "제발 너희들이 일어나지 않으면 달라지지 않는다"고, "근데 너희들이 다치면 안 된다"고 제가 그랬어요. 어떤 식으로 방법을 접근해야 될지는 나도 잘 모르겠지만, '예전처럼 무력으로, 힘으로 이건 아닌 거 같다'라는 생각이 들었거든요. 그래서 그 아이들한테 그렇게 했던 거 같애. "니네들이 나서야 되고, 깨어나야 되지만 다치지만 말아라", 제가 그런 얘기 좀 많이 했던 거 같애.

면담자   아이들 보면서 경주 생각도 나고 그러시진 않으셨어요?

경주 엄마   그 당시는 그런 생각 없었어요. 그 당시 활동할 때는 그런 생각이 많이 들지는 않았구요. 요즘 들어가지고 시간이 지나면서 같은 또래 친구, 비슷하게 생긴 친구 이렇게 보면 눈을 못 떼요.

면담자   어머니는 최근에 와서 더 많은 생각을 하시는 거군요.

경주 엄마   저한테는 경주가 18살에 머물러 있는 거죠, 아직까지도. 올해 스물둘인데 벌써….

16

대리기사 폭행 사건

면담자　　안타까운 일 중에 소위 대리기사 폭행 사건이 있었는데요.

경주 엄마　　그때 저희가 팽목에 아직 안 올라온 아이들 때문에, 남아 있는 아이들 때문에 저희가 분과별로 돌았어요. 제가 아마 가장 많이 내려가 있었을 거예요. 그 당시 동수 아버님 인양분과장이잖아요, 동수 아버님보다 제가 더 많이 내려가 있었을 거예요, 아마. 그러면서 거기 계신 분들에 대한 의료 지원이라든지 이런 것도 계속적으로 고민하면서 했었고, 그때 일 터질 때 예은 아버님, 저, 그리고 찬호 아버님도 아마 계셨나? 모르겠어, 기억이 가물가물한데, 저희가 배[의철] 변호사, 배 변호사가 그때 내려가 계셨거든요. 그때 누구지? 영인이 말고 현철이 아버님이 맡고 계셨을 때구나, 은화 어머님하고. 하여튼 남아 계신 분들 사이에, 배 변호사 관계에 있어서 진도체육관하고 팽목에 어떤 문제로 인하여 저희가 내려가게 됐어요. 내려가서 그거를 해결한다고 회의를 진행하고 있는데 새벽에 그 일 터진 거죠.

　　망연자실한 거죠. "이게 도대체 뭐지?" 그래서 바로 예은 아버님이 전화 통화하고 그러시더라구요. "우리 어떻게 해야 되냐?"고, "이렇게 되면 어떻게…", 그 순간에 저희가 첫마디가 "이거 누가 조작했구나. 우리 죽이려고 누가 조작했구나"라는 얘기가 먼저 나왔어요, 저희 입에서. 그 대리기사를 누가 불렀으며, 그 대리기사는 옆에서 찍은 사진은 누가 찍었으며 일반적으로는 이해가 안 되잖아요, 우리가 무슨 공인도 아니고. 그래서 아니나 다를까 서서히 그것도 아닌 걸로 거의 나오긴 했지만, '그것도 조작에 의한 것이지 않을까'라는 생각은 갖고 있어요, 아직까지도.

면담자　　　가족분들 사이에서 갑론을박이 오가고 그랬을 거 같은데요.

경주 엄마　　　되게 화나신 분도 많았어요, 가족분들. "도대체 니가, 당신네들이 위원장이고 뭐고 감투를 달았는데 말이 되냐? 그게" [하면서] 하여튼 화내시는 분들도 계셨고, 어쨌든 저희는 수습을 해야 되니까 안 갔어요. 안 갔는데 남자분들, 아버님이니까 다른 아버님들 찾아가서 가지고 상황 보고, 아마 일 진행하셨던 거 같애. 김현 의원이었기 때문에 김현 의원하고도 얘기 아마 했던 거 같고, 아마 하셨던 거 같애. 그리고 변호사님이 당장 계셨으니까 그런 상황들 아마 [대처]했지 않았을까…….

면담자　　　바로 물러나시게 되었죠?

경주 엄마　　　그쵸, 사퇴하신 거죠, 다 하시고. 다시 뽑아서 찬호 아버님이 위원장 되시고 저랑 몇 분은 그대로 가고.

면담자　　　2기가 시작된 건가요?

경주 엄마　　　그게 어떻게 보면 2기가 맞는 거죠. 빛나라 아빠가 1기고 2기가 맞는 건데, 그 뒤에 다시 또 한 번 더 선거할 때가 있었어요. 그때 제가 안 된 거죠. 제가 2기까지 간 거는 맞는데 그다음에 다시 선출돼 가지고, 그게 2기라고 해서 어떻게 보면 3기일 수 있는데 그냥 그렇게 간 거죠, 2기 계속 그냥.

면담자   그 사건이 시민들한테는 크게 느껴졌을 것 같아요.

경주 엄마   충격적이었죠.

면담자   전까지는 악성 댓글이나 이런 것들에 법적 대응도 하셨는데, 그 뒤로 관련해 변화가 있었나요?

경주 엄마   크게 저희는 개의치 않았어요. 어쨌든 그분들은 본인들이 스스로 사퇴를 했고, 어찌 됐건 그런 상황이 벌어진 거에 대해서는 본인들 책임이 있으니까 그렇게 하셨던 거고, 그다음부터 저희가 할 일은 했죠. 나머지 남아 있는 부모님들은 크게 개의친 않았어요. 그냥 '조작된 거'라는 생각을 의구심을 되게 많이 가졌었기 때문에 저희는, '잘 해결될 거'라는 생각도 했었고…. 그것도 시간이 지나면서 무혐의로 풀려났잖아요, 김현 의원도 그렇고 이분들도 그렇고 벌금으로 끝난 거고. 그 당시 "유가족의 갑질" 이러면서 뜨고, 뉴스에서 TV조선에서 심지어 유민 아빠 같은 경우도 마찬가지지만, "건수가 생겼다" 그렇게 한 거는 맞는데, 이거를 크게 받아들이는 사람들도 있는데, 저는 크게 받아들이지 않았어요.

　　어디든지 일어날 수 있는 일이고, '조금만 더 조심해 주지' 이런 생각은 있었지만, 그래도 우리가 정치하는 공인도 아니고, 우리는 우리가 피해 본 사람들인데, 피해자들인데 솔직히 피해자가 나가가지고 술 한잔 못 먹냐고….

면담자   그 일이 있고서 부모님들 사이는 어떻게 되었나요?

경주 엄마   많이 갈라졌죠. 그래서 저는 어떻게 보면 유해서, 이거를 크게 부각시키거나 이렇게 하고 싶은 생각은 없어요. 원체 그런 성향이라서 부모님들 중에는 확 갈리는 분들이 많았어요.

면담자   가족분들의 활동에도 영향이 있었나요?

경주 엄마   그 일 터지고 바로는 저희도 조심하느라고 그런 것도 있었는데, 그 뒤로는 크게 [영향은 없었어요].

면담자   사회에서 유가족에 대해 고정되어 있는 인식이나, 요구받는 것들에 대해서도 생각해 보게 되셨나요?

경주 엄마   부모님들도 생각하는 게 다르듯이…. 저희는 나중에 김기춘 수첩에서도 발견되긴 했지만, 저희가 1기 강성으로 잡혀 있어요. 1기 강성이라고 이 사람들을 죽이고 중성적인, 약자도 아닌 중간급들 사람들을 나서게 하는 그 대목이 있어요, 거기 보면. 저희가 1기 강성이에요, 그렇게 지목이 된 사람들이고. 2기 투표하고 나서 언론에서도 그랬어요. 1기 강성들 이름 쭉 있는데 제 이름 들어가 있어요, 들어가 있어 진짜로. 그런 거 보면 도대체 언론이 사람을 죽이고 살린다는 생각이 되게 많이 들고…. 뭐가 강성인진 모르겠어요. "진짜 당신들도 그러면 그런 입장이 돼보라"고, "안 그러겠냐"고. "강하지 않으면 살아남겠냐"고, 강성이라고 표현하니까 그렇긴 하던데 어쨌든 그런 과정들이 있었거든요.

17
허위 소문으로 인한 어려움

면담자   부모님들한테 왜 술을 먹었냐는 이야기도 있었지요?

경주 엄마   저희 술 엄청 매일 먹었어요. 끝나고 나면 매일 술이었어요, 술 없으면 안 되니까. 그래서 저희 반 같은 경우도 지혜 어머니라든지 한솔이 어머니라든지 가깝게 지내시는 분들하고 그냥 집 앞에서 매일 술을 먹었어요. 근데 늦은 시간에 먹는 거예요, 사람들 없을 때. 남들 앞에서 이런저런 얘기 하기가 그러니까, 그리고 그 당시만 해도 사람들 밖으로 많이 나오진 않았어요. 그래서 늦은 시간이니까 먹는 거예요, 아니면 집에서 먹거나. 거의 매일 술이었어요, 정말. 그리고 술이 예전에 먹는 것보다 더 늘어가지고 더 많이 먹게 되는 거예요. 근데 안 취하는 거예요. 그 당시는 그랬어요, 술 아니면 안 되니까. 그런다고 우리가 술을 먹거나 남하고 시비 붙거나 그런 일은 없었어요. 잠을 못 자니까 다들 아마 그랬던 거 같고. 〈비공개〉

면담자   어머니, 많이 피로하실 듯해서 오늘은 여기서 마치도록 하겠습니다. 긴 시간 감사드립니다.

4회차

2018년 4월 5일

1
시작 인사말

면담자   본 구술증언은 4·16 사건에 대한 참여자들의 경험과 기억을 기록으로 남김으로써 이후 진상 규명 및 역사 기술에 기여하고자 합니다. 지금부터 유병화 씨의 증언을 시작하겠습니다. 오늘은 2018년 4월 5일이며, 장소는 안산시 단원구 4·16기억저장소입니다. 면담자는 김아람이며, 촬영자는 강재성입니다.

2
안전공원 반대하는 모습에 대한 생각

면담자   안전공원 관련해서 요즘 안산의 분위기는 어떤가요?

경주 엄마   저는 일하느라고 어쨌든 동이 다르다 보니까 크게 와닿지는 않아요. 근데 사는 집으로 온다든지 근교로 오게 되면 SNS나 이런 거 통해서 보게 되고 그걸 제 눈으로 확인하게 돼요, '그런 것들이 있구나'. 다들 그런 마음은 아니시겠지만 그런 마음을 갖고 계시는 분들이 그렇게 보란 듯이 [안전공원 반대 현수막] 해놓고 하면, 아니신 분들 마음도 불편할 것이며, 물론 저희들 마음이야 더 아프지만요. 이게 언제까지 갈지는 잘 모르겠지만, 이런 과정들이 있을 거라고 예상은 했지만, 그래도 직접 보니까 마음이 되게 아프고 그래요.

면담자   안산 분들이 처음에는 그래도 자기 일처럼 생각해 주시지 않았던가요?

경주 엄마 처음에는 다 내 일같이 생각하셨죠. 한 집 건너 하나고 같은 아래윗집, 동네 그러다 보니까 아이들을 다 기억을 하시잖아요. 그래서 내 손자, 우리 식구들처럼 그렇게 대해주셨고 저희들 못지않게 마음 아파하셨고 함께해 주셨던 분들이 되게 많았었죠.

면담자 어머니가 생각하기에는 안산과 멀어지게 된 때가 언제쯤이라고 생각하세요?

경주 엄마 1년 지나고 나서부터일 거 같아요, 제 생각엔. 1년 [활동해서] 특별법 만들어지고 이제 부모님들이 계속 농성을 하고 집회를 하고 이런 과정들 지켜보시면서, 언론의 힘도 있었고, 약간은 언론이 어떻게 몰고 가는 부분도 있었고…. 정부에서 미적미적하니까 저희는 나설 수밖에 없는 상황인데, 부모 마음과 또 옆에서 바라보는 시각은 다르잖아요. 그러면서 배·보상 얘기 나오고 대리기사 사건도 있었고, 여러 가지가 겹치다 보니까 아마 그 이후로 이런 여론 몰이라든지 이런 것들 통해서 생각하시는 부분들이 조금씩, '보상받고 끝난다는데 뭘 저렇게 더 하나' 이렇게 단순히 생각하시는 분들도 많았을 거라 생각을 해요. 그쯤 아니었을까 저는 생각해요.

면담자 정부가 계속 시민들, 국민들 생각에 영향을 미치는 여론을 만들어가기도 하고 그러면서 생각이 변하게 된 측면도 있는데, 안산 분들도 다른 시민들 생각과 크게 다르지 않게 갔다고 보세요?

경주 엄마 안산 분들은 크게 드러내지 않으셨어요, 제가 봤을 때. 왜냐하면 시민 활동 하시는 분들도 많으셨고, '엄마의 노란 손수건'도 있듯이 그렇게 일반적으로 아이를 키우시는 분들도 계셨고 활동하시는 분들도 계셨지만은, 저희 옆에 항상 도와주시는 분들만 보였기 때문에 그렇게 크게까지는 보이지 않았어요. 근데 식구들이 있으신 가족들이 있잖아요. 부모님이나 시댁 어른이나 이렇게 있잖아요. 그분들이 안산에 같이 거주하고 계시는 분들 통해서 얘기는 간간이 들렸죠. '그런 거는 극히 소수다' 생각을 했었죠, 그 당시는….

면담자   어떤 이야기들이 있었어요?

경주 엄마   저희가 집회를 나간다든지 사건이 한 번씩 터지고, 저희가 좀 "안 좋은 시각적으로 보여졌다, '유가족들 그만하지' 이런 얘기들이 주위에서 들린다"라는 얘기는 들었죠. 근데 지금처럼 한꺼번에 여러 명 모여가지고 일어나거나 이런 상황들은 아니었기 때문에 개인이 생각하는 게 다 다르니까 '그렇게 얘기할 수도 있겠다' 그렇게 하고 넘어갔던 부분이었죠. 저희가 생각하기는 '이제부터 이렇게 한 분씩 한 분씩 나오기 시작하는구나'라는 거는 알고 있었죠. 저희랑 생각이 다르고, 왜 이런 말씀을 드리기는 그렇지만, 그 당시에도 왜 "시체팔이"라는 얘기도 있었고, "자식 팔아서 돈을 받았네" 이런 얘기 하시는 분도 있었고 많았잖아요. '그런 인식을 갖고 있으신 분들이 아마 있지 않았을까'라는 생각을 해요. 갑자기 저렇게 있다가 돈 생기니까 '저 사람들 그만하지' 이런 식으로…. 뉘앙스가 그렇게 들렸던 거 같아요.

면담자   어머니가 활동하시는 동안 피케팅할 때 안 좋은 일을 직접 경험하신 적은 있으세요?

경주 엄마　　　안산에선 없었어요. (면담자 : 안산에선 없었어요?) 네, 따
로 없었구요.

3
교실 존치 문제

면담자　　　교실 존치 문제에 있어서 재학생 부모님들이 굉장히 반
대를 하셨었죠?

경주 엄마　　　그때는 여론이 진짜 그렇게 몰고 갔었고요, 제대로 된
실상을 모르셨고. 물론 그분들의 마음도 이해는 하죠. 그런다고 저희
가족분들이 집행부나 예전 집행부나, 지금 가족협의회에서 그런 부분
을 생각 안 하신 것도 아니실 거예요. 저희가 할 때도 물론 그렇게 했
기 때문에 교육청이라든지 안산교육지원청이랑 학교랑 이렇게 저희
가 같이 활동하실 때만 해도 재학생도 당연히 생각을 했었고, 졸업하
셨던 분들이야 그분들이 도와줄 수 있으면 같이 함께해 주시는 부분
들 있었지만. 물론 학교가 유지가 되고 학교생활을 해야 되는 부분이
있기 때문에 그런 부분에 있어서 아이들한테 피해 가지 않고, 학교가
좀 더 튼튼하게 버틸 수 있고 앞으로 갈 수 있는 방향들을 생각을 했
었던 거 같애요. 갑자기 그렇게 드러난 거는 아무래도 여론적으로 어
떤 여론 몰이를 했던 부분도 분명히 있고, 개중 저희가 생각하기에는
분명히 나름대로 다른 데 뒤에서 '어떻게 조정하지 않았나'라는 생각
도 분명히 갖고 있구요.

그 당시 바뀐 교장의 행태는 정말, 그거는 교장이라고 볼 수가 없었어요. 재학생 부모님들 중에도 같이 아파하고 같이 울어주시는 분들도 계셨어요. 근데 그렇게 바로 정면으로 얼굴을 딱 맞대게 되니까 '아, 이게 정말 우리가 피해잔데 피해자를 두 번 죽이는 일이구나, 이런 것들이', 만감이 교차했어요, 그 당시는.

면담자   어머니가 활동을 하고 계셨던 때인가요?

경주 엄마   아니요, 안 하고 있을 땐데. 그때는 저희가 '다 같이 가서 힘을 실어야 되겠다'라는 생각을 했었어요. 학교를 지켜야겠다는 생각을 했었어요. "학교를 지키지 말자"는 얘기도 처음엔 했었어요. 왜냐하면 "학교를 없애버리자, 아예 없애버리고 거기다 우리 추모관을 만들고 단원고는 따로 짓든지 단원고 이름 바꾸든지 마음대로 하라"고 그런 얘기까지 나왔었어요, 사실은. 근데 그렇게까지 할 수는 없었고⋯. 왜냐하면 우리 아이들이 다녔던 곳이고 졸업도 못 했잖아요. "학교는 분명히 있어야 된다"는 의견들이 많았었고, 그래서 학교 아이들이 그 당시만 해도 졸업할 고3 나이였기 때문에 어떻게 하라는 건지 도대체⋯. 그래서 지켜야 되겠다는 생각을 많이 했었죠.

그러면서 김익한 교수님인가 그때 처음에 제안을 했던, 학교 그 강당 지하로 주차장 들어가는 쪽 옆길 해서 터가지고 지금 있는 교실을 추모관 쪽으로 만들고 교실이랑 통로를 어떻게 저기[분리]를 하면서, 옆쪽을 학교를 증축을 하고 체육관도 시설하고, 그거를 안을 제안을 했었거든요. 그때 처음 만드셨을 때 저희 몇몇 분들은 먼저 미리 봤었어요, 그거를. 협의회도 물론 봤겠지만 그때 저희는 찬성했어요, 아주 괜찮은 생각을, 안을 갖고 오셨기 때문에. 아마 협의회에서도

"가족들도 아마 오케이 하지 않을까?" 저희는 긍정적으로 의사 표현을 했거든요. 근데 나중에 문제들이 자꾸 안 되더라고, 그 부분이. 그러면서 교육청도 마찬가지고 안산시도 마찬가지고…….

면담자　어머니도 거기 계셨어요?

경주 엄마　그 당시가 언제였냐면 이쪽에 지금 여기가 어디죠? 옆에 기억저장소. (면담자 : 전시관) 전시관에 저희가 다닐 때였어요, 그 당시는. POP[예쁜 글씨] 어머님들 나와서 "집에만 계시지 말고 나와서 뭐 하시라" 하면서 그렇게 했던 게 있었거든요. 일주일에 한 번씩 나갔을 때 저희한테 한 번 보여주셨거든요, 어머니들 생각 어떠냐고, 교수님이. "너무 괜찮은 거 같다"[고 했어요]. 어차피 우리가 생각하는 학교가 아이들과 같이 공존할 수 있고 이 아이들도 모르는 게 아니니까, 이렇게 해서 세월호에 대해서 인식이 달라졌음 좋겠고 그런 마음들이 많았던 거 같애. "나쁘지 않은 거 같다" 그렇게 했는데 주위에서, 시나 교육청이나 학교 측 특히 재학생 부모님들도 마찬가지고 분명히 어떠한 계기들이 있었겠죠, "같이할 수 없다"라는. 그래서 그게 안 된 걸로 알고 있어요.

그 과정 속에서 이것이 밖으로 언론에 비춰질 때 제대로 비춰지지 않았어요, 저희들이 어떤 생각을 갖고 있고…. 유가족을 아주 그냥 몰상식한 사람으로 만들어버렸잖아요. "이 사람들은 무조건 교실을 지켜야 되고 이거를 혐오시설처럼 이렇게 만들려고 하는 거 같다"식으로 몰아갔잖아요. 그건 정말 아니었거든요.

면담자　그 당시에 가족분들 사이에서도 조금 의견이 갈렸던 걸

경주 엄마 유병화

로 알고 있는데요.

경주 엄마　　다 생각이 같지는 않기 때문에, 활동 안 하시는 분들이나 아니면 저희 신랑이랑 저랑 다른 거처럼. "굳이 그렇게까지 해야 되겠냐? 빼면 되지 않겠냐?"라고 하시는 분들도 계셨던 걸로 알고는 있어요. 그거야 각자 생각이니까…. 근데 대체적으로 거의 250 가정의 반수 이상 분들이 생각하시는 거는 그 당시 그대로 보는 거죠. 우리는 이 아이들이 고3이고 졸업도 해야 되고 지금 당장 이 교실을 빼 버리게 되면 졸업식은 어떻게 할 것이며, 이 아이들의 희생으로 인한, 희생이란 표현을 하면 그렇지만, 죽음으로 인한 단원고가 앞으로 어떻게 될지에 대한 그런 부분들을 걱정하시는 [분들도] 분명히 있을 거구요. 여러 가지 생각들이 있을 거라는 생각은 해요.

면담자　　어머니는 교실에 대해서 어떤 생각이셨어요?

경주 엄마　　'교실은 빼면 안 된다'라고 생각은 했었어요. '유지를 해야 된다'고 생각을 했었어요.

면담자　　일단은 원형 그대로 보존하는 게 좋다는 생각하셨던 건가요?

경주 엄마　　네, 그래서 조금만 더 생각 폭을 넓혀줬더라면…. 재학생 부모님들도 아마 속으로는 그렇게 생각하실지 어쩔지 모르겠지만, 정말 제가 제 일이니까, 제 자식이니까 아무래도 그렇게 생각하고 그런 글들도 봤어요. 재학생 부모님들 하시는 소리가 "우리 아이가 그런 몇백 명이 죽어나간 교실이 옆에 있는 데서 무서워서 공부하겠냐?" 이런, 이런 얘기도 하시고 하셨거든요. 근데 저도 그런 생각을 해봤어요. 제가 만약 '이 일에 당사자가 아니라 옆에서 바라보는 제3자 입장이었다면 그런 생각할 수도 있겠다', 정말 내가 여지껏 우리나라가 어떤 사건, 사고들이 있었을 때, 예를 들어서 그런 게 있었다 그러면 저[도] '무서워서 어떻게 [하고] 생각했을 것이다. 분명히 나도', 이런 생각은 했었거든요. 근데 우리 세월호 이 사건은 다르다고 생각해요, 저는. 그래서 조금만 더 생각하는 걸 넓게 해주셨더라면 아마 그런 부분은 '충분한 대화나, 시간적으로 해서 잘 마무리가 되지 않았을까?'라는 생각을 하는데도, 그거는 현실적으로 그렇지는 않더라고요.

면담자　　　　재학생 부모님들하고 유가족 사이에 충돌이 벌어지기도 하고 그랬었잖아요. 어머니는 그때 어떻게 힘을 실어주셨나요?

경주 엄마　　　　저희가 활동을 안 하고 있었던 것뿐이지 관심이 없는 건 아니잖아요, 부모님들이. 그래서 저희 몇몇 안 되시는 분들이 나가서 활동을 그 당시에 하고 계셨기 때문에 그분들이 가서 학교를 지킨다는 거는 저희가 알잖아요. 저희가 한꺼번에 다 서로서로 연락을 해서, 물론 반별로도 연락이 오고 했겠지만 같이 가서, 이거는 교실에 대한 부분은 당연히 지켜야 된다고 생각을 했기 때문에 학교를 갔던 거 같애요. 이게 장기간이 아니라도 그 당시는 그랬어요. "장기간 우리가 이 교실을 지켜달라고 하는 거 아니지 않느냐, 해결책이 우선 차선책이 좋은 방안이 나올 때까지는 이 아이들 졸업도 시켜야 되고 그때까지 해야 되지 않겠냐"라고 하면서, 어떤 어머니께서 한 분이 행정실 갔는데 아이 제적증명서를 떼는 과정에서 아이들이 다 제적인가 뭔가 됐다고 했잖아요. 그분이 그거를 보고 나오자마자 저를 만났어요. 제가 분과장을 했었기 때문에 저한테 물어보시는 거예요. 제가 활동을 안 하고 있는데도. "우리 아이들 졸업해야 되고 아직까지 학교에 그대로 남아 있을 텐데요?" 제가 그랬어요. 그랬더니 "아니요, 우리 아이들 이렇게 [제적처리] 되어 있어요" [하셔서], "그게 말이 되냐"고 제가 이랬어요.

그러면서 그게 한꺼번에 또 터진 거야. 교실 뺀다는 문제와 그[제적] 문제가 같이 터지면서 또 한 번 난리가 났고. 그 전에 학교 그 누구지, 회장 역할 하셨던 그 있어요, 그 남자분. 운영위원장 그분이 학교 운영위원장 맡고 있지 않은 상황인데 오셨어요. 와가지고 우리 부모님들이랑 충돌 있었고…. 그렇게 있으면서 그 당시 제가 목격한 거는 예은 어머님이 실신하시듯이 쓰러지면서 "경주야, 어떡하면 좋냐"고 펑펑 우시더라구요, 그 내리막길에서. 아래윗집 사시는 분인데 그렇게 같이 함께해 주셨던 [재학생 부모]분이 눈에 쌍심지를 켜고 소리 지르면서 하시는 걸 보고 너무 망연자실하신 거야. 그래서 병원 실려 가시고 그런 모습도 보긴 했는데, 저도 역시 마찬가지예요. 그때 제가 아는 분을 저는 이렇게 멀리서 봤어요, 눈이 마주쳤어요. 그분이 고개를 숙이고 올라가시는 거야, 그냥. "빨리 가세요, 빨리 가세요" 하면서 회의장으로 들어가시는데 제 눈을 봤어요. 근데 제 눈을 피하고 가시는 거야. 그리고 나서 그날 밤에 저한테 문자가 왔어요, 장문의 문자가. "미안하다"고 그러면 이건 그분들의 마음이 아닐 수도 있다는 거잖아. 저는 답장 안 했어요, 그분한테. '그런 마음이고 저한테 미안한 마음이 있으면 왜 그런 행동을 해야 돼?' 이런 생각이 드는 거죠. 근데 이해 못 하는 것도 아니니까 제가 뭐라 할 수 있는 입장도 아니고 답장은 못 했어요. 그런 상황들이었어요, 그때도.

4

안전공원을 반대하는 이유에 대한 생각

면담자　　　세월호에 대한 관심이 줄어들고 추모공원에 관한 논의가 시작되니까 본격적으로 반대를 하는 목소리들이 나오기 시작했잖아요? (경주 엄마 : 네) 그게 왜 그럴까 생각해 보신 적 있으신가요?

경주 엄마　　　저는 아까도 말씀드렸다시피 세월호 사건은 다른 사건들이랑 사건, 사고가 다르다 생각을 하는 면이…. 깊숙이 '정부가, 국회가, 정치하시는 분들이 관련이 되어 있다'고 생각을 해요. 저는 관련이 되어 있을 것이라는 생각을 하고 있기 때문에, 저희가 활동할 당시 5·18[민주유공자]도 만났고, 대구지하철 참사 [유가족]도 만났고, 그분들 유가족들을 만났어요. 근데 저희가 자세한, 깊숙한 속내까지 모르잖아요, 그런 사건, 사고들에 대해서. 제가 고향이 대구 경산이다 보니까 대구지하철 참사 났을 때는, 물론 결혼해서 위에서 있었지만, 되게 충격적이었거든요, 정말 제일 중심지 동성로에서 그런 지하철 사고가 났으니까. 근데 나중에 추모공원을 조성할 때 그 얘기도 뉴스에서 봤었거든요. 팔공산 쪽에서 한다고 했는데 그쪽 상권이 있잖아요. 그쪽 분들하고 마찰 생겨가지고 첫 삽 뜰 때 계란세례 받고 그런 걸 봤어요, 접했었거든요.

　　그분들이 말씀하시기로는 시에서 적극적으로 나서주지 [않으면], 그게 시의 총책임자가 대구시였기 때문에, 철도청도 있겠지만 그분들이 뒤에서 조력을 해줘야 될 부분들에 있어서, 이런 말도 안 되는 부분들에 대한 걸 얘기를 많이 들었어요. 그렇게 됨으로 인해서 마찬가지인 거 같애요. 어떤 식으로 사건이 잘 해결이 되는 과정들이, 분명히 그거를 잘 해결을 하기를 원하는 거는 당사자들인 것이고, 그렇지 않은 분들은 자기 이익을 우선적으로 생각을 하시겠죠. 그래서 저희도 처음에, 나중에 우리가 진상 규명하고, 안전공원 설립하고, 아이들한데 모으고 하는 과정들을 만들었을 때 걱정은 했었죠, 처음부터. '안전공원 만들 때 분명히 안산 시민들하고 부닥치긴 할 거다. 안 부닥치진 않을 거다. 그게 당장 우리가 [20]14년 4월 16일에 일어났지만, 우리가 6월, 7월에 안전공원 첫 삽 뜨는 거 아니지 않냐. 몇 년 후에 진행될 거 아니냐. 분명히 시간이 지나면 시민들도 내 일이 아니니까 우리들하고 분명히 부닥치는 날은 올 것이다'라는 건 생각은 하고 있었어요.

근데 이게 현실로 오다 보니까, 원만하게 잘 해결이 되면 좋겠어요, 저는. 물론 지금 나서서 하진 않지만, 그래도 SNS 통해서 그런 거 보면서 같이 화도 내주고 눈물도 같이 흘리고, 그런 과정들이 저는 제가 굳이 관심이 없이 지내거나, 활동하는 사람들한테 나서지 않더라도 제가 할 수 있는 최선이라고 생각하거든요. 그렇게 하고는 있어요.

면담자   추모공원에 사람들이 반대하는 이유를 어머님께서는 뭐라고 생각하세요?

경주 엄마   첫째로 '혐오시설이다' 생각하시는 부분은 우리나라 유교적인 사상 때문에 갖고 있는 인식이잖아요. 옛날부터 내려오시는, 어르신들이나 거기에 영향을 받은 지금 우리 세대나 다 그렇잖아요. 지금 젊은 세대한테 물으면 아마 그런 대답 안 나올 거예요, 분명히. 이런 박혀 있는 사고 때문에 '그게 혐오시설이다, 봉안당이' 그러면서

'우리가 계속 여기 살아야 되고 살건데 저런 게 들어오면 아마 집값이 떨어지지 않을까?' 하는 게 그분들이 첫 번째로 생각하는 이유겠죠. 그리고 '내 일이 아니다'라는 것도 분명히 있을 것이고, '내 일이 아니고 니 일인데' 그러면 쉽게 얘기하면 '니 새낀데 어디 좋은 데 양지 바른 데 가서 그런데 공원에 가지 왜 여기다 하냐?' 이런 생각을 하실 수 있을 것이며, 저희가 생각하는 거 하고, 저희는 당사자고 같이 마음을 함께하시는 분들은 또 생각이 다르지만 '아니라고, 한 집 건너서 한 집[에서 일어난 일인데…' 하고] 생각하시는 분들은, '그렇게 생각하시는 분들도 있을 거'라는 생각이 들어요.

5
안산의 재난에 대처하는 지역 정치인들의 모습

면담자   그런 상황에서 어머님은 안산에 있는 시민 단체 사람들을 어떻게 보셨나요?

경주 엄마   나름 각자에 역할에 있어서는 최선을 다하신 거는 사실이에요. 근데 제가 처음에 그랬어요. 시민연대가 생기면서 참여연대나 이렇게 해서 저희를 도와주신 분들이 있었잖아요, 민주노총이나 한국노총 다. 근데 안산도 안산 자체만으로, 안산 4·16연대가 만들어졌어요. 거기에 전 직장 회장님도 계시고 다 계시지만 제가 대놓고 얘기했어요. 감히 회장님한테, 일개 팀장이었던 애가 회장한테 그런 상황이 오더라고. "너무 서운하다"고, "그래도 여기 계시는 분들은 시민 활동 하셨다고 하시는 분들은 한 집 건너면 다 아시는 분들 아니냐"
고, "애들이 [그렇게 된 건데] 그런 마음이면 저기 서울에서 와서 마이
크 잡고 있는 분들이, 저 사람들이 아니라 여기 계시는 분들이어야 되
지 않냐"고 제가 그렇게 얘기했어요. "물론 할 일이 많고 바쁘신 거 안
다. 근데 지금 집중해서 이렇게 하고 있을 때만이라도 더 적극적인 자
세로 좀 해줬으면 좋겠다. 좀 더 힘을 실어주고, 그런 거를 보여주면
좋겠다"라는 얘기를 제가 한 번 했었거든요. "미안하다"라고 하시더
라고. 그 말을 하는 저도 미안했죠, 죄송하고. 그럴 수밖에 없었어요.
저는 당사자였기 때문에 믿었던 사람한테 바짓가랑이라도 한 번 더
잡고 싶은 심정이었던 거죠.

빨리 아이들의 억울함 풀어주고 싶은, '길게 끌고 가면 뭐 해' 이런
생각 있잖아요. 근데 이런 생각 저런 생각이 다 있지만 그런 과정들
겪으면서, 시장님이나 교육청 관계자나 의원님들이나 봤을 때 그분들
은 그분들 나름대로 하신다고 잘하셨어요. 근데 저희가 볼 때는 정말
힘이 없으신 분들인 거 같애. 본인들의 주장도, 정말 국회나 청와대나
이런 데까지 목소리가 들릴지 모르겠다고 [생각될] 정도로 되게 좀 답
답했어요. 제가 만약에 안산시장이었다 그러면 저는 제 성향상 두 손
두 발 다 벗고 나섰을 거 같아요, 진짜 이재명 시장이 하듯이, 박원순
시장이 그렇게 적극적으로 하듯이. 물론 저희 편에 서서 그렇게 해주
셨으니까 저희가 지금은 얘기하지만, 물론 그렇다고 해서 제종길 시
장이 안 한 건 아니에요. 잘하시긴 하셨는데 파워가 부족했다는 거죠.
저는 그렇게 봤어요.

면담자   지역구 국회의원들은 어땠어요?.

　　　저는 그때 초창기에 [심리생계]분과를 할 때 김명연 의원이…, 트라우마 관련해서 제가 목표가 있었어요. 5·18에서도 얘기 들었지만 5·18도 "트라우마 관련해서 지원해 줄 수 있는 센터가 없다"고 얘길 했어요. 그리고 우리 정부 쪽으로 봤을 때 재난지역 선포되고 재난이라고 받은 국민들, 시민들의 트라우마 관련해 가지고는 결과적으로 재난지역[지원 기간]이 끝나고 나면 우리 지자체에 있는 자살예방센터라든지, 건강가정지원센터라든지 이런 데서밖에 관리를 못 해요. 보건소에서 하는 거죠, 쉽게 얘기하면. 이거는 말이 안 되는 거거든요. 5·18도 "아직 없다"고 하시더라고, 제대로 된 게. 그래서 국립 트라우마[센터], 서울 트라우마 병원에 원장님이 오셨을 때 그 얘기를 제가 했어요, "저는 내과, 외과 모든 진료가 가능한 병원을 포함한 트라우마센터가 건립되길 바란다고, 안산 지역에". 왜냐하면 그 당시 전 국민이 아파했던 거고, 우리 안산 시민은 이루 말할 수 없었던 것이며…. 제가 얘기했잖아요, 저희 부모는 좋아요. 형제, 자매, 친구들, 전국적으로 분포되어 있는 가족들, 그러면 물론 안산까지 오기는 힘들겠지만 이게 제대로 건립이 된다면, 지역적으로 광주에 5·18 있으니까 그쪽에도 만들 수 있는 거고, 분산이 될 수 있는 거니까.

우리가 서울에 본점이 있으면 지방에 분점이 있듯이 [그렇게 만들어야 하는 거 아니에요?] 트라우마센터도 전국에 하나가 있다? 지금 우리가 심리 관련해서 전문적으로 하는 데는 거기 [국립]서울병원밖에 없는 거잖아요. 아는 사람 누가 있어요? 저희도 이 일 터지기 전에 정말 몰랐거든요. 제 목표는 그거였어요. 제가 "이 분과를 하는 동안은 이거를 꼭 건립하는 데 노력할 것이다"라는 거를 목표를 세우고 있었는데, 그걸로 저희 분과에서 계속적으로 하면서 특별법 안에도 그걸 집어넣기 위해서 노력을 했어요. 근데 무산되고 했는데 그 와중에 김명연 의원님께서 국회 발의를 하셨어요, 그냥 발의는 했는데 통과가 되지 못하는 상황. 서류가 이렇게 오잖아요, "말도 안 돼, 집어치워" 이런 식이었어요, 다. 그러니까 김명연 의원이 얼마나 파워가 없다는 거예요, 힘이 없다는 거죠. 그런 부분을 제가 보면서 '이게 대한민국이구나, 정말. 대한민국의 정권, 정치하는 사람들의 패턴인가 보다, 도대체 이거는 자기네들한테 이익이 안 되는 건가?' 이런 생각, 별생각이 다 드는 거예요.

그러면서 그다음에도 "희망을 잃지 말자" 하면서 다시 "뭘 하네 어쩌네", 김명연 의원이 그러셨거든요, 쑥 들어갔어요. 그래서 결과적으로는 특별법 안에도 못 들어갔어요, 트라우마센터 건립에 대해서. 그래서 "온마음센터로 5년간 가져간다"[고] 명시가 됐던 거고 그때 같이 하셨던 팀장님이랑 저 많이 울었죠. 이러면 안 되는데, 우리가 5년 뒤에 속의 [트라우마 같은] 게 터질지, 10년 뒤에 터질지, 20년 뒤에 터질지, 죽기 바로 전에 터질지 누가 아무도 모르는 건데…. 제가 보건복지부 관계자 만나서 그 얘길 했었어요, "어떻게 장담하실 수 있냐?"고. 지금 25년까지 연장이 되긴 했지만, 저는 이거 하나도 반갑지 않거든요. 이게 시발점이 돼서 [트라우마센터가] 제대로 갖춰졌으면 [하는데…], 저희 나라에 재난이나 사고에 대해서 백서도 제대로 된 게 없어요. 정말 저도 센터나 이런 데서 근무를 하면서 지침, 백서는 아니지만 1년에 지침 관련해서 한 번씩 내려오거나 하잖아요. 수칙 이런 게 책은 이렇게 두꺼워요. 그거 언제 다 봐요. 그런 행정적인, 서류적인 게 아니라 제대로 된 팩트 요약해서 있잖아요, 그런 게 나왔으면 좋겠거든요. 이번에 일 터지면서 백서 만든대요, 몇 개 나왔잖아요. 안산시에서 나왔고 몇 개 나왔는데 두꺼워요. 누가 그거 다 읽냐고요. 그런 거의 문제점을 그렇게 수없이 얘길 해도 바뀌지가 않는 거 같애.

6
심리생계분과에서 주력한 사업: 국가트라우마센터

면담자　　　심리생계분과에서 어머니가 주력으로 하셨던 일을 더 말씀해 주세요.

경주 엄마　　　어쨌든 처음에는 저희가 7반에 준우 아버님이랑 저, 재욱 어머님 요렇게 세 명이 아마 거의 주축이 됐던 거 같애요. 처음에 얘기했을 때 그분들이, 제가 분과장을 맡고 팀장 역할을 맡아서 하셨거든요. 하실 때 저희는 그랬어요. 목표가 아까 말씀하신 "병원을 포함한 트라우마센터를 건립하는 거다, 국립을", 나라에서 운영하는 그거를 안산에 만드는 게 저희 목표였거든요, 그게 분과의 목표였던 것이고. 저희가 하는 일은 피해자인 우리가, 당사자가 나서서 진상 규명도 해야 되고 특별법도 만들어야 되고 여러 가지 문제점들이 있잖아요. 이거를 "당신네들이 해주세요" 하고 손 놓고 있으면 아무것도 안 해줄 거 같은 거예요. 그러면 부모님들에 대한 생계 지원이라든지 그동안 다녔던 직장들에 대한 문제, 남아 있는 가족들에 대한 문제 이런 것들에 대해서 저희는 계속적으로 범대본이랑 정부 관계자들 만나서 해결을 했던 부분이죠. 그래서 많은 거를 따내긴 했어요, 사실은. 기존에 있는 법안을 밑바탕으로 해서 최저 생계를 할 수 있는 최저생계비, 그리고 아이들 등록금 문제라든지 그다음에 학교 문제 여러 가지들.

아이들도 학교에서 트라우마 관련해서 상담받을 수 있는, 학교마다 선생님들 배치된 거, 그리고 직장에 대한 거, 유급·무급 휴가 그런 부분에 있어서, 그리고 의료 지원, 책자에 보면 아시겠지만 그 부분들에 대한 것, 여태껏 우리나라에서 없었던 부분을 제가 최초로 만든 부분이 몇 개가 더 있어요, 그 안에. 그래서 아마 이게 최초가 되지 않을까, 재난 관련해서 재난 법안에 최초로 들어가지 않을까 싶어요.

면담자　　　그 안들을 만드실 때 어머니의 활동 경력이나 사회복지 공부하셨던 게 도움이 되셨나요?

경주 엄마　　　제가 다 생각해서 짠 거는 아닌지만 그 당시는 저희는 그걸 요구할 수밖에 없었어요, 모든 거를 다 내려놓고 제로가 돼버린 상태이기 때문에. "그냥 당신네들이 와서 해줘야 되는 거예요, 이거는" [하고 요구를 했는데], 근데 딱 뚜껑을 열어보니 너무 터무니없이, 우리가 얘기를 했었어도 기본에…, 이 분들이 해줄 수 있는 법안에 기초적인 건 있잖아요. "이거를 밑바탕으로 해서 이렇게 지원이 되고 지원이 됩니다" 하시잖아요. 그래서 거기서 약간씩 수정을 해서 저희가 요구를 한 게 채택이 되거나 그렇게 시행이 된 경우들도 있어요. 그래서 그게 기간이 원래는 3개월밖에 지원이 안 되는데 6개월까지 이렇게, 그런 과정들이 처음으로 저희가 된 거죠. 왜냐하면 사안이 그렇잖아요. 세월호 사건이라는 게 금방, 진짜 쉽게 얘기해서 화재 참사처럼, 이번에도 났지만, 장기간 끌지 않아도 바로바로 해결이 난 부분이랑 다르잖아요. 그렇다 보니까 아무래도 거기에 맞춰서 진행되지 않았을까 생각을 해요.

면담자   국립 트라우마센터에 대해서 아쉬운 마음을 계속 가지고 계시겠어요.

경주 엄마   그쵸. 저는 아쉬워요. 그리고 트라우마센터 관련해서도 한 번씩 소위, 특조위 안에 그 지원소위[에서] 한 번씩 나오는 거보면 저는 그냥 웃겨요. 그분들이 하시는 게 답답하죠. 부모님들 몇 분 이렇게 해서 저도 지금 재난연구소 팀에서 하고 있는 트라우마 관련해서 설문조사도 하고 있지만은 제가 안 해주면 그만이에요. 근데 안 해줄 수 없는 게, 저는 제가 목표를 갖고 있었기 때문에 해주는 거예요, 제가 얘기한 것도 있고. 그 설문지 보면요, 웃겨요. 우리 부모님들은 짜증 나서 못 하고 화나서 못해요. 내용들이 너무 길고 단순한데, 이걸 하면서 화가 나요. (면담자: 오히려) 네. 종이가 열몇 페이지가 되는데 그게 작지는 않거든요. 다 같은 말만 반복해요. "우울하다, 눈물이 난다, 화가 난다, 뭐가 분노가 오른다", 뭐가 이[런] 내용들이 계속 반복이 돼요, 돌아가면서. 그거를 보고 있으면 더 화가 나요, 부모님들은. 근데 그걸 하고 있어요, 지금.

박사고, 과정들을 정말 공부를 하셨던 분들이잖아요. "저보다도 어떻게 더 이게 안 되지?"라는 생각을 해요. 정말 평가를 할 때 그런 걸로 하나하나 해가지고 점수로 매겨서 평가가 나오는지 지표가, 저는 그런 부분에서 제대로 된 공부를 안 한 사람이지만 제가 보고 있어도 답답하거든요. 제가 저희 신랑이랑 다르다 했잖아요. 이번에 한 번 했어요, 그거 [설문조사]를. 같이했는데 하다가 집어 던지는 거야. (면

담자 : 아빠가?) 저는 그래도 꿋꿋이 다 했는데, 그리고 건강검진하고 이렇게 하거든요. 근데 "못 하겠다고", 결국은 다 체크는 해줬어요. 체크해 줬는데 전문가가 아닌 제가 봐도 이 사람은 "어, 정상이네" 이렇게 보여요, 그게 체크한 게. 이 사람한테 문제가 없어요, 지금 보면. 다 괜찮아요, 양호해요. 근데 이 사람이 언제 터질지 어떻게 알아요?

면담자   문제나 질문이 잘못돼 있었어요?

경주 엄마   알 수가 없어요, 여기 설문지 자체로 알 수가 없어요.

면담자   어떤 것들이 질문으로 나오나요?

경주 엄마   그게 4·16 이전과 4·16 이후의 상황을 체크하는 게 있어요. 똑같아요. "우울하다, 분노, 화난다" 이런 거 똑같아요, 말만 [다르지]. 앞쪽에는 어떤 거 평가하는 거 이렇게 나와 있지만…. 제가 온마음센터에 계시는 분한테도 말씀을 드렸거든요. "이거 해서 답이 나오겠어요?" 내가 이렇게 여쭤봤어요. "그렇죠…" 약간 뉘앙스가 그런 거야. 문제점이 분명히 있으면 개선을 해야 되는데 잘 모르겠어요, 저는. 그분들이 어떤 식으로 하는지는 잘 모르겠지만 거기에서 평가가 나온다 그러면 저는 분명히 뻔한 답이라고 생각해요, 아직도 이분들은 화가 있고 뭐가 있고 뭐가 있고…. 그건 당연한 거잖아요, [조사 안 해도] 알 수 있는. 지금 4년이 지났어요. 이것들에 대한 거를 이분들에게 접근해 가지고 어떤 식으로 해야 그래도 조금 나아질 수 있는 기미가 있는 건지 이것들을 해야 되는 거 아니에요? 1년이 다르고 2년이 다르고 그 상황들에, 물론 생활 실태 조사도 해요. 이분들의 변화가 어떻게 있었고, 가정의 변화가 어떻게 있었고 이런 것도 다 하긴 하는데 정말 이거는 제가 해도 할 수 있는 부분들, 그렇게 생각이 들거든요, 보면.

치료비 지원이고 온마음센터가 언제 없어질지 모르겠지만 그 기간 동안 특별법 안에 그렇게밖에 못 했다는 게 전 되게 많이 아쉬워요, 그렇게밖에 못 집어넣은 게. 그 당시는 특별법이 중요했고 우리가 정치권으로 끌려가지 않을 수밖에 없었던 거는, 그 법을 만들기 위해서는 여야 국회의원들이 몇 명이 추천해야 되고 이런 과정들이 있잖아요. 그런 게 너무 중심적이었기 때문에 이 트라우마 관련해서는 들어갈 수가 없는 거예요. 제가 찬호 아빠랑도 얘기하면서 나한테 "미안하다" 그러더라고, "이렇게밖에 할 수 없다"고. "나는 이거 용납 못한다"고, "특별법" 제가 그렇게 얘기했거든요. 근데도 당시 그렇게 만들어져야 되는 상황이었기 때문에. 물론 제가 목소리가 크지 않고 정말 잘하지 못해서 그랬을 수도 있지만 저는 많이 아쉬워요. 그 뒤에도 분과를 성호 아버님이 받아서 하시고 그다음에 재욱 어머님이 지금 하고 계시지만은, 그래도 안 하셨던 분들 아니잖아요. 처음부터 같이 했기 때문에 그 마음을 아마 알고 있을 것이고, 지금 와서 크게 바꿀 수 있는 부분 없을 거란 생각이 들어요, 저도. 근데 정말 '그런 게 만들어졌으면 좋겠다'라는 생각은 갖고 있어요.

7
온마음센터와 상담, 온마음센터가 발전되어야 하는 이유

면담자   어머님이 상담이나 치료를 받으실 땐 어떠셨어요?

경주 엄마   일을 관두고 온마음센터에서 정신과 선생님하고 상담을 했어요 한 번, 활동 안 할 때, 애들 아빠랑 힘든 과정에 있었을 때. 그렇게 하면서 저희는 하면 다 나올 거 아니에요? 공황장애, 우울증, 분노 조절 장애, 이런 것들 다 나오잖아요. 저도 역시 그런 처방을 받아가지고 수면유도제하고 두통약 이런 약들을 받았어요, 몇 개. 처음에는 정말 잠 안 오고, 정말 화가 치밀 때 그 약을 한 번씩 먹었어요, 저도. 약에 대한 이게, '자꾸 먹다 보면 내성이 생기지 않을까'라는 걱정 때문에. 〈비공개〉

면담자   어머니는 의사하고만 치료 상담을 하셨나요?

경주 엄마   없었어요. 서경숙 팀장님이라고 온마음[센터]에 제 담당이라서 그분하고 계속 연락을 많이 했어요, 대화 많이 하고. 제가 한 번씩 터져가지고 넘어가면, 전화할 때가 없으니까 팀장님 전화하면 뛰어오셔서 가지고 (눈물을 훔치며) 같이 울어주시고 그랬던 거 같애. 저는 제가 성향이 그래서 그런지 되게 참는 거 같애요. 참으면 참을수록 나중에 폭발하면 커지잖아요(한숨). 그래서 화병이 생겼나 봐요. 화병이 없을 수가 없죠.

면담자   활동을 하실 때에는 상담을 하지 않고 일만 하셨어요?

경주 엄마   단지 했던 거는 신체 요법이라고 안마사분들이 몸 이렇게 만져주시는 건데, 밖으로 계속 돌고 밖에 찬 데서 자고 이랬으니까 저는 가서 받았어요. 한 번씩 받았는데 왜 받았냐면 저희가 사실 특별법 안에 저희가 했던 목표치가 없잖아요. 그럼 온마음센터라도 없어지면 안 되는 거거든요. 저는 제 생각에, '나중에는 온마음센터를 키

193
·
4회차

워서 [안산]고대[병원이]랑 연결을 하든 뭘 하든 [국립트라우마센터] 그걸 만들면 좋겠다'는 생각을 갖고 있었어요, 그게 안 될 수도 있겠지만. 근데 지금 현실적으로 봐봐요, 온마음센터도 위태위태해요. 5년, 7년 인지 5년인지 기억이 잘 안 나는데 그 기간 지나면 얘가 어떻게 될지 몰라요. 없어지면 그분들은 다 직장을 다 잃는 거고 결과적으로는 보건소로 편입이 되겠죠. 그런 상황이 안 오기를 바래요. 이 센터가 유지가 되기를 바라는데, 그래서 센터에서 하는 것들이 날아오잖아요? 저는 가서 해요. 저희가 안 하면 없어진단 말이에요. 부모들이 그거를 잘 몰라요.

제가 심지어는 나중에 그 분과를 관두기 전에 그런 얘기까지 했었어요. 온마음센터 1년 그 계획안을 제가 받아갖고, "주세요" 해가지고 받아가지고 그거를 브리핑하면서 "부모님들이 온마음센터 이용하지 않으면요, 온마음센터 없어져요" 제가 그 얘기 했어요, 부모님들한테. 근데도 지금까지도 "센터에서 하는 행동이 생각 없이 한다" 이렇게 예은이 아버님 한 번씩 터뜨리고 하잖아요. 이해해요. 다 이해하는데 이분들이라고 [모두] 잘하시는 분들 아니잖아요. 시행착오 겪을 수도 있는 거니까, 그래도 부모님들이 가주셔야 된다고 생각해요, 저는.

면담자　　　온마음센터에 대한 어머니의 마음이 남다르신 거네요?

경주 엄마　　　네, 그래서 보건복지부에서 예산 있잖아요. 저는 행정 쪽으로 일 해봤기 때문에 알잖아요. 국가에서 지원해 주면 운영이 되는 건데, 국가랑 도비, 시비 플러스 해갖고 반반이었거든요. 직원 삭감했어요, 재작년인가? 그때 팀장님, 같이하셨던 팀장님 산하에 직원들이 두 명인가 세 명인가 몇 명 빼고 다, 명퇴가 아니라 잘리다시피 그렇게 했는데, 그 당시에도 제가 마음이 되게 아팠어요. 그때 그러면서 얘기하는 게 "온마음센터[에] 사회복지사가 왜 필요하지?" [하길래 제가] "왜 필요한지 당신들이 몰라서 그런 얘기하냐?"고 [되물었어요]. 그 사람들은 그냥 돈으로만 보는 거예요, "내가 돈 이렇게 줄 테니까 니네는 운영해". 사업계획서 올리면 거기 나오잖아요, 내용들이요. "니네들이 지역 활동할 필요가 뭐 있어?"[하는 거예요]. [그러면 우리가] "왜 안 해? 해야 되는데" [하고 주장하지만], 이것들[을 처리하는 방식]이 다 사무적이고 행정적이다 보니까 그런 과정들이 나타나는데, 지금도 부모님들 중에는 이해 못 하시는 분들이 있을 거예요, 분명히. 이런 관계에 대해서 저는 그런 일의 일부를, 다른 일을 해봤기 때문에 알잖아요, 어떤 루트[경로]로 돌아가는지. 답답한 게 너무 많아요.

8

분과 활동 외 부모님들의 소모임 활동

면담자　　　어머님은 활동 당시에 분과 활동하고 공방이라든지 소모임을 병행하시지는 않으셨던 거죠?

경주 엄마　　분과 활동 하는 것만으로도 벅찼는데 사실은, 저희가 집회나 농성이나 이런 거 아니면 나머지 남아 계시는 분들 안산에 계시잖아요. 분향소에 오면 할 게 없잖아요 저희가 따로, 그런다고 손 놓고 있을 수도 없고. 그래서 저는 거기까지 신경을 못 썼어요, 사실은. 근데 다영이 어머님이랑 몇몇 분들이 시작이 된 거죠. 있으면서 손뜨개질하기 시작한 거예요. 그걸로 시작으로 인해서 공방이 만들어진 거예요. 공방이랑 이런 게 생겼는데 저희가 분과가 다 만들어져있던 상황이었던 거잖아요. 〈비공개〉 대외협력 쪽으로 아마 들어갔던 거 같아요, 공방이. 대외협력 쪽으로 들어가서 진행되면서, 나중에 동혁 어머님이 대외협력 분과장을 하셨을 거예요. 그렇게 알고, 그쪽으로 아마 편입이 돼가지고, 어딜 들어가든 어쨌든 진행은 돼야 되니까, 그런 거 가지고 나중에는 저는 따로 생각하지 않았어요. 공방활동 하면서 대외협력 분과 들어간, "대외협력 분과 들어간다"라고 했었어요, 저희 분과 안 들어오고. "그럼 그래라" [그랬지요], 어차피 소속이 돼서 해야 되니까, 일은 진행해야 되니까. 결과적으로 "공방은 따로 가겠다"[는 의견이어서] "그럼 이건 총무팀에서 관리하나?" 나중에 그런 얘기까지도 나왔는데, 그냥 단독, 공방만 그렇게 진행이 됐어요. 〈비공개〉

면담자   그 당시에 왜 분과에 안 들어오려고?

경주 엄마   잘 모르겠어요. 그거는 [공방에 대해 잘 아시는] 어머님이나 아버님 하시게 되면 얘기가 나오겠죠. 어떤 내막인지 잘 모르겠어요, 전. 〈비공개〉

면담자   분과에 소속되지 않은 조직이 공방 말고 또 있나요?

경주 엄마   지금은 제가 나오고 나서 조직도가 다시 만들어졌을 거예요. 그 당시 한다고 했거든요. 그래서 공방이, [가협 조직이] 그 [운영]위원장하고 예은 아빠 [집행위원장]하고 두 갈래로 아마 처음에 나눠졌던 걸로 알아요. [운영]위원장하고, 이쪽 [집행]위원장 두 가지로 나눠졌었어요. 그래 갖고 그쪽에 하나가 공방이 들어가 있어요, 조직도 안에 들어가 있어요. 지금은 제가 어떤 식으로 돼 있는지 잘 모르겠어요. 조직도 따로 하지는 않아요. 조직도 안에는 들어가 있을 거예요.

면담자   어머니 분과 운영하실 때 분과와 다르게 소모임에는 참여하셨나요?

경주 엄마   따로 없었어요. 저희 분과에서 아버님, 어머님끼리 모여서 얘기한다든지 이런 과정들은 저희가 치료 개념 해서 만들었던 게 몇 개가 있어요. 그건 하다가 부모님들이 반발도 있고, "아니다" 해서 안 된 것도 있고…. 반별로 돌아가면서 "온마음"에서 와서 당직 때 같이 얘기 들어주고 이런 과정들이 있었고, 그런 거 말고는 특히 다른 게 없었고…. 분향소 가면은 천주교, 교회, 불교, 이런 것들 있잖아요. 그런 데 부모님들 자진[해서] 가셔가지고 활동하시는 건 있었고, 그거는 본인들 종교니까 그런 게 있었고, 따로 그리고는 저희가 없었던 거 같애요.

면담자   반도 심리생계분과에서 관리하셨던 거였어요?

경주 엄마   아니요. 그거는 장례지원분관가? 처음에 있었잖아요, 그 분과에서 아마 관리 다 했어요. 그러면서 총무팀이랑 같이해서 분향소에 컨테이너하고 안산시하고 이렇게 해서 진행했었어요.

9
분향소

면담자 분향소에는 가고 싶지 않으시다고 하셨는데….

경주 엄마 저는 아직까지도 들어가면 아파요, 마음이. 못 보겠어요. 이게 생긴 것도 배같이 생겼고, 안에 들어가면 그 많은 사람 얼굴도 못 쳐다보겠어요. 제가 처음에 부모님들 앞에서 분과장 선출될 때 했던 말이 있거든요. 저는 딱 한마디 했어요, 저는 "끝까지 가겠다"고. "끝까지 가겠습니다" 그 한마디밖에 안 했거든요. 끝까지 가고 있는 건지 모르겠어요. 활동은 안 한다고 해서 안 하는 건 아닌데, 아마도 '제가 나설 수 있을 날이 오겠죠?'라는 생각을 갖고 있어요.

면담자 활동하실 때는 분향소에 가실 수밖에?

경주 엄마 분향소 [앞에]는 매일 가죠. 매일 가는데 그 안은 안 들어가죠. 가족대기실도 가고 미술관도 가서 회의하고 그건 다 해요. (면담자 : 분향소 안에는 안 들어가시는 거네요) 정말 손에 꼽힐 거 같애요, 경주 생일 때 한 번인가 두 번 갔고, 그다음에 높으신 분들 오시면 들어가야 되잖아요? 그러면 저희 입구에 들어가 가지고 입구에 서 있어요. 되게 힘들어요.

면담자 아버님은 안전공원이 만들어져도 경주를 데리고 나오고 싶으시다고 하신 것 같은데 이유가 있나요?

경주 엄마 그 생각은 제가 먼저 했었어요. 지금 하늘공원에 있는데, 저희가 아빠랑 얘기한 거는, "다 정리하고 시골로 가서 [살자"는 거

198

경주 엄마 유병화

였어요], 사람들하고 부대끼는 게 너무 싫어서, 물론 거기가도 사람하고 부대끼긴 하겠죠. 근데 조용히 경주 데리고 가서 [살고 싶었어요]. 우리가 어떤 생각까지 했냐면 '이 아이 동생이 있어도 나중에 우리가 죽고 나면 경주 누가 챙겨주지?'이런 생각이 드는 거예요. 그래서 나중에, 얘가 지금 고3이지만 조금 더 크면 진지하게 얘기할 때 되면 얘기하려고, 아빠랑은 얘기했거든요. 우리 죽으면 경주 같이 묻어주든, 뿌려주든 그렇게 했음 좋겠다고, 그래야 동생도 편할 거 같고, 우리가 어차피 안고 가는 거니까…. 저희는 그렇게 생각하고 있어요. 우리가 있는 동안은 경주를 품고 있을라고…. 어차피 안전공원 생겨도 유골함이 안 들어가더라도 아이 이름이랑 다 있으니까…. 저희는 그렇게 생각하고 있거든요.

10
동생 ○○이

면담자　　사고 이후 경주 동생은 그동안 어떻게 지냈는지요?

경주 엄마　　잘 견뎌주고 있어 가지고 고맙죠. 그니까 이 아이들 또래에 중3, 그 당시에 중2였죠. 3년 터울 나는 동생들이 되게 많더라구요. 근데 이 아이들은 '우리함께'나 이런 데 직접 가서 활동하진 않아요. 왜냐하면 아이들이 당시 어렸잖아요. 거기서 활동하는 친구들은 우리 아이들의 누나, 언니, 오빠, 형 이런 사람들이 거의 많이 있어요. 왜냐하면 조금 더 빨리 사회를 알기 때문에 활동할 수 있는 상황이니까 그분들 위주인 거 같고…. 제가 형제자매에 대한, 친구에 대한 얘기를 많이 했잖아요. 그래서 [박]성현이가 그런 거를 만들었어요, 성현 국장이 '우리함께'를. 저는 잘하고 있다고 생각은 해요. 근데 아쉬운 거는 전체를 다 아우르지 못한다는 게 있으니까, 제가 그러면서 활동할 때 '우리함께', '이웃' 그다음에 어떤 교회에서 만든 단체가 하나 있었어요[치유센터 0416 쉼과힘], 명성교회에 있었는데 [지금은] 없어졌고, 그다음에 온마음[센터 등] 몇 군데를 엮었어요. "같이 소통을 할 수 있는 장을 만들자"라고 해서 제가 나오기 전에 거기까지 만들었어요. 근데 그게 지금 되고 있는지는 모르겠어요.

면담자   ○○이는 어디에 주로 가나요?

경주 엄마   온마음에서 관리해요, 이 아이들이 친구들이 있어요. ××이, 7반에 수빈이 동생 ××이, [그리고] 홍승이, 홍승인가? 몇 반이야[5반 이홍승], ××이라고 있어요, 동생, 그다음에 ○○이. 그리고 생존자 동생이 있어요, ××라는 애도 있고. 나머지 친구들이 한 스무 명 가까이 돼요. 열몇 명이 중학교 때, 단원중학교 멤버들이 있는데, 요 세 명은 희생자 동생이니까 각별해요. 온마음에서 선생님들이 한 번씩 어린이날, 빼빼로데이, 크리스마스, 어버이날 이럴 때 있잖아요, 불러다가 같이하고 요런 거. 요즘은 얘네들 고3 되니까 전화해서 밥도 한 번씩 사주고 이렇게 하시더라구요. 근데 2학년 때, 3학년 땐가, 중3땐가 제가 한참 활동할 때였던 거 같애요, [활동]하고 집에 왔는데 한번 터졌어요, 얘가. 울면서 그때 한번 터졌고, 그리고 얼마 전에 한번 또 터졌어요. 〈비공개〉

면담자   그래도 온마음센터도 가라고 하면 잘 가고, 선생님하고도 잘 지내고 아예 말문을 닫지는 않은 거네요.

경주 엄마   그러진 않았어요, 않았고, 크게 하진 않아요. 그냥 제가 일상적으로 집에서 밥 먹을 때도 "아, 이거 경주 잘 먹는 건데. 경주 좋아했던 거 너도 좋아했잖아. 빨리 먹어" 이런 식으로 대화가 일상 대화가 그래요. 저희는 어제 같은 경우도 뭐 얘기하다가 애들 아빠한테, "야, 이원희" 이렇게 애들 아빠 이름을 얘기한다고 하는 게 "야, 이경주, 이원희" 섞여가지고, "이경주는 또 왜 찾아?" 경주 아빠가 이렇게 얘기하고, 일상이 얘가 없는 애가 아니에요. 저희는 항상 그런 거 같애요. 대화를 해도 경주 얘기 하고 편하게 해요. 그래서 ○○이도 그렇게 받아들이는 거 같고. 한 번씩 지가 먼저 진배 선생님 만나가지고 "온마음센터 [선생님] 만났어" 이렇게 얘기하고, 적극적이지는 않는데 그래도 간간히 하는 거는 하더라고요. "잠을 진짜 못 자겠어" 이렇게 한번 저번에 얘기하더라고. "그럼 온마음센터 가서 상담을 받아봐. 약 처방받든지. 너무 힘들면 약 먹는 것도 괜찮아" 제가 그랬거든요. 진배 샘이랑 한번 상담받았는데 "핸드폰 좀 줄여보는 건 어때?" 이렇게 얘기가 됐나 봐요.

면담자   게임을 많이 하나요?

경주 엄마   게임 보다는 SNS 이런 거 많이 보니까, "약 처방해서 먹기 전에 그거부터 먼저 해보자" 했는데 효과가 있었어요. 안 하니까 그래도 조금 더 자게 되는 거예요. 머리 아픈 거 덜해지고, 생활 패턴인 거 같애요. 그래서 예전에는 진짜 밤에 얘 못 잤어. 애들 거의 날

밤 새[우]고, 애들 아침에 잠자고 학교 못 가고, 학교 출석부 보면 장난 아니에요. 지각, 지각, 지각, 장난 아니에요.

면담자   고등학교는 어디?

경주 엄마   강서. 단원고 애들 아빠가 "절대 안 보낸다" 그래서…. 저는 보내고 싶었거든요. 그래서 그냥 딴 데 가라고.

면담자   어머님, 아버님 사이가 안 좋을 때, ○○이는 중간에서 마음고생을 했을 텐데 알고 계셨어요?

경주 엄마   같이 상의하고 했으니까요. "어떡하면 좋냐?", "에휴, 됐다" 친구처럼 그렇게 했던 거 같아요. 그래서 지금도 자잘하게 잔소리 당연히 하죠. 그런 거보다 한번 얘기할 때 제대로 하려고 봐줘요, 예전 같으면 그런 거 짤 없죠. 근데 많이 유해진 거는 있어요. 경주 이러고 나서는 "니 하고 싶은 거 해. 대신 나쁜 건 하지마" 이렇게 되는 거. "위험한 건 하지마. 안전한 거 해" 이렇게 되는 거죠.

면담자   경주 몫까지 바라시거나 그런 생각은 안 드세요?

경주 엄마   아니요. 그런 건 없어요. "니 하고 싶은 거, 니가 잘할 수 있는 거 하라"고.

면담자   앞으로 동생이 어떻게 살면 좋겠다고 생각하세요?

경주 엄마   아직까지 사실은 뭘 할 때마다 "엄마, 엄마" 이렇게 하거든요. 그런 거 보면은 다 큰애가 징그럽잖아요. 지 스스로 할 수 있었으면 좋겠어요, 저는. 그래서 오늘도 학교에다가는 [말을] 해야 되고, 아침에 못 일어나면 지각이잖아요, 그럼 병원을 가는 거예요. 2학년 때 담임선생님이 얘길 하시는 거야. "얘가 습관적으로 이렇게 하는 거 같다"고 저한테 얘기를 하시는 거예요. 제가 할 말이 없는 거예요. 이걸 대고 뭐라고 할 수도 없고 그런다고 가만히 두자니 그렇고, "저도 계속 얘기를 하기는 하는데, 정말 아프지 않으면 바로 학교 가라고 하는데 잘 안 된다고" [선생님께 말씀드렸어요]. 오늘도 아까 나오는데 저 병원 앞에 내려다 주고 왔어요. 눈뜨니까 8시까지 학교를 가야 되는데 8시 반, 아빠가 8시에 깨웠어요 분명히. 8시 반에 조금 늦었죠, 그럼 바로 정말 눈곱만 떼고 가도 되잖아요, 학교 바로 앞이니까. 물 틀어봐요, 아침에 샤워하고 가요. 욕조 안에 들어가 갖고 있어요, 느긋한 거죠. 그래 놓고는 아홉 시가 넘었어. 밖에서 "안 가냐? 안 가냐?" [하면] 병원 가야 된대요. "같이 가야지, 안 가?" [해도 항상 느긋해요]

얘가, 이제는 경주 일 있고 나서 그전부터 그런 생각은 했지만, 딸은 시집가도 엄마랑은 친구처럼 지내고 아들은 장가를 가면 내 새끼가 아니라고 생각하라고 하잖아요, 다들 어르신들이. 저도 그걸 연습을 하려고 많이 하고 있거든요. 자꾸 얘만 바라보고 얘만 잡고 있으면 안 되잖아요. 얘도 분명히 여자가 생길 거고 결혼을 할 건데, 그런 [걸 생각하면서] 놓는 법을 자꾸 하고 있는데, 얘는 자꾸 "엄마, 엄마" 하고 있는 거예요. 빨리 지 스스로 했으면 좋겠는 거예요. 이번에도 얘가 패션디자인 쪽이랑 디자인을 한다고 미술학원을 다니고 있어요. 이번에 수시 보기 전에 대회 몇 군데 나간다고 학원에서 해줘 갖고, 등록을 해야 되는데 저보고 해달라는 거예요. "니가 하라고 니 아이디 없어? 그런 거 니가 스스로 하라고" [했지요]. 그 전에는 초등학교, 중학교 올라가기 전에는 지네 누나가 있으니까 같이 도와주고 한 거야.

근데 그걸 해줄 사람이 없으니까 저한테만 막 얘길 하는 거예요. "제발 엄마한테 기대지 말고 니 스스로 하라"고 제가 계속 그 얘기 하거든요, 요즘. 그래 갖고 이번에도 제가 안 도와주고 지가 앉아서 하는 거예요, 옆에서 "마지막에 엄마가 해, 돈 부치는 거, 엄마가 해" 이렇게 되는 거. 크기는 많이 컸는데 아직까지 애 같은 면이 없지 않아 있어요.

면담자   독립적으로 어머니 손 떠나서 살았으면 좋겠다 생각하시는 거네요.

경주 엄마   예, 아직까지 다른 부모님들 보면 끼고 계시는 분들 많으시더라고요. 저는 그러고 싶지 않아요. 딱 하나 걱정인 거, 애가 잘못될까 봐 저는 그게 무서운 거야. 항상 그게 저는 트라우마로 남아 있어요, 안전. "절대 오토바이 타면 안 돼" 그런 거.

11
○○이 수학여행과 안전에 대한 걱정

면담자   학교에서 수학여행 간다고 하면 보내시나요?

경주 엄마   저희 갔다 왔어요, 따라갔다 왔어요. 막 다 일정을 따라다닌 게 아니라 마침 그날이 2박 3일 일정 중에 하루가 쉬는 날이었어요. 그 일정을 보니까 요즘은 현장학습처럼 두 개 반만 가잖아요. 작년에 갔다 온 게, 담임선생님이 되게 고생하셨어요. 매 순간마다 사진을 다 찍어가지고, 정말 시간별로 있죠, 사진 다 올려주셨어요, 카톡에. '아마 저 때문에 그러지 않았을까?'라는 생각을 해요. 저희가 다른 거 볼 게 있어서 가기는 갔는데.

면담자 　　　어디로 갔어요?

경주 엄마 　　　저기 천안, 천안이 아니라 그쪽 어디지? 충청도 쪽, 천안 맞나? 제천, 충북 제천, 그쪽 이렇게 강하고 있잖아요. 그쪽 해가지고 영월 쪽으로, 그쪽으로 해가지고 이렇게 돌아서 내려왔거든요. 영월 그쪽 동강 보트 탄다고 그래서 날씨 쳐보고 했죠, 혹시라도 보트 타다가 뒤집어질까 봐. 제가 한번 탔던 기억이 있거든요. 그때는 물이 많아 가지고 깊었어요. 그쪽 가는 길에 시간이 딱 맞아갖고, 보트 탈 때 갔는데 버스가 딱 있는 거예요. 우리 멀리서 봤죠, 괜히 또 민폐잖아요. 갔다가 애들 타고 올라오는 거예요. 얼마나 재미없겠어요, 물도 없고 얼마나 재미없겠어. 두 개 반 가가지고 남자 애들 몇 명이서 저 멀리서 걸어오는데, 애들이 터덜터덜 걸어오는 거예요, 재미가 없으니까. (면담자 : 배 이렇게 들고?) 그건 다 해갖고 내려놓고 걸어오는 거예요. 배는 나중에 싣고 오잖아요. 그래 갖고 주차장에 보니까 딱 편의점 말고 식당처럼 생긴 하나 있더라고. 아이스크림을 두 봉지 샀어요. 버스 한 개당 한 개 넣어 주고 우리는 얼른 왔죠. 기사 아저씨[가] "돌아갈지 모르겠다" 그랬는데 모자랐대. 60갠가 샀거든요, 60개. 근데 모자랐다 하더라고, 한두 명. "니 먹지 말고 주지" [했더니] "아니야, 먹었는데?" 이러더라고. 선생님이 문자가 와갖고, 카톡이 와갖고 "고맙다"고 [하셔서] 아니라고 죄송하다고, "저희가 오는 길에 딱 여기가 맞아서 한번 보고 싶어서 잠깐 왔다"고 [말씀드렸는데], 근데 선생님 알 거 같애. 저는 걱정이 그런 게 너무 돼요, 혹시라도 [무슨 일 있을까 봐].

면담자　　　매년 현장학습 있고 수학여행도 있을 텐데….

경주 엄마　　현장학습 같은 경우는 크게 걱정 안 하는데 수학여행이었잖아요, 작년에. 그래서 따라갔어, 애들 아빠도 아무 말 안 하고. (면담자 : 같이 가셨어요?) 예, 운전하고 같이 갔었으니까. 우리가 일 본다고 갔다가 마침 잘 맞은 거야 거기가, 시간대가. "그럼 가서 보자" 이렇게 해서 갔던 거죠. 딴 사람들 생각하면 유별나다고 할 수 있잖아요. 근데 저희는 마음이 그랬어요. 보고 나니까 조금 편했어요.

면담자　　　그래도 보내긴 하셨네요?

경주 엄마　　안 보낼라 그랬어요. 근데 걔가 1학년 때, 고1때 현장학습을 갔는데 서울로 갔어요. 애들이 버스 타고 갔는데, 아니 전철 타고 [갔는데] 지가 안 간다는 거예요. 저는 "가지 말라" 소리 안 했거든요, 그때는. 지 혼자 안 갔어요, 학교에서. 그래서 1, 2, 3학년 다 현장학습 떠나고 학교에 아무도 없는데 지 혼자 학교 간 거야. 그래 갖고 "엄마, 나 점심 먹어야 되는데" [해서] "야, 짜장면 배달시켜 먹어" 내가 그랬거든요. 진짜 혼자 안 갔어요, 1학년 때. 2학년 되니까 간다 하더라고. 가고 싶으면 가라고 그랬죠, 거기까지는 막을 수가 없죠. 지가 안 간다 했고 지가 간다 하니까 의사에 맡긴 거죠.

　　중학교 때 한 번, 중 2때 우리가 그러고, 중3때 학교에서 예절교육, 인성교육 그러면서 형제자매 아이들만 데리고 갔거든요. 그런 아이들, 생존자 동생도 있을 것이고 몇 명 있잖아요. 발칵 뒤집어졌어요, 단원중학교. 그때 제가 분과 일 막 하고 있을 땐데, 그때 수빈이 엄마랑 저랑 갑자기 연락이 온 거야. "언니, 난리가 났어" "왜?" 그랬더니 "××이가 지금 사진 찍어서 보냈는데 ○○이 물에 빠졌어" [하는 거예요] 아, 넘어가는 거야, [하늘이] 노란 거예요. 계곡을 갔는데 구명조끼를 안 입고 들어간 거예요. 그 당시만 해도 당연히 그런 거 해야 되잖아요, 더군다나 형제자맨데. 학교에서 선생님들이 가셨는데 어떻게 됐는지 알아요, 나중에? 거기가 계곡은 이렇게 해서 쑥 들어가잖아요, 안으로 잘못 디디면 약간 소용돌이도 치고, 그런 거 본인들이, 선생님들이 답사했다고 하는데도 불구하고….

○○이가 키가 크잖아요. 그때 179 이렇게 됐을 거야, 아마. 근데도 불구하고 들어갔는데 갑자기 친구랑 이렇게 하다가 갑자기 훅 들어간 거야, 얘가. 물속으로 쑥 들어간 거야. 그러면서 얘가 확 올라왔는데 옆에 있는 친구를 확 눌러버린 거야 지가, 그러면서 같이 빠진 거야. 둘이 어푸어푸하니까 순간 선생님이 그 자리에 없었던 거야. 애들이 난리가 난 거야. 선생님이 저쪽에서 오니까 애들끼리 손에 손을 잡고 들어간 거야. 그래서 끌어낸 거야, 애들이(침묵). 그래 갖고 단원[중학교] 교장하고 난리가 났었어요, 교장선생님 와가지고 죄송하다고 난리가 나고. 그때 우리 난리 났죠, 애들 아빠하고 "미친 거냐고, 당신들", 할 말, 할 말이 없는 거예요. 그래서 한번 교육청 한 번 더 뒤집어졌어요, 그 당시. 그러고 나서 (면담자 : 그게 15년?) 15년도였을 거야, 아마 얼마 안 됐잖아요. 아니, 15년 아니지, 14년이지. 그해지. (면담자 : 그해 여름에요?) 그쵸. 내가 15년 2월까지 했으니까 그해 여름이지. [참사 나고] 얼마 안 됐잖아요, 몇 개월 안 된 거잖아. 그러니까 미친 거지.

면담자   그 애들만 같이 모아서 갔는데 그렇게 된 건가요?

경주 엄마   응. 형제자매만 인성교육 하면서 이 아이들을 바람 쐴 겸, 힐링 차원 이렇게 만들었겠죠, 학교 자체에서. [그런데] 그런 사고가 발생해 가지고…. (면담자 : 소속은 단원중학교?) 단원중학교 애들다. "나 이거 좌시하지 않겠다, 좌시하지 않겠다"고, "누구, 우리 부모다 죽어나가는 거 보고 싶냐"고, "지금 하나 남은 애마저 어디 감히…". 그것도 가는 날 제가 알았나 그랬을 거예요, [사전에] 얘기도 없었고. 그래 갖고 "어디서 물을 꺼낼 수가 있냐고 여기서 지금" [하면서] 난리가 났어, 그때 한번. 그 뒤로는 더 심해졌죠 제가, 어디 간다 그러면은 [걱정이 되어서].

면담자   수빈이 동생이 사진을 찍어서 보냈나요?

경주 엄마   응, 아니 통화했나 했을 거예요. 그 모습을 사진 찍을 시간은 없죠. 수빈이 엄마가 저한테 얘기해 가지고 바로 [알게 된 거였어요]. 근데 그 당시에 전화하니까 다 나오고 괜찮은 상황, 죄송하다고 선생님이 난리가 났죠. 저녁에 캠프파이어 하는데 애 찍은 사진을 보니까 너무 안쓰러운 거예요, 제가 보는데. 그랬던 거 같애. (면담자 : 그날 일정은 마치고 돌아왔나요?) 그다음 날 돌아왔던 거 같애. (면담자 : 많이 놀랐겠네요) 장난 아니었어요, 그때 완전 다 뒤집어졌죠, 하늘이 노랗더라니까. "언니, 물에 빠졌대" 이러는데 도대체 이게 무슨, "아이고, 날 좀 살려달라고" 정말 그랬어요. 학교에서는 그렇지 않을 거라는 생각을 하고 좋은 마음으로 갔을 거 같은데, 그런 일이 없었으면 또 모르는데 생기다 보니 더 조심하라고 한 번 얘기해 주는 거 같다는 생각도 들고, 나중에는 그렇더라고.

경주 엄마 유병화

면담자 구해준 건 애들이었던 건가요?

경주 엄마 손에 손을 잡고 들어간 거예요, 그래서 잡고 나온 거예요. "선생님 있었어, 없었어?" [하고 물었더니] 나중에 선생님 들어왔대, 그래 갖고 이렇게 했다고. 물어보니까 지도 모르게 물을 먹었는데 순간 옆에 애를 잡았대, 그니까 옆에 애도 같이 들어간 거죠. 그러면서 어푸어푸 된 거지. 그니까 순간 물 먹고 그러면, 정신없으면 들어가잖아요. "도대체 아무리 얕은 계곡에 접시 물에 코 빠져 죽는 거 모르냐"고, "왜 구명조끼 안 가져갔냐"고. "기본 아니냐"고, "이렇게 큰일 겪고도 모르냐"고 "당신들" [하면서] 난리가 났죠. (면담자 : 물가에 가는 것도 불안했을 것 같은데요) 예, 계곡이니까 그렇게 생각을 한 거겠죠, 답사도 했고. 학교 보내기 싫더라고 그러고 나니까. 진짜 그렇더라고.

면담자 집에만 둬야겠다는 생각도 하셨겠네요.

경주 엄마 그랬었어요.

12
팽목에 내려가 미수습자 가족들과의 소통

면담자 다시 거슬러 올라가서 2015년 1월 26일에서 2월 14일까지 온전한 세월호 인양과 실종자 수습 및 진상 규명 촉구를 위한 안산에서 팽목항까지의 도보 행진이 19박 20일로 있었는데 여기에 참여하셨나요?

경주 엄마 저는 마지막에…. 안산에서 출발해서 쭉 가실 때는 제가 없었구요. 그 당시도 제가 활동을 안 하고 있었기 때문에.

면담자 활동을 정확히 언제까지 하셨나요?

경주 엄마 15년 2월 달까지 했던 거 같애요. 2월까지 임원은 했었구요, 그해 5월하고 중간중간에 몇 번은 참여한 적은 있는데. (면담자 : 광화문 캡사이신 그때도?) 예, 5월 달까지 조금씩 참여를 하고 그 뒤로는 그냥 정말 가야 될 때만 가고 안 갔던 거 같애요.

면담자 팽목에도 왔다 갔다 하셨다고 하셨었는데 어떻게 된 일인가요?

경주 엄마 그때는 분과장으로서 인양분과장님이 워낙 안 내려가 계셔 가지고, 정말 거의 팽목에서 살다시피 했을 거야, 아마. 가서 이틀, 삼 일 있다 올라오면 여기 이틀 삼 일 있고 또 내려가서 이틀 삼 일 있고, 이런 식으로 계속 반복했던, 그래서 마지막에 정말 미수습자들 아홉 분 남기 전, 맨 마지막에 올라왔던 몇 분, 중근이도 있었고 그 전에 몇 명 있잖아요, 지현이는 10월 달쯤인가 그렇고. 그 전에 마지막으로 올라왔던 그분들 할 때까지 제가 아마 내려갔었던 거 같애.

면담자 팽목은 분위기가 안 좋았죠?

경주 엄마 말을 걸 수가 없었어요, 저희가 내려가도. '그분들의 마음이 어떨까'라는…, 저희는 짐작이 가기 때문에 '내가 만약에 저 자리에 지금 있다 그러면 어떨까? 사람들 다 싫겠지'라는 생각이 들었죠. 저희도 쉽게 말을 못 걸었어요.

면담자　　내려가서선 주로 어떤 활동하셨어요?

경주 엄마　　그냥 그분들 동향 살피고, 관계자분들 있으면 가서 어떤 저기 하는지 말씀 듣고, 드리고 이런 거…. 그러다가 보면 저희가 얘기 나누는 거는 식사 때 되면 "어머니, 식사 같이하시지요" 이런 말 정도, 그러면 반응을 해주시면 같이 밥을 먹으러 간다든지 그런 정도, 그러다가 자주 저는 내려가니까 얼굴을 아시게 되잖아요. 나중에 심리분과 하고 있고 이렇게 얘기를 하면서 "필요한 거 뭐 있냐고" 물어보고, 그런 쪽으로만 여쭤보는 거죠.

면담자　　11월에는 수색을 중단했던 거죠?

경주 엄마　　네. 그때 해수부 장관이 아마, 팽목에 저 그때 있었거든요, 밤에 오셨는데, 기자들 따라붙고 이렇게 하는 상황이었고 은화 엄마하고 얘기하고 이런 상황이었는데, 저희는 안쪽에 있었거든요. 안쪽에 들어오시더라구. 근데 기자들이 거[기]까지는 못 들어왔으니까, 쳐냈었거든 양쪽으로. 끝까지 그 사진을 품고 있는 것만큼 그 마음만큼 품고 있었어요, 그 아홉 명의 사진을, 이주영 해수부 장관이. 지금 바뀌었죠 태도가, 믿을 놈이 없다고…. 그 당시는 그거를 보여주기 식이었는지 모르겠지만 어쨌든 가슴 속에 그 아홉 명의 사진을 품고 있었구요. "그거를 품고 있는 마음 변치 말라"고, "해수부 장관 내려놓고 가시더라도 뒤에서 힘이 되어주라"고, "여기서 보신 거 느끼신 거" 저희는 그 말 했어요, "끝까지 놓지 마시라"고. 근데 몇 년 지나니까 달라지죠. 그게 정치하는 사람들이에요.

면담자　　분과장하고 계셨을 때 미수습 가족분들하고도 따로 소통하시거나 하셨어요?

경주 엄마   그 뒤로 배 변[호사], 어제 말씀하셨다시피 배 변 문제가 있어 가지고 체육관에서 배 변 위주로 거의 부모님들이 동요되다시피 해가지고 그런 과정들이 있었던 거 같애요. 현철 아버님하고 문제로 인해가지고 "당신네들은 애들 찾았고, 우리는 못 찾았으니까" 이런 식까지 갔었어요. "오지 마라"라는 식으로도 얘기했었고, "여기는 배 변하고만 있겠다" 그런 것도 있었고, 그래서 은화 어머님이 봤을 때 그게 아니였던 거였고 나중에는 다윤이네도 본인들이 두 분이 생각하시고 팽목으로 넘어가셨어요. 넘어가시고 갈등이 있었죠. 그러면서 저희가 내려갔죠, 내려가 가지고 해결을 하려고 갔었고. 나중에는 배 변이 사라지고 하여튼 그땐 황 변까지 내려가고 그런 걸 해결하려고 했는데 배 변이 [팽목에서] 나오신 거죠, 거기서. "이제 더 이상 안 한다"고 하면서.

　　어떤 문제들이 있었어요, 금전적인 문제도 있었고 거기에서 도와주시는 분이 있었거든요. 처음부터 체육관에 계셨던 분 있었어요. 진도 분인데 그분도 연루가 좀 됐었고 하여튼 여러 가지가 있었어요. 그러면서 부모님들이 의지할 수 있는 사람이 없었기 때문에 배 변이 그 역할을 하셨죠. 그 역할을 하셨고, 저희가 가서 중재를 하기 위해서, 그래도 남아 있는 가족끼리 흩어지면 안 되니까 그 역할을 하기 위해서 내려갔었고, 그러면서 그래도 냉랭한 분위기는 있었어도 아침마다 진도군청에서 브리핑할 때는 항상 다 같이 가셔서 항상 같이하시고, 돌아갈 때는 체육관, 팽목항 나눠지시고 그런 식이었어요. 저희가 내려가면 두 번 일을 해야 돼요. 체육관 가서 그분들하고 하루 지내고,

그다음 팽목 넘어가서 팽목에서 하루 지내고. 그렇게 일을 했어요.

면담자   배의철 변호사에 대한 견해 차이가 그런 거에 영향을 미쳤나요?

경주 엄마   영향이 있었죠. 왜냐하면 정부하고 소통을 할 때 은화 어머님은 다이렉트로 이렇게 했고, 여기는 배 변하고 현철이 아버님 하고 이렇게 해서 했고 그런 식이었던 거 같아요. 저희하고는 얘기를 안 하려고 했었어요, 안 했어요. (면담자 : 분과를 거치지 않고?) 아니, 분과가 아니라 저희 가족대책위하고는 미수습자들하고 "니네들은 유가족이고 우리는 미수습자다" 그런 게 있었어요.

면담자   거기에 대해서 미수습 가족분들의 입장 차가 있지는 않았나요?

경주 엄마   아니요. 왜냐하면 저나, 진짜 저희 가족협의회에서 계속적으로 얘기를 안 했으면 아예 정말 틀어졌을 거예요. 그쪽에서는 미수습자대책위라고 만들었거든요. 따로 대책위를 만들었어요. 그렇게 만들어서 가기까지 여러 가지 과정들이 있었고, 저희가 "이렇게 가면 안 된다"라고 얘길 했었고, "어차피 이 아이들이 나와서 찾으면은 유가족이 되지 않느냐" 그런 과정들이 있었어요. 단지 여기서 하는 일이 조금씩 다를 뿐이지, "이렇게 가면 안 된다"라고 계속적으로 그런 걸 [얘기]했었던 거 같아요.

면담자   혹시 대화의 창구 역할을 해주는 미수습자 가족분이 계셨어요?

경주 엄마　　　성훈이 삼촌이라고 9반에 윤희 삼촌이세요. 그분이 계속 상주해 계셨잖아요. 그분 계셨고, 다른 분들은 가면 물리치료 해주셨던 분도 계셨고, 계속 끝까지 남아 계신 분 계세요. 따로 없고 부모님들 얼굴 아니까 저는 반갑게 맞아주시고, 왔냐고. 나중에 얘기 들었거든요, 왔다가 저희 갈 때 되면 마음이 아프다고 하시더라고요. 그 얘기 듣고 나서는 저희들도 가는 게 조심스럽더라고. 근데 계속 갔어요, 저는. 그래서 저희가 일을 안 하고 나서도 항상 그 뒤로 현철이네랑 영인이네는 들어가서 버렸잖아 집으로, 그죠 정리하고. 근데 은화네랑 다윤이네는 계속 있었잖아요. 저희가 한 번씩 은화네랑 다윤이네는 보러 갔었어요. 정말 배 올라오고 나서도 가서 만나고, 안산에 올라오시면 한번 얼굴 뵙고 그랬었어요.

13
세월호 인양

면담자　　　인양에 대해서 여쭙겠습니다.

경주 엄마　　　일하다 말고 내려갔어요. 안 갈려고 했는데 그날따라 뭔가 우리가 느낌 있었던 거 같애요. 전화 와가지고 우리 삼총사 멤버들, 9반 엄마랑 7반, 수빈이랑 예지, 삼총사로 통해요.

면담자　　　연락을 하시나요?

경주 엄마　　　예, 계속 연락을 하고 가끔 만나. 이번에 제주도 같이 갔다 왔잖아요, 셋이 수학여행. 근데 "언니, 느낌이 좀 그래. 내려가야

될 거 같애" 이러더라구요. "왜?" 그랬더니 "배가 올라올 거 같애" 이
러는 거야, "그래, 그럼 가자" [했지요]. 나는 얘네들이 얘기하면 "그래.
오케이" 하거든요, 웬만해서는. "같이 가자" 했는데 수빈이가 신랑이
못 가게 한다는 거야, 그날따라. 그래 갖고는 "알았어, 우리 먼저 갈
테니까 니가 내려올 수 있으면 내려와" 그러고 둘이 출발했어요. 출발
해서 정말 뉴스를 틀어놓고 갔거든요. 유튜브 영상, 실시간 생방하는
거 틀어놓으면서 갔죠. 휴게소 한 번 딱 쉬었나, 진짜 계속 밟았던 거
같애요. 쭉 밟았는데 팽목항 들어가기 전에 언덕배기 내려가잖아요.
거기 언덕배기 쭉 가니까 배가 올라온 거예요. 거기서부터 눈물이 나
기 시작하는데, 그 배 모습을 처음에 올라온 영상을 딱 드는데 감당이
안 되는 거예요. 예지 엄마는 막 울면서 운전하고 저는 그냥 갔어요.

　도착하자마자 처음에 같이했던 기자분하고 와 있더라구요. 성훈
이 삼촌도 있고, 몇 분 계시더라고. "왔냐고. 언제 들어갈거야?" 그랬
더니 아침에 우리 가족들은, 가족협의회는 배로 그날 오후에 들어갔
잖아요. 우리가 배를 따로 해가지고 글로 들어갈 수가 없는 거야, 우
리가 하도 활동을 안 하고 그러니까 부모들 얼굴 보기도 그렇고. 마침
아침에 미수습자 가족들 식, 부식 들어간다고 그 배가 출발을 한 대
요. 그래 갖고 "그거 타고 들어가면 되겠다" 그래 갖고 우리는 미수습
자 배 탔어요. 그 배 타고 들어가 가지고, 그래 갖고 나중에 알고 보니
까 부모님들이 막 욕을 했더라고, "저것들은 뭔데 저걸로 가?" [하고].
[우리는] "[욕을] 하든가 말든가", 당시는 하도 우리가 많이 겪었잖아요,
"하든가 말든가. 우리는 우리가 볼 거 보고, 우리가 할 거 하면 된다
고" 그러면서 갔었는데, 그때 유민이 아빠랑 저기 누구지? 그 영호 삼

촌이라고 택시 하시는 분, 그분하고 둘이 내려왔어. 왔는데 아침에 우리가 출발하려고 하니까, 은화 어머님이 "영호 삼촌이랑 오지 말라 그래" 그러더라고. 유민 아빠 딱 봤는데 "언제 왔어?" [해서] "저녁에 일하자마자 안 끝났는데 출발해서 내려왔죠" [하니까] "아, 그래? 뭐 타고 가?" [하더라고요]. "그냥 배요" 그랬어, 그랬더니 "응. 같이 가게" 이러더라구.

거기는 돈을 주고 배를 산거예요. 우리는 부식 들어가는 배잖아요. [은화 엄마가] 얘기를 하지 말라고 그래서 못 하고 있었거든. 그러고 있었더니 저쪽으로 가더라고. 그쪽 배 타고 가고 우리는 이쪽 부식배 [타고 가는데], 기자며 뭐며 [이 부식 배에] 다 타는 거예요, 이 배에. 그래 가지고는 그 차[배] 타고 우리 가면서, 일본에서 방송에서 인터뷰한 거 따가고, 우리는 엔간해서 인터뷰하기 싫은데, 얼굴은 찍지 말라고 그냥 얘기만 하라고 그렇게 얘기하고 들어갔다가, [미수습자] 부모님들 다 보고…. 우리는 미수습자 가족들을 대하는 게 그렇잖아요. 어쨌든 우리는 찾았고 [그분들은] 못 찾았으니까 조심스럽잖아요. 그게 항상 우리는 처음부터 그랬던 거 같애, 내려갈 때. 지금까지도 그런 거 같애. 만나면 저희는 막 마음 편하게 얘기를 못 해요. 근데 은화네랑 다윤이네는 그렇게[수습이] 되고 나서 했잖아요. 하고 나서는 조금, 그 뒤에 한 번 만났는데 조금, 같은 입장이 되니까 조금은 다르지만 그래도…. 그 뒤로 못 본 거 같애요.

면담자　　　목포에 거치하기까지 어머니 계속 계셨어요?

경주 엄마　　아니요, TV로 봤죠. TV나 영상이나 이런 걸로 지켜본 거죠. 그 당시는 가게에서도 뉴스 틀어놓고 그랬으니까.

면담자 　　배 수색하면서 미수습자 가족분들하고 연락이 됐나요?

경주 엄마 　　한 번 내려갔어요. 저희가 들어가서 직접 배 옆에서 보고, 오면서 그 얘길 했죠. 그 옆에 뻘 작업 다 해가지고, 뻘을 포대에 다 싸가지고 어마무시하게 쫙 있는데 햇볕은 뜨겁고 위에 천막을 다 쳐놨더라구요. 그 옆으로 다시 가니까 그때 경빈이 엄마랑 같이 갔었거든. "저거 저러다 뻘 다 굳어버리면 어떻게 할 거냐"고, 물론 다시 물로 해가지고 하면 되겠죠. "저런 거 작업을 해야 되지 않겠냐"고, "저기서 나오면 어떻게 할 거냐"고 "저러다 유실되는 거 아니냐"고 우리가 그 얘길 했죠. 그러면서 보니까 옆에 이렇게 왜 공사장에서 쓰는 시멘트 이렇게 모래하고 분리할 때 쓰는 그런 거처럼 철사망 해가지고 거기다 물 부으면서 하더라구요. 이렇게 갔다가 이렇게 오는데 보니까 사람들이 갑자기 모여 있는 거야. "뭐 나왔나 본데?" 우리가 이렇게 얘기했죠. 아니나 다를까 거기서 뭔가 하나가 나온 거야. 그날 [뉴스에] 뜨더라고, 나왔다고. 그렇게 작업하는 거 보고 있자니 '참, 우리가 저런 걸 봐야 되나' 싶기도 하고. 그런 얘기하고 온 거 같애. 마음이 좀 착잡했죠.

14
탄핵, 정권교체 후 진상 규명에 대한 생각

면담자 　　지금 17년 인양됐을 때 이야기 해주셨는데, 그해가 아픈 해였지요? (경주 엄마 : 아프죠) 그사이에 정권이 바뀌었는데 촛불

정국 기억나시나요?

경주 엄마　　힘든 시간인데도 저 촛불집회 갔다 왔어요, 두 번이나.

면담자　　그때 세상이나 정권이 바뀔 거라는 생각을 하셨나요?

경주 엄마　　촛불집회 할 때만 해도 바뀔 거란 생각 못 했어요, 탄핵될 거란 생각도 별로 못 했었고. 우리나라의 그런 유래가 없었으니까 가능하리란 생각을 못 했죠, 그게 원동력이 돼서 정말 그렇게까지 갈 줄은 몰랐고. 정말 저희는 그 상황, 촛불 상황에서 제일 역할을 제대로 해준 게 최순실 씨가 기르던 개라고 생각해요. 그 전부터 그런 것들을 파헤친 사람들이 있긴 하지만 고영태가, 그 개 때문에 승질이 나서 불은 거잖아요, 싸우게 된 거고. "개밥 주라" 이래 갖고는 "내가 개보다 못하냐?" 이렇게 된 거라고 하잖아요. 저는 일등 공신이 개라고 생각해. 우스갯소리로 하는 거지만 그래도 그 당시는 정말 그랬어요. 이게 터지지 않아도, 얘네들 입장에서는 터지지 않아도 될 일이었지 않았겠냐, 뭐라고 그 개가.

면담자　　세월호가 탄핵 사유가 안 되었는데 마음이 안 좋진 않으셨나요?

경주 엄마　　지금도 마찬가지잖아요. 검찰 발표가 있어도 이게 채택이 안 되는 거잖아요, 그냥 도덕적으로 문제가 있는 거지, 그렇게 [결정이] 났기 때문에 그래서 다시 박근혜에 대한, 세월호 7시간에 대한 거를 찾아내서, 다시 죄를 물을 수 있는 그거를 다시 하게 청원을 받고 있는 거 같더라구요. 근데 우리나라 많이 바뀌었잖아요. 우리 세월호 일 터지고 나서 국민들이 나라에, 국가를 대하는 방법들이 많이 바꿰었는데 이것도 언제까지 갈지는 모르겠어요. 이렇게 SNS가 발달했고 이렇게 정부의 국민들 목소리 낼 수 있다 보여주긴 하는데 이런 방법들이 또 다른 방법으로 바뀔 수 있는 거잖아요. 어떻게 바뀔지 궁금해요, 그것도 그렇고.

면담자   수사 결과로 박근혜가 뭘 했는지는 나오고 있고 침몰 실험도 하고 배도 직립을 할 예정인데 어떻게 보고 계신가요?

경주 엄마   그래서 제가 어제도 안 그래도 집에 들어오면서 애들 아빠랑 얘기를 한 게 "내가 얘기한 게 이게 맞아떨어지는 거 같아서, 나 소름 돋아" 그랬거든요. "이명박이가", 제가 저번에도 얘기했잖아, "이명박이가 박근혜한테 준 선물이야, 세월호 배는". "그 관련된 거는 국정원 애들이 다 관련이 되어 있고, 결과적으로는 김기춘이가 해처먹은 거고. 그니까 이명박이가 박근혜한테 세월호를 준 거는 얘가 대선 됐을 때 조작해서 된 거를 감추기 위해서, [배를 침몰시키고] 이 아이들을 모두 구조하는 게 목적이었어. 그럼 박근혜가 뜨지". 그럼 무마가 되잖아요, 조용해지잖아요. 근데 그게 계획대로 안 됐어요. 안 됐는데 오늘도 뜨더만요. NBA인가 NBC 미국 뉴스에서 선원들이 명령을 받았다잖아, 지시를 받았다잖아요. "배를 버리고 탈출해라" 그게 떴어요, 지금. 이런 것들이 하나씩 올라오고 있잖아요. 이거는 벌써 14년도에 다 얘기가 있었던 건데 묻혔잖아요, 우리가 전부 다.

그리고 봐봐요, 진상 규명할 때 재판에서도 우리 아이들이 뭐라 그래요? 영상에서도, "계란 구운 냄새가 나" 분명히 얘기하잖아요. 그거 왜 조사 안 해요? 안 해. 그런 과정들 속에 뭐가 있거든요, 분명히. 그래서 결과적으로는 그런 루트로 각본이 짜여진 건데 "그냥 수장시켜"[가] 돼버린 거예요. 그리고 나서 경주가 올라오기 얼마 전에 저한 테 "엄마, 저 사람들 무서운 사람들이야"하고 제 꿈에 나타났거든요, 경주가. 이게 점점점 뭔가 하나씩 나올 때마다 그대로 맞아떨어진다 는 생각이 난 자꾸 드는 거야. 제가 어제 딱 그랬어. "만약에 정말 내 가 얘기한 게 맞으면 어떻게 해?" 내가 그랬더니 애들 아빠가 가만있 어요. "나 점집 차려야 되겠지?" 그랬더니 "그래라" 이러더라구요. 근 데 모르겠어요. 내 직감인지 모르겠지만 그런 생각들이 자꾸 들어요. '뭔가 얘네들 안에는, 소설 같겠지만 진짜 그런 식으로 뭔가 있지 않 았을까?'라는 생각이 분명히 들어요.

쉽게 [얘기]해서 배가 잘 가다가 배에 결함이 생겨가지고 뒤집어 버렸어요, 그러면 사고죠. 그게 아니거든. 그렇게 생각해요, 저희는. 아이들이 보내준 영상에서도 다 나오는 게 분명히 있는 거구요. 물론 그게 정말 사고여서 그런 식으로 우리가 생각을 해서 그럴 수도 있겠 죠, 어떻게 보면. 정황적으로 봐서는 '그렇지 않다'라는 생각을 해요.

면담자   어머니 생각하시기에 앞으로 어떤 제도나 정책이 필요 하다고 생각하세요?

경주 엄마   아마 이게 단기간에 어렵겠죠. 어려운 부분들이 분명히 있을 것이고, 지금까지 우리 가족들이 계속적으로 나가서, 나서 주셔 서 해주시는 부분은 저는 정말 미안하고 고맙고 그러거든요. 어차피 누군가는 해야 될 거고. 저희가 얘기할 때 "[활동]하시고 들어가셔서 좀 쉬시고 나와서 하시고" 이런 말들을 했었어요, 저희가. 근데 그게 여건상 안 될 수도 있을 수 있다는 부분도 분명히 있고, 제가 아까도 말씀드렸다시피 나중에라도 정말 이게 제가 나서서 목소리를 낼 날이 또 오지 않을까라는, 그런 말은 말 중에 제가 "짧지 않다, 길게 갈 것이다" 라는 의미가 내포가 돼 있는 거고요. 분명히 어려움은 따를 거라고 생각을 해요. 그래도 처음에는 정말 어떻게든 하다 보면, 그래도 우리 전 국민들이 그렇게 함께 아파했던 부분이라서 그래도 잘 해결되지 않을까라는 기대감도 없지 않아 있었어요. 근데 시간이 가면 갈수록 그게 바람이 돼가고, 정말 그런 상황이 됐는데, 정권이 바뀌었고 해서 크게 달라지지 않을 거라는 생각은 갖고 있어요.

왜냐하면 저희가 그동안 있으면서 믿지 못하게 만들었던, 보여줬던 부분들도 있고, 이번에 안전공원에 대해서 안산시장이 발표를 했을 때도 저희 부모님들이 다 걱정했던 거는 제가 생각했던 거랑 다 똑같더라구요. 보니까 '첫 삽 뜨기 전까지는 아무도 모르는 거다. 저거는 정치적으로 이용하고 있는 거다' 이런 생각들을 다 갖고 계시더라구요. 이래 저래나 어쨌든 그렇게 발표가 됐고, 영결식을 하고 나면 그 뒤가 더 힘들어질 수도 있겠지만, 아마 부모님들의 심리상태도 더 안 좋아질 수도 있다고 생각은 해요. 공허할 수도 있고, 아무것도 없어졌다고 생각하면 더 많은 것들이 나오지 않을까라는 걱정, 그런 걱정도 있구요. 저 자신도 그래요, 역시나. '그 뒤로는 내가 뭘 해야 되지?'라는 생각도 갖고는 있거든요. 그래서 이번에 네덜란드 가서 실험한 것도 그렇고, 정말 크게 "이거는 그렇다"라고 확정돼서 나온 건 아니지만은 하나씩 하나씩 드러나고 있다 보니까, 이게 시간이 걸리더라도 우리 부모님들이 힘든 거는 어차피 감내를 해야 되는 거라고 생각을 하고….

그래도 조금만 더, 조금만 더 빨리 이런 것들이 해결이 [되었으면 하지요]. 저는 딱 한 가지죠. 우리 아이들은 분명히 다 알고 있을 거예요. 얼마나 억울하겠어요? 저는 그렇게 생각하거든요. 정말 1시간이라도 빨리, 하루라도 빨리 좀 해결이 돼서 이 아이들이 억울함을 풀고 "엄마, 아빠 저 이제 가요" 정말 그러면서 '우리 함께 눈물 흘리며 할수 있는 그런 날이 빨리 왔으면 좋겠다'는 그런 생각이에요. 근데 그냥 이렇게 돌아가는 거 보고 있으면 답답하죠.

15
이후 가족들의 삶의 계획

면담자　　　　어머님께서는 가족들이나 어머니 자신이 앞으로 어떤 삶을 살길 바라시나요?

경주 엄마　　　〈비공개〉 마음 놓고 있으라는데 그게 안 되잖아요. 순간순간 이렇게 올라오는데 몸이 [안정이] 안 되더라고. 그건 어쨌든 그렇게 얘기하고…. ○○이가 되게 많이 원했어요, 그것도. "○○이 동생 낳아달라"고, "여자 동생으로" 그렇게 얘기했었어요, 그런 것도 있었고…. 얘가 고등학생, 고3이니까 대학 갈 준비 신경 써야 되고 몸 아프지 않고 [했으면 해요]. 그냥 저는 요 상태 요대로 그냥 '우리 경주를 항상 품고 이번 생애는 그냥 여기서 끝났으면 좋겠다' 생각을 많이 갖고 있어요.

면담자　　　　긴 시간 구술증언 해주시느라 고생 많으셨습니다. 오늘은 여기서 마치도록 하겠습니다.

경주 엄마 유병화

5회차

2018년 7월 13일

1
시작 인사말

면담자　　　본 구술증언은 4·16 사건에 대한 참여자들의 경험과 기억을 기록으로 남김으로써 이후 진상 규명 및 역사 기술에 기여하고자 합니다. 지금부터 유병화 씨의 증언을 시작하겠습니다. 오늘은 2018년 7월 13일이며, 장소는 안산시 단원구 4·16기억저장소입니다. 면담자는 김아람이며, 촬영자는 강재성입니다.

2
특별법 제정 서명운동

면담자　　　광주에서 서명받으셨을 때 연예인도 만나시고 정치인도 만나셨다고 하셨는데 그때 이야기해 주세요.

경주 엄마　　　그 지역에 국회의원이나 시의원들, 시장 다 직접 찾아가서 뵙기도 하고 저희랑 같이 서명받기도 하시고, 그 당시는 같이 거의 했었던 거 같애요.

면담자　　　그때 생각나시는 일화들 혹시 있으신지?

경주 엄마　　　어, 저희가 가족협의, 그때는 가족대책위였죠. 만들어지고 얼마 안 돼서 처음 작업했던 게 서명이었을 거예요. 저희가 그때는 반들끼리도 더 화합이 잘됐고, 화합이라기보다는 표현이…, 어쨌든 한마음이었으니까…. 같이 움직이는데도, 같이 함께 참석도 많이 하시고, 그래서 반별로 나눠서 내려갔는데, 저희는 광주 쪽으로 내려 갔었어요. 처음에는 저도 광주에 대한 거를 잘 알지는 못했으니까 어 떨까 낯설기도 하고, 제가 당사자이기도 하다 보니까 갔을 때 "어떻게 해야 될지?"라는 약간 두려움도 있었고, 약간 기대감도 있었고, 심장 이 뛴다 그래야 되나? 그런 느낌들이 있었어요. 그러면서 민주노총 분들이 같이 합류를 하셨어요, 차 한 대당 한두 분씩 같이. 지금도 그 분 얼굴도 기억나고 성함도 기억나는데 그분도 같이 함께 우시고 함 께해 주셨어요. 내려가서 했을 때 너무 많은 사람들이 함께 서명해 주 시고 공감해 주시고 저희랑 대화한다기보다 눈 마주치고 우시는 [분들 이] 되게 많으셨고, 시민분들께서 특히 손잡아 주시거나 이런 일들이 되게 많았고….

처음에는 "서명받습니다. 세월호 참사, 세월호 유가족입니다" 이 렇게 얘기하는데, "세월호 가족입니다. 유가족입니다"[의] "유" 자만 나와도 가슴에서 눈물이 흐르는 거야. 이게 숨이 탁 막히면서, 너무 여기가 '어간이 없다', 뭐라 그래야 되지? 어이가 없고 억울하고 이런 것들이 겹치니까 여기가 (가슴을 가리키며) 딱 막히는 거에요. '내가 왜? 내가 왜 사람들 앞에서 이런 말을 해야 되지?'라는 생각이 팍 드는 거죠 그 순간, '내가 지금 뭐 하고 있는 거지?' 이런 생각…. 그러면서 오셔서 같이 손잡아 주시고 이러면서 힘이 나는 거죠. '아, 우리가 해 야 되는 일이구나, 이게…'.

면담자   그때는 반대한다거나 안 좋은 소리를 하는 사람들은 없 었어요?

경주 엄마   모르시는 분들도 계시긴 하셨어요, 많지는 않은데. 나이 드신 분들 중에 "뭐 해요?"라고 물어보시는 분들이 계시고, 나눠주고 뭘 받고 하니까. 그래서 설명을 하니까 "아" 그러면서 같이해 주시는 분들도 계셨고…. 지금도 그런 분들 계시지만 관심을 안 가지시는 분들이 계시잖아요, 알면서도. 그 당시도 그랬어요. 너무 이걸 자기가 감당할 수 없으니까 지나쳐 가시는 분들, 그 표정을 보면 알잖아요. '아시는구나, 저분은. 근데 못 하시는구나' 그런 분들 되게 많았고, 근데 거의 90프로 이상은 다 해주시고 손잡아 주시고 하셨던 거 같애요. 그래서 그때 아마 서명 많이 받았던 걸로 알고 있어요, 저는.

면담자   어머님은 전라도 쪽은 가실 일이 거의 없으시지 않으셨어요?

경주 엄마   신랑이 전북 고창이다 보니까 자주는 못 가지만 한 번씩 갔다 왔을 때는 있었는데, 여행을 간다든지 이런 적도 없었고, 접할 기회는 없었죠.

면담자   5·18 가족들하고 만나거나 그런 것도 당시에 기획이 있었어요?

경주 엄마   아니요, 없었어요. 그 전까지만 해도 서명받으러 [가기] 전까지 아무것도 연관된 게 없었어요. 그냥 민주노총이나, 전 세월호 대책위라고, 처음에 시민대책위라고 해야 되죠. 그쪽 분들이 많이 도와주신 거죠, 그거는. "이렇게 할 때는 이런 방법이 있으니까" [하고] 방법을 제안을 해주셨고 저희는 거기에 맞춰서 계획을 짠 거죠. 그래서 '나눠서 전국적으로 서명, 우리가 직접 받으러 가야겠다', 왜냐하면 분향소에서만 찾아오시는 분들을 서명받는 것도 한계가 있으니까 나중에 저희도 생각이 바뀐 거죠. '이거는 기다려서만 될 일이 아니다, 우리가. 앞으로 시간이 지나면 지날수록 이 일도 잊히기 마련이기 때문에, 우리가 지금까지 한국에서 어떤 큰 사건, 사고들이 일어났을 때 항상 그래 왔던 거처럼 그렇지 않을까?'라는 생각을 가진 거죠, 저희도.

면담자　안산에서 활동하셨던 거하고 지방 사람들이 차이가 있다고 느끼셨나요?

경주 엄마　저희가 분향소[에] 있고 찾아오시는 분들만 봤을 때는 저희랑 대면할 일이 없었잖아요, 사실은. 그분들이 분향을 하고 가시면서 해주시는 거기 때문에 크게 부닥칠 일이 없었는데 저희가 직접 시민들하고 말도 하고 그런 관계, 대화를 한다 그래야 되나? 딱 갔을 때는 더 절실하게 느껴지는 거죠. '아, 내가 진짜 당사자구나, 이제는. 아, 내가 진짜 해야 되는 거구나. 내가 하지 않으면 이거는 그냥 어디가서 진짜 그런 죽음밖에 안 되겠다'라는, '이거는 그렇게 돼서는 안 되겠다' 생각들이 더 많이 들었구요.

면담자　유가족이라고 모르는 사람한테 그렇게 얘기하시는 일이 이전에도 있으셨나요?

경주 엄마　없었어요. 처음에 대책위 만들어지고 정부 관계자들 만났을 때도 "제가 유가족입니다"라는 얘기를 한 적이 없구요. 당연히 알고 있으니까 그냥 만났던 거고 그랬어요. 기무사 얘기 요즘 나오고 하는데 "유가족들 갑질" 이렇게 나오잖아요. 그 당시에 그분들이 바라봤을 때는 '그렇게 보이지 않았을까'라는 생각을 하기는 해요. 왜냐하면 제가 분과장을 맡고 일을 진행하고, 제 분과뿐 아니라 당시는 정말 서로 간의 생각들이 다 다르다 보니까 그분들하고의 대화에서 그분들이 갖고 있는 법 테두리 안에서 해줄 수 있는 부분과 정말 우리가 지금 이 상황에서, 우리는 겪은 사람들이기 때문에 "이 상황에서 이게 필요합니다" 얘기하는 거랑 생각하는 차이가 있겠죠. 그랬을 수 있겠다는 생각이 들더라구요. (면담자 : '차이가 확실히 있었겠다' 생각하시나 보네요?) 네, 네.

3
정부와 시의 늑장 대처

면담자　　공무원들의 책임 회피에 대해 직접 겪으셨거나 생각하셨던 거 말씀해 주시겠어요?

경주 엄마　　원체 세월호 사건이 우리 일이 워낙 크다 보니까 밝혀진 부분도 사실은 명확하게 드러나지 않고, 저희는 '하나하나 지금 나오고 있다' 생각은 하지만, 딱 "이겁니다"라고 발표가 난 게 아니잖아요. 그리고 정권도 바뀌었고 그 전에 일어났던 대통령부터 시작해서 모든 비리들이 하나씩 나오고 있는 상황이고, 근데도 지금 딱 봐도 6·13 지방선거 지나고 나서 안산시장이 바뀌었잖아요. 저희는 그걸 알죠. 눈으로 봤고 느꼈기 때문에 그 전 시장이 어떻게 했고 지금 시장이 어떻게 하는 걸 봐도 보여요. 그게 왜냐하면 공무원들이고요, 그분들은 이미 우리가 처음에 특별법 안에 명시가 되어 있는 거는 국토부인가? 우리가 어디지? 아니 국토부가 아니고. (면담자 : 해수부?) 아니, 우리 그 특별법안에 명시된 거 보면 지원소위랑 (면담자 : 행정안전부?) 예, 그쪽이랑 안산시가 주최, 두 개가 추모 관련해서 "안전공원 건립한다"라는 게 명시가 되어 있어요, 분명히. 그거는 들어가서 통과가 된 거잖아요.

그러면 해야 되는데 정부에선 어떻게 미뤘냐 [하면] "안산시가 빨리 부지 확정을 해라" 그렇게 얘길 했구요, 안산시에서는 부지 확정을 하기는 시민들 의견 있으니까 힘들었고. 근데 제종길 시장이 가기 전에 했잖아요, 발표했어요. 근데 시민 [의견] 반영도 있어야 되겠죠. 그런 과정들도 필요하겠지만, 그럼 어떻게 하느냐? 지금 정부에서는 어차피 발표가 난 거고 하겠다고 안산시가 부지 확정을 해줬어요. 그럼 정부에서 예산을 주면 돼요, 안산시 예산 투자하면 돼요. 같이 몇 대몇이 있기 때문에 첫 삽을 뜨면 돼요. [그런데] 안 하고 있잖아요. 지금 정권이 넘어갔더라도 이 사람이 그걸 인계받아서 시무식 끝나고 안건들이 많겠지만 그중에 하나라도, 특별로 들어갈 수 있는 분류가 된다 그러면 이게 먼저 선시행이 될 수도 있는 문제고, 몇 년 동안 끌어왔던 거라면, 근데 이게 벌써 짜여 있는 거를 안 하고 있는 거잖아요. 그거 보이죠, 우리 눈에는.

면담자   그 이유가 어떤 거라고 보세요?

경주 엄마   본인들은 행정적인 절차죠. 안산시에서는 아마 제 생각엔 그런 거 같애요. "예산 달라. 빨리 줘야 우리가 하지", 자기네들도 여기에 대한 부분, 예산을 이미 작년 말에 끝냈을 거 아니에요. 갖고 있을 거 아니에요. 받았든, 못 받았든 아직까지, 벌써 6개월이 지났으니까 받아놨겠죠? 그런 과정 속에서 "바뀐 지 지금 얼마 안 됐다" 하지만 벌써 한 달이란 시간이 지났고 충분히 가능할 건데 아직까지 저러고 발표를 안 하고 있잖아요, 지금 현 시장이. 그런 걸 봤을 땐, 얼마 전에도 그런 일이 있었거든요, 다른 어디 당에서 안산시 지금 새로 생긴 아파트 단지 내 보면은 단톡들이 있어요. 밴드나 이런 데 거기에다가 '안전공원, 추모공원 및 납골당' 괄호 이렇게 해가지고 거기에 대한 설문조사를 했어요. 누구 한 부모님이 저한테 그걸 딱 보내면서 '이게 뭐냐?'고 물어보지도 안 하고 그냥 그걸 보낸 거야. 자기 핸드폰 있던 사람한테 다 같이 묶어가지고.

근데 추모 안전공원이라고 그러니까 본인들이 알고 있는 지인들은 다 서명을 한 거예요. 근데 그 내용들이 어떻게 돼 있냐면, "전 시장이 발표를 했는데 처음에 내용이 추모공원, 안전공원 하는 데 반대하냐? 찬성하냐?", 뭐 "전 시장이 그렇게 했는데 맞다고 생각하냐? 아니라고 생각하냐?" 그런 내용들, 심지어는 "배가 인양이 됐는데 그걸 어디에다 두면 좋겠냐?" 그 내용까지도 있고, 그다음에 하게 되면 화랑유원지, 다른 부지에 대한 그런 내용들이 세부적으로 들어가 있어요. 처음에 저는 받자마자 내용을 보는데 이건 좀 뭔가 이상해. 왜냐하면 제목부터 "납골당"이 '이건 뭐지?'라는 생각이 들더라구요. 그게 안산 주요 거점들만 도는 게 아니라 한 사람이 아는 사람을 통해서 나간다 그러면 수천, 수만이 번지는 거잖아요. 이 SNS라는 게 전국적으로 아마 뻗어갔다고 생각해요.

그분 사이트 들어갔더니 그분이 바른미래당 단원구 어디 쪽에 의원이시더라요 보니까, 지금 현재도 그렇고. 근데 '그분이 왜, 자유한국당도 아니고?' 이런 생각이 드는 거죠. 그분 페북을 들어가서 쭉 제가 훑어봤어요. 연결되어 있는 아는 사람들이 4000몇 명인가 5000명 가까이 되고 어마어마한 거죠, 그것도. 그렇게 한 사람 건너서, 한 사람 건너서 이렇게 넘어간다 그래도 전국적으로 돌 수 있다는 생각이 들거든요. '의도가 뭘까?' 저희는 그게 눈에 보이거든. 지금도 그런 상황인데, 지금 대통령도 발표를 했다시피 시장이 빨리 발표를 안 한다는 거는 아무래도 그 사람들은 그 사람들이 자기 선에서 책임질 수 있는 것까지만 한다는 거죠, 이미 다 하라고 되어 있고 해야 되는 건데. 근데 저는 생각이 올해 안으로는 분명히 뭔가는 나오지 않을까라는 생각은 해요. 약간의 그냥 기대라하면 나중에 실망이 클 수도 있겠지만 어쨌든 생각은 하고 있어요.

면담자　　　아무래도 지방정권이 여기는 바뀐 게 아니라고 생각하시나요?

경주 엄마　　　안산 많이 바뀐 거죠.

면담자　　　어머니, 가족협의회 일하시는 동안에는 공무원들의 문제를 더 심하게 느끼셨어요? 안산시 공무원하고 동시에 중앙부처의 공무원들도 만나셨을 텐데 거기에도 차이가 있었나요?

경주 엄마　　　일단은 처음에는 일이 딱 일어나고 나서 정신이 없고, 그 상황이 지나고 대책위 꾸려져서 처음 만났던 사람들은 원탁회의 하면서 정부 각 관계자들 있죠, 그게 범대본이었죠. 안산에 내려왔던 게 해수부 산하 노동부, 여성가족부, 보건복지부, 부서별로 쫙 오셨어요, 각 담당자들. 그분들이 각 공무원급 따지면 계장급 이상들이 아마 온 걸로 제가 알고는 있어요, 다들 좀 되신 분들, 왜냐하면 상대를 해야 되니까. 거기 공무원법에도 나라의 재난법에 대한 이거를 어떻게 해줘야 되는 거에, 그걸 하시는 분들이 오셔야 되니까 그런 분들이 오신 걸로 알고 있는데, 처음에는 되게 서먹서먹했죠, 그분들하고도. 그분들도 그럴 것이었고. 저희도 그랬는데, 감히 저희가 어떻게 이런 일 아니면 그분들에 대해서 쉽게 얘기하면 민원 상담 이런 걸 할 수 있겠어요? 그냥 민원실로 가는 게 빠르죠.

근데 안산시에 계시는 [공무원분들이] 각 부서별로도 되게 많이 노력하신 건 제가 알고 있구요. 그리고 저희 담당이 꾸려지면서 거기 계셨던 분들은 더더군다나 더 진짜 24시간 붙어 계셨고, 정말 거의 그 정도로 같이해 주셨던 거는, 초반기에는 그러셨던 거는 알고 있는데, 간혹 가다가 제대로 된 저희와 소통 관계에서, 저희가 일단 그 상황에서, 우리가 정말 말도 안 되는 거를 요구하거나 이러지는 않잖아요. "부모님들이 이런 이런 얘기들이 있고 부모님들이 이런 사례가 있다. 지금 형제자매는 어떻다. 그리고 부모님 중에 연로하신 부모님들이 어머니, 아버님들이 또 충격받아서 이렇다" 그런 [것들], 저는 분과별로 했을 때 제가 얘기할 수 있는 부분들, 직장 문제 이런 것들에 대한, 건강 문제 이런 것들 얘기할 때 처음에는 크게 부닥친 건 없었어요.

대신에 그분들이 이거를 알아봐야 되는 부분들이 분명히 있으니까 "알아보겠습니다" 하고 나면 저희 사무실 바로 옆에 붙어 있으니까, 처음에는 그렇게까지 힘든 건 없었는데 시간이 가면 갈수록 조금씩 딜레이되는 것들이 있었죠. 위에 보고가 되고 내려오는 과정이 있고, 만약에 그런 것들이 있는 사례가 없었다 하면 사례를 찾아보고 그래야 되니까…. 그런 과정들이 있었어요.

면담자　　어머니께서 생각하시기에 참사 당시에 제일 시급하다고 생각했던 건 어떤 거였을까요?

경주 엄마　　지금 청와대나 기무사 같은 경우도 그렇고 우리나라 정보국이라고 해야 되나? 그게 뭐죠? 정보? (면담자 : 국정원?) 국정원. 어쨌든 어떤 사건, 사고들이 일어나면 정보에 대한 거는 가장 빠른 데가 있잖아요, 분명히. 그런데도 불구하고, 워낙 많은 인원이라 할지라도 저희는 학교라는 하나의 큰 틀이 있잖아요. 그 안에 우리의 정보들이 모든 게 담겨 있을 거라는 거죠. 근데 저희가 우리 분과에서, 우리 부모님들 전수조사 한 게 저희가 최초로 한 거예요. 안산시에서도 그게 없었고요, 정부에서도 그게 없었어요. 그래서 그게 가장 힘들었어요.

면담자　　구상을 아예 하지 않았던가요?

경주 엄마　　그리고 더 웃긴 거는 나중에 특별법 만들어질 때 각 조사위가 있잖아요. 거기에 장을 세울 때 그 저희가 어디 여자분이었나, 기억이 좀 안 나는데, 그분이 판사셨나? 누군가 하여튼 여자분이었어요, 저희 할 때. 그때 내용, 그다음에 진행됐을 때 보면 거기에 전수조사라는 게 나와요, "그게 처음으로 시행이 돼야 된다"라고. 진짜 웃기는 거죠. 일 터지고 몇 개월이 지난 상태에서 특별법이 그다음 해에 발표가 되고 했잖아요. 1년 이상 지나고 나서 [처음 전수조사라는 것이] 말이 안 되는 거죠, 제가 봤을 때는. 저희는 14년도에 이미 저희 분과에서 같이 도와주시던, 지금 '우리함께' [박성현] 국장이라든지 온마음 [센터]의 팀장님하고 같이, 안산시 전준호 의원이랑 "재난법 관련해서 어떻게, 어떻게 해야 된다"라는 걸 같이 얘기하면서 "전수조사 하자" 해서 그 당시에 시행을 했어요. 제가 욕을 들어먹으면서까지 했어요, 부모님들한테, "왜 해야 되냐?" [하시는 분도 계시지만]. 근데 그걸 하면서 저희가 같이 일을, 업무를 담당했던 분들, 모든 분들이 개인정보 동의에 대한 거를, 비밀누설 있죠? 그걸 저희가 썼어요, 서명을 같이 전부 다, 저희가 일 끝나기 전까지 [비밀누설을 하지 않겠다고]. 그리고 이거 보관하는 게 몇 년, 기본적으로 하는 거 있죠? 저희도 했어요. 그렇게 하면서 시행을 했죠.

면담자   조사가 어려운 작업이잖아요, 예산이 들어가야 조사가 잘될 텐데….

경주 엄마   저희는 사회복지법에 기반으로 되는 전수조사를 한 거예요, 너무 거창한 게 아니라. 그 폼이 있으면 그거를 뽑아 와서 우리한테 필요한 것만 체크를 하고 필요 없는 것들은 삭제하고, 부모님들에게 "이거를 써달라" 그러면, 가족관계, 등본 같은 거 떼 오시고, 가족관계, 그다음에 나이, 주소 이런 건 당연히 들어가는 거고 연락처, 그다음에 재산 상황 이런 것들이 다 들어가요. 결혼 유무 이런 것들다 있는데 재산 상황 같은 거, 학력 이런 게 들어가면 싫어하시잖아요, 부모님들 당연히. "쓰실 분들만 쓰시라" 그러면서 같이 얘기할 때자세하게는 안 들어갔어요. 물어볼 수도 있는데 이렇게 넘어가거나이렇게 했죠. 기본적인 전수조사죠, 가족관계 그런 부분들.

면담자　　　정부는 전혀 하지 않은 거죠?

경주 엄마　　　없었어요, 정보가 하나도 없었어요. 그래서 그거를 우리만 갖고 있었구요, 나중에는 온마음센터랑 안산시랑 그 부분을 공유를 할 수 있으면 하게끔 하려고 시도를 했었고. 그래서 이제 필요하면 저희 분과가 가지고 있으니까 분과로 와서 그거를 해가지고 가는 거, 그 정도였고 그다음에 특별법안에서 아마 시행이 된다고 했는데 안 했을 거 같애. 아마 어떻게 됐는지 모르겠어요, 그 뒤로 제가 모르니까.

5
트라우마 상담을 자기 연구로 이용한 사람들

면담자　　　전수조사 사례에서 동의하기 어려운 사안이 많이 있었나요?

경주 엄마　　　처음에 할 때 이게 나중에 백서로 나온 것도, 책도 몇 권 있잖아요. 저는 아직 읽어보진 않았거든요. 저는 분과에서 부모님들에 대한 건강과 가정 지원, 그다음에 트라우마 관련해서 이런 것들이 처음에는 중점적이었으니까…. 근데 형제자매에 대한 거를 제가 되게 많이 얘기했었고, 이 아이들, 희생자 아이들의 친구들에 대한 것도 되게 많이 얘길 했었어요 제가, [근데] 그런 것들이 제대로 안 이뤄졌고…. 얘기했다시피 처음에 각 분야에서 전문가라는 분들이 오셨을 때, 결과적으로는 이분들 자기 사리사욕밖에 채우는 것밖에 없었고,

결과적으로는. 그래서 논문을 쓴다든지 이런 것들이 드러났어요. 그래서 나중에는 그분들 다 나가고, 잘라져서 나가게 되고, 그 중간에 부모님들이 그런 부분에 대해서 아시는 분들도 몇 분 계시기 때문에 그런 분들이 이의 제기를 해주신 분들도 분명히 계셨구요.

　프로그램 같은 거 진행할 때, 그 당시에 솔직히 이런 게 아무 효과가 없었을지언정 저는 시도를 한 거죠. (면담자 : 심리 상담 프로그램 그런 건가요?) 그렇죠. 정혜신 박사님이 와서 얘기 들어주고, 조금씩 조금씩 속에 있는 말을, 얘기를 들으면서 풀게끔 그런 과정들이라든지, 아니면 형제자매들, 아이들 상담해서 그런 거 캐치해서 한다는 거, 그다음 온마음센터에서 각 반별로 부모님들 모이니까 모였을 때 같이 명상을 한다든지 어떤 프로그램 진행하는 거, 이런 것들을 진행했는데, 그때 사용하는 용어 자체도 부모님들이 되게 반발했던 적도 있었어요. (면담자 : 아, 예를 들어 어떤 게 있을까요?) 부모님들끼리 반별 모여서 했을 때, 아 기억이 안 나요. 그때 되게 확 올라왔던 게 뭐냐면, 그거를 뭐라 그랬었거든. 무슨 모임이라고 했었거든요. 그게 트라우마 관련해서 상담 기법이나 이런 거에 대한 용언데 어떤 모임 이렇게 하는 게.

　아시는 분들 중에 간혹 한 분, 이분들이 생각하는 게 "이거는 정신질환자들, 정신병자들이 받는 그런 프로그램이 아니냐. 그렇게 비춰진다. 우린 정신병자가 아니다" 이런 뉘앙스로 그렇게 한번 얘기가 나왔던 적이 있었어요. 저도 거기에 대해서 같이 고민하고 나중에 그거를 용어를 바꾼 적이 한 번 있었거든요. 그런 부분들도 되게 민감했었어요, 처음에. 지금 기억이 안 나는데….

면담자   그게 바뀐 용어가 자조모임이라고 들었는데요.

경주 엄마   그럴 거예요, 아마 그 전에는 다른 용어였어요. 그분들
이 사용하는 그거를 무슨 모임이라고 했었거든요. 그래서 반별로 했
을 때 몇 분이 되게 심하게, 정말 싸울 뻔한 정도로 그래 갖고는, 그럴
순 없으니까 어쨌든 나중에 이렇게 해서 바뀐 게 들어갔을 거예요.

면담자   참사 초기에도 논문을 내는 연구자들이 정말 많이 있었
어요. 피해자를 연구 대상으로 삼는다고 생각했을 수도 있는데 (경주
엄마 : 그렇죠) 어머님은 많이 경험하셨을 거 같아요.

경주 엄마   저는 당사자고, 생각하는 게 뭐였냐면 충분히 가능할
수 있다고 생각하지만 그래도 이게 작은 사례가 아니기 때문에, 수십
수만 명이 아마 쓰실 수 있겠죠. 있는데, 직접 관련되신 분들이라 하
면 제 생각은 그랬어요. 이게 나중에 제대로 된 백서가, 우리가 뭘 보
고 기반을 할 수가 없었잖아요. 우리 당시에도, 5·18도 마찬가지만 우
리랑 사례가 다르긴 해도, 뭘 보고 할 수 있는 안전 장치, 백서라는 자
체가 없었어요, 우리는. 그래서 이거 갖다 쓰고, 이거 갖다 쓰고, 이거
갖다 쓰고 이랬단 말이에요. 그랬을 때 나중에 제가 처음에도 말씀드
렸다시피 서울병원, 국립병원장님이 내려오셨을 때 "제가 마루타 하
겠다"고요, "제가 부모님들 설득해서라도 마루타 하겠으니까 하시라"
고, "저희를 사례를 관리를 하고 상담을 하시라"고, "지켜보시라"고,
"그리고 해주시라"고, "대신 부모보다는 자식들 먼저 해달라"고, "형제
자매들 먼저하고 친구들 먼저 해달라"고, "저도 사회복지사고 상담사
자격증 있다"고…. 하지만 못 미치겠죠.

그치만 상담이라는 기술이 저도 잘은 모르지만 "매일 이 사람 한 사람 관리할 때 일대일로 해야 되는 거 아니냐, 근데 지금 당신들 하고 있는 게 뭐냐"고 [했어요]. "한 학교에 선생님 한 분, 두 분 들어가 가지고 그 많은 아이들을, 한 학교에라도 학년별로 한두 명 있어도 열 명 가까이 되는 거구요, 그러면 일대일 안 되지 않냐"고, "이 아이들이 지금 상황에서는 정말 중요한 기간이다. 아직 몇 개월 안 된 상황이기 때문에 해달라"고 그렇게 처음 요구를 했었어요. 근데 그게 진행이 안 된 거죠, 제대로. 학교에 '위 클래스' 이런 거랑 해가지고 병원 교수님이 오셔서가지고 파견한 거는 그 병원에 계신 선생님들, 관련 계통 되신 선생님들 파견을 해서 넣기는 했지만 한 분, 두 분이서 여러 명을 보는, 그리고 이 아이들 수업하고 쉬는 시간이나 이런 때, 아니면 수업을 뺀다든지 이렇게[밖에 안 했어요].

이 아이들 따로 불러서 상담을 한다든지, 물론 이 아이들뿐 아니라 단원고 같은 경우는 전체 아이들을 상대로 했겠죠. 그런 과정들이 분명히 있긴 했지만 저는 전문 분야의 한 분, 한 분들이 나중에 제대로 된 백서를 만들 때 도움을 주시라는 거지. 자기의 역량, 역할들을 여기다 다시 쏟아달라는 거지, 자기 개인적으로 이득을 취하지 말라는 거였거든요, 저는. 근데 나중에 보니까 본인이 본인 거를 하고 있는 거예요. 연구 대상자로, 연구 자료로 쓰고 있는 거예요. 나중에 그게 드러나니까 "그분 아웃" 이렇게 된 거예요. (면담자 : 학교에 들어갔던 분이에요?) 예, 경북대 교수님이셨고, 초창기에 단원고 집중적으로 했었고, 형제자매가 가장 많은 학교에도 이렇게, 그분들 선생님이 계신 사례를 갖고 직접 [상담]하시고 하셨어요. 나중에 그렇게 되고, 지금 솔직히 정혜신 박사님도 계시지만 지금 이렇게 일선에서 따로 하시잖아요, 국장님 따로 있고. 근데 그분도 처음에 하신 그런 내용들이 나중에 어떻게 나올지는 잘 모르겠지만, 저희 부모님 중에서도 갈리는 분들이 많았어요, "괜찮다", "아니다" [하고]. 다 받아들이는 게 다르니까….

처음부터 저는 생각을 한 게 어차피 우리나라 지금 이런 일들이 일어났을 때 우리가 상대하는 거는 정부 측이잖아요. 공무원들이기 때문에 이 사람들의 루트에 맞는 거를 저희가 계속 같이 가지고 갈 수밖에 없는 거거든요. 그래서 독단적으로 저희가 뭘 할 수 있는 게 아니잖아요. 그러니까 딴 건 다 떠나서 온마음센터를 만들었고, 온마음센터와 저희와의 관계를 계속 유지를 해야 된다는 거를, 다른 센터들은 모르겠[고], 센터가 아니라 다른 하나씩 생긴 게 있잖아요, 저희를 지원을 해주는 데가. 없어진 데도 지금 분명히 있고 하지만 그 당시도 제가 계속 얘기했던 게 "온마음센터를 계속 우리가 이용을 해야 되고, 여기에 가서 계속 얘기를 나눠야 되고 한다"라는 거를 분명히 얘기를 부모님들한테 되게 많이 했거든요.

6
온마음센터의 발전 방향

면담자   어머님은 온마음센터가 유지돼야 한다고 생각하셨고, 또 가족하고 같이 갈 수 있는 곳은 한곳으로 모여야 한다고 생각하신 건가요?

경주 엄마   그쵸. 그리고 특별법 안에 명시가 돼 있는 게 안산시에서 유사한 어떤 거를 만들 수 있는 게 또 하나가 있어요. 그것도 보면 가족이 주위에 하고 있는 업무들, 그대로 올라가서 한번 나온 적이 있었거든요. 그게 시행될지 안 될지는 모르겠지만은 센터가 없어지면…, 저희는 분류가 그래요. 트라우마 관련해서 이게 지금 우리가 4년이 지났지만, 지금 5주기를 바라보고 있지만 (한숨) 언제 어디서 불쑥, 어떻게 나올지 모르거든요. 지금까지도 저도 마찬가지예요. 이게 올랐다 내렸다가 반복이 돼요. 저도 사람인지라 언제까지 누르고 살 수 없는 거고, 언제까지 표출하며 살 수도 없는 거니까, 이런 관리들이 계속 지속적으로 가야 된다는 거죠. 근데 특별법 할 때도 보건복지부 관계자하고 그렇게 얘기했지만, 자기네들 선에서 법으로 명시되어 있는 선에서만 딱 잘라버리시더라구요. 지금 온마음센터 같은 경우도 5년이기 때문에 아마 이게 계속 가족들에 대한 트라우마 관련이라든지, 사례라든지 이런 것들이 계속적으로 안 돼 있다 그러면, 제대로 안 돼 있으면 아마 이게 없어질지도 몰라요.

그럼 저희는 어디로 가야 되느냐, 자살예방센터, 건강검진 관련해서 저기 어디지 보건소에 옆에 붙어 있는 게 뭐죠? 건강관리 뭐지? 하여튼 있어요. 이름이 생각이 요즘 안 나죠? 거기랑 자살예방센터 같이 있잖아요. 거기로 가서 상담을 받아야 되는 거예요, 저희는. (면담자 : 일반 시민들도 다 가는 곳이죠?) 네, 가는 데예요. 그렇게밖에 안 되는 거예요.

면담자   결과적으로 어머니가 생각하시는 거는 국립트라우마센터의 건립이신 거죠?

경주 엄마   건립이 되어야 된다는 것, 만들어져야 되고 거기에 병원 개념이 들어가야 된다는 거죠. 그게 그렇게 만들어진다 그러면 우리나라에서 최초긴 하겠죠. 근데 최초가 중요한 게 아니라 다져져서 만들어져야만이, 나중에 이런 일이 발생하면 안 되지만, 유사한 것들이 일어났을 때에는 이런 것들이 기본이 되면 바로바로 지원이 될 수 있잖아요. 그러면 거기에서 더 나쁜 어떤 영향들을 만들지 않게끔 대책이 되는 거잖아요, 안전 장치가 되는 거고. 저는 그런 걸 바랐던 거죠.

면담자   어머니는 중앙정부에서 나서는 방법이 가장 효과적이라 생각하시는 건가요?

경주 엄마   효과라기보다는 저희가 할 수 있는 건 없잖아요. 아까도 말씀드렸다시피 저희 가족이 단독으로 병원을 만들 수도 없고, 트라우마 관련해서 만들 수도 없잖아요. 돈도 없어요. 그 사람들을 불러서 치료를 할 수도 없어요. 어쨌든 우리가 그 상황에서는 재난지역으로 선포가 됐던 지역이고 우리는 그 당사자거든요. 우리를 케어해 줄 수 있는 사람들이 누구냐, 이 관련된 부처에서 지원을 해주는 거밖에 없거든요. 근데 그게 언제까지냐, 재난 지역은 이미 끝났고 저희가 특별법 안에 만들어진 거는 10년이에요, 20년까지 연장됐나? 지금 의료 지원이, 22년까지 연장이 됐거든요. 그 부분까지 의료 지원이 되는데 차후에 어떻게 되느냐, 그거는 나중 문제이긴 하지만…. 근데 그 부분 안에 들어갔어야 되는 거는 저는 그렇게 생각은 해요.

지금 아직까지 온마음센터가 있지만 저도 지금은 자주 못 가긴 해요. 하지만 이렇게 자세하게 지금 사업이 어떻게 돌아가고, 그 안에 센터가 [어떻게 운영되는지] 저도 잘은 아직까지 파악은 못 했지만은, 봤을 때 그냥 일반적인 업무를 하고 있지 않나 이런 생각들…. 물론 광주도 가고, 부모님도 만나고, 지원도 하고 다 해요. 하는데 제대로 된 게, 이번에 그 안에서 "기계도 다른 게 들어왔고 검사하는 거 달라지고 했다"고 하시더라구요, 제가 아직 접해보진 않았기 때문에 [구체적으로 알지는 못하지만]. '그런 것들이 처음에 제대로 더 잘 만들어졌었더라면'이라는 생각이 되게 많이 들거든요. 왜냐면 먼 거 볼 필요도 없이 ○○이 같은 경우는 학교 선생님이 전화 오셔가지고, 지금 중2 때부터 계속 담임선생님마다 걱정[하셨거든요]. 고민은 아이들마다 다 다르겠지만 지각하는 문제, 조퇴하는 문제, 이런 것들이 다 아파서 "머리가 아파. 속이 울렁대. 토할 거 같아요. 배 아파요" 이런 것들이거든요.

근데 병원 가면 똑같아요. "장염기 있다. 두통, 비염기가 있으니까 두통이 있다" 이런 걸로 약을 처방을 해줘요, 그냥. 그래서 제가 한번은 온마음센터에 가서 상담을 받게 했어요. 밤에 잠도 못 자고 하니까 이런저런 문제가 있지 않을까 해서 했는데, "잠을 못 자겠어" [하고 말하길래] "그럼 수면유도제라도 타서 상담받고 먹으면 어떻겠냐? 샘하고 얘기해서" [했더니] 그러면 [그렇게 하겠다고] 했는데, 처방을 해주려고 하셨어요, 선생님은. 근데 아이다 보니까 "조금만 니가 핸드폰 하는 걸 줄이고" 이런 여러 가지 상황들을 보고 얘길 한 거죠. "조금 지켜보고 해보자, 며칠만 노력해 보고. 그래도 안 되면 약을 먹자" [하고는] 그렇게 해보니까 괜찮아지는 거예요. 핸드폰을 조금 줄이니까 괜찮아지는 거예요. 이런 생활 패턴들에 대한 것들을 짚어주시는 거죠.

근데 그게 잠깐이에요, 또 그런 거예요. 이게 1, 2년 그러다가 나중에는 일상적으로 괜찮아지면 상관없는데, 지금까지도 그러고 있으

243
·
5회차

니까. 저는 그냥 봤을 때는 애가 멀쩡해 보이거든요. 물론 속으로는 생각하고 있죠, '얘도 분명히 뭔가 문제는 있겠지' [하고]. 근데 내가 전문적인 의사가 아니니까 몰라요. 옆에 지금 당장 봐도 그게 보이는데 솔직히 센터 같은 경우가 처음부터 제대로 된 게 갖춰져 있고, 지금까지 낙오된 사람 없이 다 관리가 제대로 됐다면 지금 4년, 5년, 6년 가도 지금도 크게 나쁜 건 없지만, '그래도 제대로 된, 어디가 문제가 있고 이런 것들에 대한 걸 조금 더 잘 짚어주진 않을까?'라는 생각들이 아쉬움들이 있는 거죠.

면담자　　　상담이 장기적으로 꾸준히 계속되는 게 중요하다고 생각하시는 거예요?

경주 엄마　　　그렇긴 한데, 처음에 전문적, 각 분야에 전문적인 분들이 오셨을 때 저한테 얘기한 게 뭐냐면, 참 어이가 없었던 게 뭐냐면 "저희도 이런 경우가 처음이라서요" [하면서] 어떻게 해야 될지를 모르겠대요. (면담자 : 전문가라고 오신 분들이?) 다 [그런] 분들이 교수님이고, 그런 분들이 오셔서 하시는 말씀이 그래요. 그리고 정혜신 박사님마저도 오셨을 때 처음에, 물론 본인은 자신을 가졌지만, 어떤 큰 충격에 의한 사건들을 많이 접해보셨기 때문에, 아무래도 그분은 접근하는 방법을 아시기 때문에 아무래도 그분은 당당하셨던 부분이 분명히 있었는데, 그래도 하시다 보면 잘 안 되시는 부분들이 분명히 있었을 거예요, 그분도. 그리고 심지어는 신혜진[새누리당 비례대표 신의진] 국회의원도 외국에서 심리랑 트라우마 관련하셨는데 그분이 오셔서 직접 얘길 하셨어요, 저랑 얘길 하셨는데 그분도 마찬가지고. 트라우마 관련해서 서울에 어디 유명하신 샘들도 오셨어요, 그분들이 따로 오신 분들도 계셨고.

　근데도 불구하고 그분들도 똑같은 얘길 하셨어요, 난감함, 딱 "이 거는 이렇습니다"라고 내놓지를 못하시는. 그 얘기 딱 듣는 순간, "저 희도 이게 처음이라서 어떻게 방법을 찾아야 될지" 이 얘기를 딱 듣는 데, '아, 지금 나 누구랑 앉아서 얘길 하는 거지? 그럼 내가 어떻게 해 야 되는 거지, 도대체? 우리 부모님들 어떻게 해야 되지?' 나도 당사잔 데 내가 나를 어떻게 해야 되고, 내가 우리 부모님들 어떻게 해야 된다 는, 이런 얘기를 내가 머릿속에 생각을 한다는 게 너무 어이가 없는 거 예요, 그 당시에. 그때 저는 마음을 다잡은 거죠. 얘기가 어떻게 될지 모르겠지만, 이게 쓰일지 안 쓰일지는 모르겠지만 '아, 무조건 죽이자, 이 새끼들. 정부 관계자들 오면 무조건 족쳐야 되겠다' 이런 생각이 들 었어요, 사실은. '이렇게라도, 그렇게라도 해야만 뭐 하나라도 해주겠 구나' [하는 생각이 들더라고요]. '어떻게 누구를 믿냐'고 이 상황에서, 믿 을 사람 아무도 없어요. 그렇게 되니까 부모님들도 점점 그게 눈에 보 이니까 '아, 믿을 사람 없다, 대통령마저도…' 이렇게 되는 거죠.

7
신뢰할 수 없는 공무원, 전문가 집단

면담자　　　국가가 책임을 지고 재난에 대해 체계적이고 전문적으 로 대응하는 과정이 없다는 생각을 많이 하셨을 것 같아요.

경주 엄마　　　저는 처음에 [구술]했을 때 그 내용이 아마 있을 거예요.

진도체육관에 앉아서 멍하니, 정말 아무것도 안 하고, 브리핑하고 왔을 때 제가 "아" 소리 한마디 안 했어요. 쳐다만 보고 있었는데, 그때 멍하니 몇 시간 며칠을 보내는 동안 내가 생각한 게, 누가 주위에서 얘기한 것도 있지만 이게 눈에 보이는 거예요, 내 머릿속에서 돌아가는 거예요. 정말 제가 정치에 대해서 알지도 못했고, 지금만큼만 알면 정말, 그 당시 그 정도도 아니었거든요. 그냥 우리가 일상적으로 뉴스를 보게 되고 접하고 어떻게 세상이 돌아가는지 정도만 알고 있었던 거잖아요. 근데 딱 그냥 머릿속에 스치는 게, 누군가는 얘기를 저한테 하기도 했지만, "이명박이가 박근혜한테 준 선물이 세월호다" 이 얘기가 머릿속에 계속 도는 거예요, 그러면서 "거기에 실세는 김기춘이고". 이게 내 머릿속에는 계속 돌아가고 있는 거예요. 그러면서 얘네들이 와서 하고 있는 거를 보니, 그 해경 그 수뇌부 누구냐, 누가 청장인가 누군가 와가지고 브리핑 계속하면서 왔을 때, 걔도 나중에 언론에 뜨는 거 보니까 걔가 구원파네, 뭘 받았던 애네?

그리고 인양업체, 88이었나? 언딘이었나? 어디지? 거기도 유착 관계가 있었다고 얘기도 나오고 하잖아요. 이게 그 첫마디가 내 머릿속에 있는 게 거기에 맞춰서 계속 맞아떨어지는 거예요. 이게 시간이 가면 갈수록, 결국 김기춘 어딨어요? 들어가 있잖아요. 박근혜 들어갔어요. 이거는 맥락 없어요, 너무 허무맹랑하죠, 그냥 봤을 때는. 남들이 정말 관계없는 제3자가 봤을 때는 '소설이다' 그렇게 생각할 수도 있겠죠. 정말 제가, 정치 몰랐던 사람이 왜 그게 내 머릿속에서 안 떠났을까요? 저도 일반적으로 생활하면서 뉴스도 봤고, 이명박이가 4대 강 사업했던 것도 알고 그 중간중간에 뉴스 나올 때 박근혜가 어땠고 이런 얘기들 알잖아요. 왜냐하면 우리나라의 수장이니까 보일 수밖에 없는 거고, 관심이 없더라도 보일 수밖에 없는 거고, 거기에 대해서 깊게 고민하지는 않았어도 아는 거잖아요, 국민이니까. 근데 내가 딱 일을 닥치고 나니까 이게 모든 머릿속에는, 이 몸 전체가 올 스톱이 되면서 그것만 맴도는 거예요.

'이거 뭐지? 우리나라가 조선업계 1위인데, 이 바다에서 일어나는 일을 이렇게 몇백 명이 이거는 수장시킨 거나 다름없지 않냐?' [하는 생각이 드는 거예요]. 우리가 이틀, 삼 일을 지켜봐도, 72시간 지켜봐도 그동안에 방법들을 내세운 거는 우리 부모님들이었어요. 일반인들 중에서도 대표하셨던 분이 배[선박] 일을 하시고 하셨기 때문에 "밤에 작업 못 한다고? 뭐 터뜨린다고? 돈 든다고? 웃기는 소리 하지 말라고. 오징어 배 몇 척만 갖다놔도 다 된다"고 그렇게 얘기했던 사람들도 우리 부모님들이구요, 잠수할 때 어떻게 하라는 얘기, 머구리 이 얘기 한 것도 우리 부모님들이구요. 너무 어이가 없는 거예요. 그 상황 지켜보고 있는데, 정부 관계자란 사람, 그것도 전문적으로 해경 그 사람들이 그것도 고위직 분들이 와서 얘기한다고 하는 게 어버버하고 있는 거예요. 그냥 내가 여기서 여까지 나오고 있는데도 불구하고, "니네가 그러고 있는 동안 우리 애들은 죽어가고 있어" 이게 나오는데도 얘기를 못 하는 거예요. 아무것도 할 수 없는 그 상황이 몇 시간, 며칠이 지나고 있는 거죠. 처음에 그랬던 거 같애.

면담자   그 뒤로는 누구를 만나더라도 그런 생각을 기본적으로 하시고 볼 수밖에 없기도 하셨겠네요?

경주 엄마   깔려 있죠, 아무래도. '다 연루가 되지 않았을까?' 이런 생각들이 드는 거죠.

면담자　　　전문가라고 온 사람들에게도 신뢰감을 느끼기는 어려
웠겠네요.

경주 엄마　　　그쵸. 그래도 "우리나라는 살 만한 세상이야, 우리나라
는 그나마 그래도 다른 나라에 비해서" [하고] 자부를 하고 살았던 사
람들 중에 하나거든요, 저도. 근데 일을 딱 겪고 나서 대한민국이라는
자체가 제 평범한 기준에서 떨어져 버린, 없어져 버린 거죠, 아예. 그
랬던 거 같애요.

8
미수습자 가족들과 팽목 상황

면담자　　　대리기사 사건 일어나기 직전에 진도 내려가셨다고 하
셨는데 미수습 가족분들은 그때 무슨 일이 있었던 건가요?

경주 엄마　　　배 변호사 얘기하시는 거죠? 처음에 민변, 대한변협에
서 지원 나왔을 때, 변호사분들이 엄청 많이 오셨어요. 아마 그 영상
도 남아 있을 거야. 변호사분들 앞에 쭉 서서가지고 각자 인사 다 하
셨어요. 하시고 딱 묶여서 24시간 저희랑 같이하셨던 분이 박주민 변
호사, 황필규 변호사, 배 변호사, 배의철 변호사, 이 세 분. 그리고 이
명숙 변호사 같은 경우는 가정 전문이시기 때문에 이분은 나중에 한
부모라든지, 저희 분과랑 연계를 해서 지원해 주시는 거, 그냥 그런
정도였고. 거기에도 변협에서도 민변하고 대한변협이 있지만, 세월호

지원해서 장이 있고 이렇게 나눠져 있었거든요. 근데 이제 안산에 [대한] 지원은 박주민 변호사, 황필규 변호사. 진도로 나중에는 배의철 변호사가 본인들끼리도 이렇게 되신 거 같아요, 그렇게 지원이 됐고.

우리 가족, 빛나라 아빠가 처음 1기 시작할 때부터 올라와서 서명 받고 국회 가고 이런 과정들 있으면서 밑에 안 올라오신 분들에 대한, 그 당시도 진짜 다들 고생하긴 했지만, 진도 내려가고 하는 거 거의 제가 많이 갔었을 거야, 아마. 그 당시 지금 동수 아빠도 있긴 하지만, 거의 목포 살다시피 하지만 그 당시에 자주 안 내려갔어요. 제가 오죽하면 회의 때도 "아니, 분과장이 내려가 있어야 되는 거 아니냐?"고, "상주를 해갖고 있어야 되는 거 아니냐?"고 제가 그 정도로 얘기할 정도였거든요. 분과장들이 돌아서[돌아가며] 2박 3일로 내려갔다 오는 걸로 다섯 갠가 여섯 개니까 그렇게 하면 돌아가잖아요. 그렇게 하자고 했는데 지켜진[지킨] 사람 거의 없었어요. 다 일 때문에 우르르, 가족들 당시 그런 분위기였잖아요. 저는 제 일정엔 항상 내려갔어요. 그래서 다윤이 엄마랑, 은화 엄마랑, 현철이 아빠나 보면 유가족들 중에 그나마 얼굴 기억하시는 분, 저밖에 없을 거예요, 지금 활동하시는 분들 말고는. 그나마 자주 갔었고 나중에는 그분들에 대한 지원, 안산시에도 내려가 있었고 각 분야별로 거기도 내려가 있었거든요.

거기에 대한 거를 고민했는데 어차피 파견된 분들이 계시기 때문에 더 이상 소통할 게 없었고, 그냥 한 번씩 더 확인만 해주는 정도였기 때문에 따로 할 게 없었어요. 그냥 가서 식사, "밥이나 같이 먹읍시다" 이런 정도, 제가 할 수 있는 거 그거밖에 없었거든요. 근데 그때 내려갈 때쯤에는, 그냥 다 얘기할게요, 그때 제가 말씀 안 드렸죠? 그 당시 처음에 진도체육관 같은 경우는 진도하고 팽목항하고, 진도체육관은 거의 자원봉사자들로 꽉 차 있었잖아요. 근데 그거는 따로 등록을 하는 것도 알고 있었고, 나중에는. 자원봉사 이렇게 해갖고 시간 받고 이런 것도 있고 비용을 받는지는 거기까지는 잘 모르겠구요. 그런 것들이 있었던 걸로 알고 있었고, 거의 그냥 자기들이 와서 하시는 분들도 되게 많았었고. 알고는 있는데 나중에는 어느 정도 철수되고 이랬잖아요. 그리고 자원봉사협회에서 이렇게 해서 내려오신 것도 있고 하니까…. 근데 진도 체육관에는 배의철 변호사 일 터지기 전까지, 그 후에도 진도체육관 없어질 때까지도 계셨던 분이 계세요. 물품 관리하시는 분이 계시는데, 나중에 그분에 대한 거를, 저도 제 눈으로는 보지는 않았어요.

얘기를 들은 거로는 체육관하고 팽목하고 따로 생각하는 부분들이 분명히 있었기 때문에 "이분이 물품을 나중에 어떻게 했다"라는, 그리고 "다른 창고에 보관되어 있는 게 어마무시하다", 돈으로 환산이 되고 이런 부분들 있었어요. 그런 것들이 분명히 있었어요, 저는 제가 직접 안 봤어요. 근데 팽목에 우리 가족들이, 계시는 분들이 그 얘길 해주셨고, 그렇기 때문에 그거는 그분하고, 그분이 그런 사례들이 있었고…. 그다음에 배의철 변호사 같은 경우도 마찬가지…. 왜냐하면 자원봉사를 하고 계시는 분들 말고도 체육관이나 팽목에는 후원물품들이 계속 전국적으로 들어왔단 말이에요. 그게 공장에서 들어오는 것도 있었고 개인이 오는 것도 있었고 기업이 오는 것도 있었고, 여러 가지 얼마나 많겠어요. 물품 지원들이 있었기 때문에 나중에는 뒤로 돈으로 바꿔서 가는 부분들이 분명히 없지 않아 있었을 거란 생각은 들지만, 그게 진짜 직접 제 귀에도 들어왔고, 얘기가 "그분이 그렇게 하고 있다. 따로 창고가 있다"라는 얘기까지도 있었고, 그런 사례들이 얼마나 많겠어요. 눈으로 직접 안 보고 여러 사람들이 있다 보니까 아무래도….

면담자   필요한 건 부족하겠지만 필요하지 않은 건 남겠네요.

경주 엄마   그쵸, 그쵸. 심지어는 "좋은 거, 메이커 이런 거는 뒤로 챙겼다" 이런 얘기도 있었고, 있었는데 그건 제가 눈으로 직접 안 봤으니까…. 그리고 저희는 그런 생각이 많았죠. 부모님들은 워낙 많은 분들이 도와주셨기 때문에 거기에 대한 감사함, 그런 것들이 많았기 때문에 그분이 그렇게 했다고 할 때, 24시간 상주하면서 우리 체육관이 없어질 때까지 헌신했던 부분은 분명히 있잖아요. 그랬을 때 어쨌든 제가 제 눈으로 안 봤기 때문에 그냥 얘기로 듣고만 말았어요, 그거는. 제가 그걸 가서 파헤치거나 이러지는 않았어요, 그랬던 부분인 거고. 배의철 변호사 같은 경우도 후원이 들어오는 게 있었어요. 그 당시에는 체육관에 현철이네, 영인이네, 지현이네 몇 명이 있었어요, 그리고 다윤이네도 있었고. 근데 은화네만 팽목에 있었단 말이야. 그러면서 일이 터져가지고 다윤이네가 팽목으로 가게 된 거고 배의철 변호사가 나가게 된 건데, 그게 대리 사건 일어나기 전이었어요, 바로. 그래서 문제 때문에 내려간 거야.

배의철 변호사랑 현철이 아빠가 둘이서 얘기를 하면서 당연히 거기에도 후원이 들어오겠죠, 미수습자 가족에 대한. 그거를 따로 통장을 만들어가지고 배의철 변호사가 관리를 하고 있었고, 배의철 변호사는 그걸 오픈을 했어요, 은화 엄마한테 오픈을 했고, "그 돈을 얼마 갖고 있다"고 했었고. 그런 부분까지는 제가 들었어요. 갔는데 찬

251
•

호 아빠랑, 예은이 아빠랑 저랑 이렇게 해서 몇 명 갔었어요. 내려가 가지고 회의석상에 현철이 아빠랑 있는데, 현철이 아빠가 이걸[화를] 주체를 못 하고 은화 엄마도 같이 왔기 때문에, 둘이서 완전히 장난 아니게 싸웠어요. 엄청 싸웠어요, 그런 부분들 때문에. 유가족이 있고 미수습자 가족이 있잖아요. 본인들은 유가족이 아니고 미수습자 가족이란 말이야. 근데 그 당시에 어떻게 얘기 됐냐면 "실종자 가족"이란 얘기 나오니까, "우리 실종자 아니다" 이렇게 화를 내시는 거죠. (면담자 : 현철이 아버님이?) 예, 그러면서 "당신들은 유가족, 가족대책위니까 우리는 미수습자 대책위를 만들겠다, 대책위를 따로 가겠다" 이렇게 된 거예요, 언제까지가 될지 모르니까.

그래서 그게 배의철 변호사하고 이렇게 돼버린 거예요. 그래서 문서를 작성해 가지고 우리한테 공문으로, 문서를 주신 거예요. (면담자 : 따로 위원회를 만든다고?) 만든다고. 대신에 어떻게 위원회를, "이쪽 위원회와 이쪽 위원회가 어떻게 할 것이다"라는 거를 몇 가지 사항을 적은 거예요. 그리고 팽목과 진도 체육관의 상황이 다른 거에 대한 것도 명시를 했고, 그다음에 의견 일치에 대한 정부 관계자하고 했을 때 가족이 어떻게 참여를 하고에 대한 그런 것도 다 명시가 되어 있었고, 변호사기 때문에 아무래도 그런 것도 구체적으로 했겠죠. 그 부분에 대해서 우리도 안에서 내부적으로 회의를 했을 때 "이거는 안 된다. 대책위가 따로 가면 안 된다" 저는 강력하게 주장을 했고요, 그래서 설득하려고 내려간 거예요. "이렇게 하면 안 된다"라고 그래서 찬호 아빠랑, 예은 아빠랑 다 같이 간 거예요. 근데 다른 분들은 "갈 테면 가라" 이런 마음까지도 갖고 계신 분도 계셨어요, 유가족 중에는. 그건 아니라고 생각했거든요, 저는. "어차피 이분들도 우리 아이들이 나오면은 유가족이 될 사람들이고, 만약에 상황을 바꿔가지고 우리가 안 나왔을 수 있는 상황이 아니냐. 이거를 같이 못 보듬고 간다 그러면 안 되는 거"라고 저는 그렇게 강력하게 주장을 했었고, 일단 그렇게 내려간 거예요.

근데 결과적으로 한바탕 뒤집어지고, 현철 아빠 난리 치고 쓰러지고, 은화 엄마 "니네들 맘대로 해" 하고 가버리고 하여튼 난리가 난 상황이었어요. 현철이 아빠하고 제가 따로 얘기를 했어요. "충분히 마음을, 나는 그런 생각을 한다, '입장이 바뀌었을 때 어땠을까?'라는 생각을 나는 분명히 갖고 있다. 그래서 내가 여기를 자주 오는 이유고, 내가 저 위에 일만을 놓고 할 수 있는 일이 아니다. 내가 타이틀을 안 달고 나도 가만있었으면 어떻겠냐"고, 이런저런 [이야기를 하면서] 그렇게 다가갔죠. 그랬더니 현철 아빠가 여시더라고, 마음을. 자기 마음은 그렇다, "나도 이러고 싶진 않다" 그런 얘기를 하시더라고. "그러니까 우리는 같이 가야 된다"고, "따로 가면 절대 안 된다", "더 힘이 없어지는 거"라고, "지금 몇 가족 남았다"고, "힘이 있겠냐"고. "우리가 더 힘을 실어줘야 되고, 위에서 특별법 관련해서 이것도 정신이 없으니까 여기서 미처 신경 못 쓰고 하니까 저라도 와서 하겠다", "인양분과장 책임지고 맡아서 하게끔, 인양분과장이 대표성을 띠고 있으니까 여기랑 여기 현철이 아빠가 하든 같이해서".

이쪽, 여기 위에는 범대본이고, 밑에는 뭐였죠? 범대본이랑 밑에는 무슨 대본이라 그랬는데 하여튼 이렇게 따로 나누어져 있었어요. 그게 거기도 각 부처별로 다 있었거든요. 거기랑 해서 소통을 할 수 있게끔. 근데 어쨌든 미수습자 가족이 얘기하는 게 더 우선, 유가족들 한마디도 못 했어요, 거기서는 그런 상황이었거든요. 그런 걸 조정을 하고 있는 가운데 대리기사 폭행 사건이 터져버린 거예요. 우리는 자다 말고, 잔 것도 아니지, 새벽에 있다 말고 "이거 어떻게 해야 되냐"고, 그러고 부랴부랴 여기 안산에 있는 분들은 서울로 보내고 그때 상황 알아보고 바로 또 우리가 올라가고 했었거든요.

면담자　　　그 관리하셨던 물품 관리하셨던 분하고 배변호사하고는?

경주 엄마　　따로 관련은 없었구요, 그분은 개인적으로. 저는 그렇게 생각해요. 시작했을 때부터 그분이 진도 주민이라고 하시더라구요, 나중에 보니까. 시작부터 진도체육관이 없어지는 날까지 계셨기 때문에, 그 없어지는 얼마 전까지만 해도 왔다 갔다만 하고 하셨기 때문에, 분명히 부모님들하고 일이 있었을 거라고 생각은 해요. 얘기는 분명히 그분도 알고 있고, 그런 상황이었고. 그게 진도군청 안에 어디 들어간다고 했든지 아니면 그게 그쪽으로 귀속된다고 했든지 그런 얘기들도 있었던 거 같고…. 그거는 어떻게 잘 해결됐는지 잘 모르겠어요, 저도 거기까지는. 그분이 따로 그렇게 했다는 얘기는 계속 미수습자 가족분들이나 식구들은 거기 있으니까 아시잖아요, 상황들을. 차가 이렇게 와서 물품이 들어오면 그 창고로 들어가는 게 아니라 다른 차에 실어서 간다든지 이런 것들을 보신 거예요. 그러니까 없는 말 하시는 거는 아닌 거 같은데, 어쨌든 그분이 그동안 노력을 해주신 부분이 분명히 있기 때문에, 저는 거기 계신 분들이 해결을 하셨을 거라 저는 생각을 하고 관여는 안 했던 거 같애요.

면담자   배 변호사는 그 뒤에 어떻게 됐어요?

경주 엄마   그리고 충격 좀 [많이 받으셨던 것 같아요]. 하여튼 황필규 변호사하고도, 위에 계신 변호사들하고의 소통도 아예 끊어버리셨던 거야, 배 변호사가. 아예 독단적으로. 아예 이분들[미수습자 가족들]한테만 몰입을 하고 계셨어. 배 변호사도 약간 트라우마 아닌 트라우마 같은 게 왔었어요. 아예 위쪽하고는 단절을 해버리고 이쪽만 몰입을 해갖고 〈비공개〉 그렇게 하셨어요.

면담자   그래서 위원회를 따로 만드는 구상이 나오게 된 건가요?

경주 엄마   변호사면 중립을 지키고 본인이 이렇게 코치를 해주셔야 되잖아요. 도움을 주시는 분이어야 돼야 하잖아요. 근데 위에 계신 변호사분들하고도 전혀 소통이 안 돼버리니까, 나중에 박주민 변호사나 황필규 변호사도 "우리도 얘기 들은 게 없다"[면서] 너무 놀라는 거죠. "그럼 황 변호사님 통화를 해보시라. 같이 내려가서 만나보시라, 얘기를 해보시라" 이렇게까지도 했었거든요. 안 되시더라고, 나중에는 심각한 정도라고 하시더라고요, 황 변호사님이. 배 변호사님이 박혀가지고 안 나오고, 아예 올라가고 나서는 사무실 박혀서 안 나오시는 정도까지 되시고…. 너무 많은 분들이 트라우마 관련해서 심적으로 힘든 것들을 겪으신 거를 봤어요, 저희는. 저는 특히, 그러다 보니까 이 트라우마 관련했던 이거에 대해서 더 확실하게 잡혀져 가야 된다는 거를 더 많이 생각하게 되는 거죠. (면담자 : 어머니가 지금 당사자신데) 그니까요.

면담자   당사자가 아닌 분도 그렇게 되는 거 보면서 어떠셨어요? 나도 버티는데, 답답하지 않으셨어요?

경주 엄마　　아니요, 오히려 더 안타까웠어요. 저는 제가 지극히 정상인으로 살았던 거 같아요. 내가 당사자가 아니라고 [생각하면서] 살았던 거 같아요. 보면 이렇게까지, 내가 나를 생각해도 모자랄 판에 남들을 생각하고 있으니 내 옆에 지인들이 봤을 때는 오죽했겠어요, 제가. 저는 그게 정상적으로 살고 있다고 생각을 했던 거죠. 지금 생각해도 잘했다고 생각해요.

면담자　　어머니가 활동하실 때는 몸이 아프지 않았다고 말씀하셨었거든요, 그런 느낌인가요?

경주 엄마　　버틸 수 있는 힘이었던 거 같아요. 제가 경주 꿈을 꿨던 게 경주 나오긴 전 전날인가? 하여튼 그때 저녁에 잠깐 꿈을 꿨는데 "엄마, 저 사람들 무서운 사람들이야"라고 나왔던 그 꿈 한 번 꾸고 나서, 그 뒤에 또 한 번 애 찾고 나서 한 번 꿨나? 딱 세 번인가? 경주, 그해 14년도에 생일 때 한 번, 그다음에 중간에 한 번, 처음에 경주 나오기 전에 한 번 경주가 [꿈에] 나왔었거든요. 기억나는 거는 애가 처음 온 거잖아요, 저한테. 그때 꿈에는 진짜 온통 다 까맸는데 여기서 쓱 경주가 나와서, 멀리서 "엄마, 저 사람들 정말 무서운 사람들이야" 그 말 딱 한마디 하고 꿈이 깼어요, 그냥. '아, 여기서부터 내가 어떻게 해야 되겠구나' 생각을 가진 거겠죠. 그 마음을 다잡았겠죠, 그런 과정들. 진짜 저 사람들 무서운 사람들이잖아요…. 얼마 전에 나온 영화처럼 현몽? 현몽 같은 거, '그런 느낌 아니었을까?'라는 생각을 해요. 와서 얘기를 해주지 않았을까, 애가.

9

악성 댓글 소송 이후 분향소에 사과하러 온 학생

면담자   여론 조작과 악플이 심해서 대응팀을 만드셨다고 이야기를 하셨는데요. 기억에 남는 일 있으신가요?

경주 엄마   저번에 얘기 한번 했던 거는 시간이 조금 지나고 나서 학생이었을 거예요, 중학생이었나? 초등학생이었나? 어렸어요. 학생인데 쭈뼛쭈뼛하고 잘 못 들어오더라고. 유가족 대기실로 엄마, 아빠 같이 오셨어요. 엄마, 아빠 오셔서 음료수를 하나, 그거 있죠? 음료수든 걸 사 들고 들어오시더라고. 그래 갖고 애가 고개를 못 들고, "들어오라"고 하니까, "인사드리라"고 하니까, 저희 당시에 대기실에 얼마 몇 분 안 계셨는데 다 모였죠. "죄송하다"고, "철이 없어서 몰라서 그렇다"고 엄마는 눈물도 훔치시고 그러시더라고, "분향하고 왔다"고 그러면서. 애도 고개를 못 들고 계속 그러고 있는 거예요. 저희 부모님들이 얘기를 했죠, "글로만 보여지고, 직접 눈으로 보지 않았기 때문에 모를 거"라고. "분향소 들어가 봤다 왔냐?"고 그랬더니 "들어가 보고 왔다" 하더라고. "그 사진들 다 얼굴 다 봤냐?"고, "그 많은 사람들" 그랬더니 말을 못 하는 거예요. 직접 보고 나니까 느낌이 다를 거 아니에요. "아직까지 철이 없고 생각이 없어서 글로만 보고 하다 보니까 그럴 수 있다" [하면서] 음료수 갖고 오신 거 따가지고 도로 드시라고 드렸어요. 그런 케이스가 있었고, 직접적으로 대면한 거는.

나머지는 그냥 저희 할 수 있는 방법이 없었기 때문에, 부모님들이 나서서 할 수 있는 게 아니고, 저희가 어쨌든 나와서 하시는 분들 위주로 해가지고 소송 서류 작성해 가지고 다 걸었어요, 저희가 한 사람당 심지어는 몇십 장까지도 했었거든요. 저도 열몇 장 이렇게 하고 집어넣고 했었는데, 나중에는 집에 편지 봉투가 이만큼씩 오는 거예요, 법원에서. 어떻게 됐다, 어떻게 됐다 오는 거예요. 벌금이면 벌금, 뭐면 뭐, 그런 식으로 해서 그냥 정리가 됐던 거 같애요. 그 사람들은 그런 거를 받으면 뜨끔하시겠죠, 아무래도. 직접적으로 저희한테 연락 오거나 따로 한 거는 없고요. 제가 직접 만난 거는 그 케이스 한 번, 제가 눈으로 본 거. 따로 이렇게 왔던 사람이 있을지는 모르겠지만 제가 다른 일 하다 보면 못 볼 수 있으니까, 제가 직접 본 거는 그 학생.

10
민주당사 점거 농성

면담자   민주당 당사 점거하셨던 때 그 말씀 더 듣고 싶습니다.

경주 엄마   그 당시에는 그냥 그랬던 거 같애, 부모님들끼리. 저희 1기 때 활동하셨던 분들끼리는 정말 그 당시 마음들은 다 하나였던 거 같구요. 물론 다른 생각하시는 분들은 분명히 있었고, 그 당시도 경주 아빠랑 저랑은 생각이 달랐거든요. 그치만 활동에서 나와서 같이하셨던 분들은 국회에서 쫙 깔았을 때, 처음부터 저희는 인권위랑 민주노총이랑 그분들이 몇 분 오셔서, 박래군하고 배서영 씨하고 지금 누구지? 스포츠머리 누구시지? 이태호 씬가 하여튼 있어요. 그분들하고 노총 관계자분들하고 몇 분들이 있었을 때 "우리나라 최초로 국회 점령하신 분들"이라고 그 얘길 들었어요. 그랬을 때 "아, 이런 것도 있구나" 그러면서 국회 양쪽에 기둥이 왜 있고, 둥근 게 왜 있고 그런 얘기들을 하면서 국회의원 누가 내려와서 유래를 얘기해 준…. 옛날에 여기 궁이었을 때 궁녀들 있잖아요. "궁녀들을 몰살해 가지고 이렇게 했던 지역"이라고, "원한이 서려 있고" 그런 얘기도 하시더라고.

그런 얘기도 듣고 그랬었는데, 그때 어쨌든 특별법 관련해서 여야 같은 대표들을 만나가지고 할 때, 잘 안 되고 가지고 야당이 너무 우리 힘이 없게끔 정말 하고는 있는데 뭔가 안 됐던 거예요. 박영선 대표가 그렇게 하고 나서인가? 하여튼 기억은 잘 안 맞춰지는데, 그래서 그때 "어떻게 하나? 국회를 점령을 하자. 완전히, 완전히 막아버리자. 들어가자"라는 그런 얘기까지 있었고 했는데, "그렇겐 안 된다" 그러면서 "우리가 단식을 하자, 삭발을 하자" 그런 얘기들이 나오고 있었을 때였어요, 회의를 하면서. 그러다가 갑자기 9반에 예지 엄마랑, 7반에 수빈이 엄마랑, 저랑 세 명은 어쨌든 지금도 삼총사가 되어 있어요, [그때부터] 유래가 된 거죠. 그렇게 하면서 성호 아빠랑 몇 명 있었어요. 눈빛으로 딱딱 주고받았어요. 아무 저게 없이 "민주당 당사를 가자" 이런 얘기가 있었어요, 한 번.

근데 빛나라 아빠랑 등등 전명선 지금 위원장이랑 몇 명, "그건 아니다" 이렇게 얘기가 됐는데 "갈 사람들 각자 알아서 갑시다" 이렇게 누가 얘기가 된 거예요. 그리고는 아무도 나서지 않았어요, 조용히 있었어요. 그러다가 9반의 예지 엄마가, "언니, 가야 되는 거 아니야? 우리 저기를 들어가야 돼. 가서 쟤네들 죽이 되든 밥이 되든 어떻게 우리가 해야 돼" 이렇게 된 거예요. 그러면서 가다가 성호 아빠를 쓱 땡

겼어요, 4반 성호 아빠를. 그러면서 몇몇 분 같이, [흥]영미 씨랑 지금 심리분과장이랑 7반 수빈이 엄마랑 우리 분과에 있던 건우 엄마랑 등등 해가지고 십시일반 몇 명이 삼삼오오 걸어 나갔어요, 쓱 국회에서. 왜냐하면 그 당시에도 우리가 나가면 정보 요원들이 저희 뒤를 밟았어요. 그걸 저흰 알고 있었기 때문에 삼삼오오 "그냥 화장실 가는 척해" 이렇게 하면서, 국회 정문, 국회 있던 데에서 옆쪽에 하나 있잖아요? 그쪽 화장실 가는 척하면서 이렇게 돌아서 한 바퀴 돌고, 몇 명은 가운데로 가고 이렇게 해서 밖으로 나갔어요. 삼삼오오 입구 쪽으로 나갔어요, 당당하게. 당연히 정보 요원들 따라오죠.

면담자   입구에 경찰들이 막고 있거나 그러지 않았었어요?

경주 엄마   그러진 않았어요. 횡단보도 건너서, 길 건너서 들어가면 바로 새누리당이랑 야당 당사잖아요. 들어가는데 이미 쫙 깔려 있는 거야. 왜냐하면 정보과 요원들이 다 가니까. 우리는 이미 그런 걸 다 경험하고 있으면서, 그래서 제가 "성공을 했다"고 너무 기뻤다고 얘기를 했던 게, "그거를 두드려 맞든 얻어터지든 뚫고 들어가자" 이렇게 된 거예요. 딱 들어갔는데 나랑 성호 아빠랑 그때 7반에 누구 엄마 한 분이었는데 하여튼 성공을 했어요. 셋이 딱 들어간 거야.

면담자   계단으로 올라가셨다면서요?

경주 엄마   엘리베이터로 뚫었어요. 그니까 우리가 계획을 한 것도 아닌데 이쪽 엘리베이터 타고, 이쪽 엘리베이터 타고, 이렇게 열고 닫고, 열고 닫고 하다가 경찰이 막는 애들 있잖아요, 안에. 경찰 애들이 막고 계단으로 튀고, 이렇게 막고 왔다 갔다 하면서, "빨리 타!", 오다가 잡혀가지고 저쪽으로 튀는 사람 있었고, 저쪽 엘리베이터 타고 우리는 빨리 닫았어요. 그리고 올라갔어요. 그래서 성호 아빠랑 저랑 들어가게 된 거예요. 그랬더니 웬걸 이 사람들 들어와 가지고, 경찰 들어와 가지고 계단으로 이미 올라온 얘들 있었어요. 와가지고 안에서 문 잠가버리는 거야, 못 올라오게 계단을. 그리고 얘네들이 들어온 거야. 그리고 엘리베이터 다 막아버린 거야. 나랑 둘이 한 분 더 계셨던 거 같애. 문 앞에서 두드리고 있는 사람 있었어요. "경찰, 빨리 열라"고, "이 사람 밖에 있지 않냐"고 [했더니] 안 된대. "내려가시라"고, "못 내려간다"고 [하면서] 성호 아빠 뻗고. (면담자 : 그래도 엘리베이터 문을 열어서?) 열리자마자 우리는 구석탱이로 갔다니까요. 엘리베이터 앞에 안 있고 구석탱이로 가갖고 그 문 열어줄라고 그쪽 문 있는 데로 갔었죠. 여기 한 사람 막고 있고, 양쪽에 있었거든. 저쪽에 막고 있고, 접수하고 나가지고는 어쨌든 다음 팀이 어떻게 올라왔어요. 그리고 일단 못 나간다고 뻐팅겼죠. 그래서 한 몇 명 올라오게 된, 그게 시초간 된 거죠.

면담자　　　의원들 누구누구 만나셨어요?

경주 엄마　　　그러니까 의원들은 그 당시에 안 올라왔어요. 저는 처음에 진입을 하고 그날 저녁에 나왔어요. 성호 아빠랑 재욱 엄마랑 5반 성호 엄만가? 하여튼 하고 몇 명, 몇 명 더 있었어요. 4반 성호 엄마도 갔었나? 하여튼 거기 아마 사진 찍은 게 있을 거예요, 저희 남아 계시는 분들. 그 안에서 이것[모자]도 쓰고 다시 나왔거든요, 다시 내려가야 될 일이 있어 가지고. 그때 애들 아빠가 쓰러졌었나? 하여튼, 하여튼 뭣 땜에 저는 내려갔어야 될 상황이어서, 일단 점령해 놓고, 사람들 올려 보내놓고 상황 보고 저는 나갔어요. 나갔다가 그다음 날인가,

다음 날인가 다시 들어갔어요.

면담자   그때는 제지하거나 그런 건 없었어요?

경주 엄마   안 했어요. 어차피 "나 있던 사람이니까 나 올려 보내주
라"고, 그렇게 해서 들어갔어요. 있던 사람이니까 올라가 가지고 이거
쓰는 거 쓰고, 그랬던 거 같애요. 왜냐하면 그 당시에 그런 것도 있었
어요, 없지 않아, 저는 분과장을 했었고 우리 신상 정보도 알고 있었
고 얼굴도 알고 있었기 때문에, 그 당시는 아무래도 그런 것도 영향이
없지 않아 있었어요. 근데 뚫고 들어갈 때는 진짜 제대로 뚫고 들어
간, 아무도 그게 없었기 때문에 우리가 성공한 거죠. 왜 그랬는지 모
르겠어요. 왜 그렇게 거기를 점령을 해야 된다고 했는지 나 기억이 안
나요, 지금(웃음). (면담자 : 그거는 회의에서 어떻게 하자라고 결정된 것도
아니었던 거네요?) 아니고, 그냥 누군가가 얘기를 했는데 "그거는 각자
할 사람만 하자, 너무 중구난방이 된다" 누구는 이런 의견이 나왔고,
누구는 이런 의견이 나오니까 "그건 아니다. 할 사람 하자" 이렇게 돼
버린 거예요. "해라" 이것도 아니고 "하자" 이것도 아니니까 유야무야
회의가 그렇게 끝난 거예요.

　　그랬는데 갑자기 "이건 아니지 않아? 언니" 누가 나한테 얘기해 갖
고 "그래, 가자. 여기 있으면 뭐 해" [하고는 간 거지요]. 국회 있어도 우
리가 할 일이 없었거든요. 그래 갖고 들어간 거 같애. 그때 대학생 애
들하고 밑에서 응원해 주고 위에서 종이비행기 던지고 그랬었어요.
그런 거 아닐까요? 옛날 그런 거 보면 어디지? 고공, 고공농성 같은
그런 느낌? 그런 느낌이었던 거 같애요. 진짜 우리가 해볼 거 다 해봤
던 거 같애.

특조위원 추천, 특별법에 대한 아쉬움

면담자　　1기 특조위 만들어질 때 가족분들도 위원 추천을 하셨는데, 그때 어떤 활동을 하셨나요?

경주 엄마　　진짜 저희가 사람을 골라야 되는 거잖아, 쉽게 얘기하면. 저희의 입장을 대변해 줄 수 있는 분들, 그리고 저희 못지않게 열심히 그거를 파고들 수 있는 분들을 찾아야 되는 건데, 그것도 대한변협이랑 도와주시는 분들에 의해서 만들어진 걸 갖고 왔어요. 예비자 명단을 갖고 왔는데 저희 부모님들한테 회의 때, 전체 회의 때 다 보라고 했죠. 누구를 할 건지에 대한 그걸 투표를 했는데 저희가 아는 분들이 아무도 없어요. 근데 그러면 그 사람들 약력에 대한 걸 봐야 되잖아요, 모르잖아요, 저희는. 그럼 어떻게 하느냐? 그래도 최소한 우리가 알는 봐야 될 거 아니에요. 네이버나 이런 거 찾아봐요, 이 사람에 대해서. 그거밖에 할 수가 없는 거예요. 여지껏 살아오면서 이 사람들이 뭘 했는지 모르잖아요, 그게 참 어려웠어요. 그러면서 활동하셨던 분들은 이분들에 대한 걸 더 잘 아니까, 이분들이 한 번 더 설명을 해주시면 우리가 찾아본 거랑 엮어서 "어떤 분이 괜찮겠다" 투표를 한 거죠. 그러면 "이왕이면 이분이 낫지 않겠냐" 이렇게 해서 그분을 추천했던 거 같아요. 어쨌든 부모님들한테 다 보여주고, 오픈 공개를 해가지고 투표를 한 거죠.

면담자　　실제로 활동하신 박주민 변호사, 황필규 변호사도 계셨는데 그분들은 위원으로 활동하는 거하고는 역할이 달랐던 건가요?

경주 엄마   그렇죠. 그분들은 그 역할은 아니었던 거죠, 직접적인, 가족 옆에서.

면담자   이석태 위원장 인터뷰를 보면 많이 고사를 하셨다고 하시던데, 어땠나요?

경주 엄마   이석태 위원장님 말고도 다른 분 한 분, 유력한 분이 계셨는데 그분 집 앞에는 계속 찾아갔을 거예요 부모님들이, 해달라고. 근데 끝내는 거부하셨던 걸로 알고 있구요. 저는 일단 거기에 직접적으로 제가 영향을 미치지 않았기 때문에, 제가 또 하는 일이 있었기 때문에 그냥 거기에 대해서는 크게 관여하지 않았던 거 같애요. 그냥 같이 전체 회의 할 때라든지 아니면 회의상이라든지 그런 것만 했던 거 같아요. (면담자 : 주로 그쪽 담당은 진상규명분과장이 맡아서 하시는 거예요?) 그렇죠. 하면서 위원장이랑 같이 예은 아빠랑, 위원장이랑, 분과장이랑 같이, 그렇게. 나머지 분들은 같이 회의하는 자리, 회의 참석, 요 정도.

면담자   특조위에 대한 어머니의 기대는 어떤 게 있었어요?

경주 엄마   전명선 위원장하고 그 당시도 얘기를 나중에 최종적으로 하긴 했는데, 되게 미안해했었어요, 저한테. 내가 담고 있는 거를 "다 담지 못하겠다, 미안하다"라고 얘길 하시더라구요. 왜냐면 담아야 될 게 너무 많으니까, 안 되는 것들도 많은 거예요. 정말 우리가 그렸던 그림은 그거지만 그게 안 됐을 때, 그래도 우리가 끌고 갈수 있는 거는 의료 지원에 대한 부분, 심리, 트라우마 관련해서 몇 년까지 가져가야 되는 것도 중요했었고, "온마음센터를 기반으로 해서" 그 말이 꼭 들어갔었어야 되고…. 이게 온마음센터가 만들어졌기 때문에, 만들어지지 않았다 그러면은 우리는 진짜 아무것도 없는 거였잖아요. 온마음센터가 트라우마센터로 병원 개념이 들어가서 하면 좋겠지만 그게 안 됐을 시, 연계를 하고 있는 상황이기 때문에 이걸 가져가더라도 "트라우마 관련해서 우리가 언제까지 지원을 받아야 되는 거를 최장 10년까지는 해달라" [했는데] 안 된 거예요. 처음에는 5년으로 끝났었나? 5년으로 아마 끝났던 거 같아요. [5년으로 끝난다고] 못 박혀가지고, 보건복지부에서 "더 이상 안 돼"라고 해가지고.

이게 특별법이 내용이 올라가더라도 각 부서별로 다 들어가요, 쪼개져 가지고 각 부서별로 다 들어가요. 검토를 맡아요, 되는지 안 되는지 추려가지고 다시 모여요. 모여가지고 법사위로 올라가 가지고 이렇게 되는 거예요, 국회의원들이 하는 거예요, 저희도 몰랐어요, 그런 과정들을. 국회의원들이 하는 거예요. 지금 뉴스에 보면 법사위를 누가 가져가느냐 싸우고 하잖아요. 보고 있으면 웃겨요, 우린 아니까. '저런 거 가지고 싸우고 있네' 이렇게 보이는 거거든요. 그 당시는 정말 최대한, "그래도 최소한 우리가 가져갈 수 있는 건 가져가야 되지 않겠냐"고, "이거 지금 나는 걱정되는 게 너무 많은데 안 된다고 하면 어떡하냐"고 내가 찬호 아빠랑 얘기하면서 그랬었거든요. "미안하다고 자기도 할 수 있는 게 이것밖에 안 된다고" [하더라고요]. 왜냐하면 그때 최종적으로 얘길 하는 건 위원장이었거든요.

위원장이 그런 역할을 맡다 보니까, 본인이 일단 다 책임을 지고 가는 거니까 저희도 책임이 없는 게 아니잖아요. 저희가 할 수 있는 거 까지는 하는 건데 "더 얘기 강하게 얘길 해달라", 트라우마센터 건립이 안 되는 거니까 지금 이 상황이, "그게 빠져 있으면 기간이라도 연장을 해줘야 될 거 아니냐"고, "말이 되는 소릴 하라"고 얘기했죠. 어쨌든 그다음에 성호 아빠가 분과장 맡고, 지금 재욱 엄마가 맡고 하면서 계속 작업을 했을 거라 생각을 해요. 왜냐면 그분들은 우리 처음에 할 때 같이하셨던 분들이기 때문에, 우리가 갖고 가야 될 걸 알고 있거든요, 분명히. 그래서 그게 5년에서 아마 지원소위에서 바뀌었던 게 "22년까지 지원한다"라고 바뀌어 있긴 해요. 그 기간이 약간 [늘어난 거죠]. 그나마 다행이긴 한데 아쉬운 건 많죠, 저는.

12
특별법 관련 여당의 방해 공작

면담자　　　여당의 방해 공작에 대해서도 말씀해 주세요.

경주 엄마　　아, 톡으로 올라왔던 그런 내용들, 그게 의사지사 지정 등등, 세금 감면 이런 것들이 쫙 있잖아요. 저희가 해당 사항이 됐던 거는 있어요, 분명히, 그 내용들 중에 받았던 부분들도 분명히 있고. 왜냐면 그런 것들이 재난법안에 명시가 되어 있는 것들이 있어요. TV 수신료, 쉽게 얘기해서 2500원 그거 감면받아요. 전기요금, 수도요금 등등 감면받는 게 있어요. 그리고 긴급 생활지원금 이런 거 등등, 이런 것들이 다 명시가 되어 있는 거거든요. 근데 특히 의사자 지정 아이들, 아니면 어떤 다른 부분이라든지, 대학 특례라든지 [이런 거는 좀 달라요]. 대학 특례 같은 경우도 그래요. 장학재단이 주최가 되고 교육부가 주최가 됐긴 했지만은 그쪽에서 지원해 준 거는 형제자매에 대한 것[이었어요]. 그 당시 고3 형제자매가 있었어요. 얘가 1년 동안 충격에 의해서 공부를 못 했어, 그럼 대학을 가야 돼요. 그런다고 해서 얘를 특례로, 진짜 장학생, 좋은 대학 이게 아니라, 얘가 원했던 그 전, 일 터지기 전까지의 성적으로 인해서 맞춰가지고 거기에 대한, 이 성적이 유지를 했을 때 그거를 감안해서 얘기를 한 거예요. 그렇게 해가지고 들어갔을 때 어디까지, 그리고 우리 2학년들 아이들 대학 갔을 때 생존자 아이들 그 부분.

그리고 얘네들이 대학교 갔을 때 대학 1년 등록금에 대한 지원 부분, 이런 것들이 다 지원에 '재난법'[재난 및 안전관리 기본법]에 의해 근거를 해가지고 만들어낸 부분들이 몇 가지 있긴 해요. 대학교 들어갔을 때 1년 등록금 지원하는 거는 만들어진 거야. 진짜 여태껏 재난 역사상 이게 없었어요. 그거랑 '노동법'에 의해서 노동 지원해 주는 부분 있었는데, 그 부분도 만들어진 게, 몇 가지가 책자 분명히 있죠. 거기에 보면 유례없었던 처음으로 만들어진 것들이 몇 가지가 있긴 해요. 그거는 우리가 다 만들어낸 거라서 뿌듯하긴 한데, 기무사에도 얘기 나오잖아요. "이런 것들이 전례가 되면 안 된다"라는 것들이 나오죠. "유가족들의 횡포" 이렇게 나오잖아요. 결과적으로 제가 횡포한 거예요, 정부한테. "야, 니네가 이거 해줘. 안 해주면 안 돼" 이렇게 됐던 거잖아요. 근데 그게 아니었던 거잖아요. 상황 상황에 맞게 "이거는 그 사람들하고 얘기를 하면서 어떻게 해야 되겠냐? 어디까지 해줄 수 있냐? 지원이 필요한 부분이다" 이렇게 돼서 했던 부분이고, 이쪽에서 그리고 자기네들이 "이렇게 해주겠다"라고 나온 거예요. 근데 개중에는 정말 본인들도 해주고 나서 "어, 내가 왜 해줬지?"라는 것도 있었어요. 사실은 있었어요, 없지 않아.

왜냐하면 정신들이 없었기 때문에 "이거, 이거 해드리겠습니다" 이렇게, 왜냐면 상황이 그랬기 때문에 그랬던 부분도 있기는 했어요. 했는데 나중에 또 그걸 재검토하잖아요. 했을 때 "가능하다"라고 되었기 때문에 진행이 되었던 거고, 몇 번 수정이 됐어요. 그게 한두 번 정도 크게는 두 번 정도 바뀌었는데, 중간중간에 작업들을 계속 많이 했었어요, 제가. 저 혼자 한 건 아니지만 어쨌든 그렇게 하면서 진행됐던 부분들이 되게 많았고.

면담자   4·16세월호참사특별조사위원회도 여당이 계속 방해를 했었는데 가족분들 다 알고 계셨던 거였어요?

경주 엄마   그때도 가족들이 얘길 했었죠. 얘길 했었고, 계속 거기 가서도 얘기했었고, 그래서 그 사람들이 거의…. 황전원[전 4·16세월호참사 특별조사위원회 상임위원]이 나중에는 사과문 보셨어요? 그거 보고 웃었죠, 우리는. 그 당시에 본인이 그렇게 얘기를 해놓고 지금 와서 얘기를 한다는 거는, '간사한 인간이니까 저러지 않을까?'라는 생각이 드는 거고, 작정을 한 거죠. 누군가의 지시가 분명히 있었을 거라는 생각을 하고 그게 드러났잖아요, 본인이 아니라고 발뺌하는 거고. 우리나라는 그렇잖아요, 술 먹고 '술에 취해서요. 기억이 안 나요' 이러면 되잖아요. 그런 거처럼 청문회에서도 "기억 안 납니다" 이러면 되는 거고, 뻔히 보이는 거죠, 저희는. 본인들이 그렇게 행동할 때는 우리는 딱 봐도 알겠는데 나중에 드러났는데 '아니요' 이렇게 발뺌하는 거랑 똑같은 거고.

| 면담자 | 청문회 보실 때도 그런 생각들 하셨어요? |

경주 엄마   제가 나오고 나서는 직접 관여하거나 가보거나 하지는 않지만 계속 보잖아요. 봤을 때 속이 터지죠. 그 이수현[김수현] 해경 [서해]청장, 전 해경청장이 나왔을 때도 해경 관련되신, 그때 그 당시에 초창기 때 만나셨던 분들 말하는 걸 보고 정말 TV 속으로 들어가고 싶더라구요. 이수현[김수현] 해경 [서해]청장도 한 얘기가 있었거든요. 본인이 은화 엄마랑 만나고 했을 때 "언젠가는 나도 내가 얘기할 날이 오겠지"라고 얘기한 적이 있었어요. "내 속에 있는 얘기를 할 때가 올 거다"라는 얘기를 사석에서 얘길 했었어요. 근데 청문회장에서 입 뻥긋 안 하잖아요. 몸 사리고 있는 거죠. 그런 것들을 우리는 보여요, 알고 있기 때문에.

| 면담자 | 재판 진행될 때 가보셨나요? |

경주 엄마   재판 땐 안 가봤어요. 처음에 광주에서 열렸을 때 선원들 재판할 때는 갔었어요. 그 뒤로는 안 갔거든요. 빨리 밝혀질 날들이, 지금도 하나씩 나오고 있지만 빨라졌으면 좋겠다는, 우리가 저는 그런 생각이, 처음부터 그런 생각을 했지만 '내가 죽기 전까지는 밝혀져라' 이 생각이 되게 많아요. 이게 안 밝혀져 가지고 형제자매들한테까지도 가야 되고 이런 거 있잖아요. 그렇게 되면 힘들어지니까 빨리 밝혀줬으면 좋겠다는 생각은 있어요. 그 기간이 안 길었으면 좋겠다는 생각이 있는 거죠.

13
안전공원 건립 후 경주에 대한 계획

면담자　　어머님은 오랫동안 활동을 안 하셨는데 4주기 때 오시고, 최근에 리페인팅도 참여를 하셨는데 혹시 심정상에 변화가 있으신 건가요, 아니면 시간적인 여유가 있으셔서 가능하신 건가요?

경주 엄마　　시간적인 여유가 있다 보니까 아무래도 조금 눈을 돌리게 되는 거구요. 저번에도 제가 얘기했다시피 저는 제 성격상 나가서 하는 게 맞긴 한데, 그리고 '해야 된다'라고 생각하는 사람 중에 하난데, 일단 가정의 평화를 위해서 그렇게 못 하는 거고, 그래서 애들 아빠도 요즘은 많이 내려놓긴 한 거 같아요. 그렇게 한 번씩 갔다 오면, 예전엔 "뭐 하러 가냐"고 이렇게 얘기를 했는데, 페인팅한 거 사진 찍어서 보내줬더니 "잘했다"고, "이쁘네" 이렇게 얘길 하더라구요. "좀 달라졌네, 이제?", 제가 직접적으로 하지 않으니까 아무래도 그렇게 바뀐 거 같고…. 저번에도 피케팅하러 갔을 때도 예은 아빠 잠깐 만났는데 "자주 봅시다" [하셔서] "시간 될 때 자주 갈게요" 그러고는 말았는데…. 저는 항상 걱정이 그거예요. 제가 일을 하고 있을 때도 마찬가지였지만 지금까지 계속하고 있는 찬호 아빠나 예은 아빠나 지금 많은 아빠들이 계시잖아요. 초창기 때부터 계속해 오셨던 분들, 엄마들도 마찬가지고요.

엄마들은 그래도 집에 갔다가 이 일 하고 저 일 하고 왔다 갔다 하시니까 그나마 덜하지만 이 분들은 거기에 매진하고 계시잖아요. 동수 아빠도 이번에 갔을 때 안 좋다는 얘길 들었어요, 상황이, 몸이. 그 얘기 들고 나니까 더 속이 그렇더라고(한숨). 그래서 이분들에 대한, 처음에 활동하셨던 분들, 지금은 일상생활 돌아가 계시지만, 저도 마찬가지고 몸이 낫거나 이러진 않는 거잖아요, 하고 있는 분들은 버티는 거고. 그런 거 봤을 때 되게 마음이 짠하거든요. 그런 거 되게 많이 걱정되고, 이러다가 저분들이 나중에 한번 쓰러져 갖고 못 일어나면 누가 감당할 거고, 남아 있는 가족들도 분명히 있는데 이런 생각도 되게 많이 들고 그러거든요. 이번에도 갔더니 아버님들이 안 먹히는 줄 알면서도 "나와서 하라"고, "나와서 하라"고, 이런 얘기를 많이 해요. "처음에 다 쏟아부어서 힘이 없어", 내가 "안 하신 분들 좀 나오시라고 그래" 이렇게 얘기하고 마는데 그분들한테는 죄송스럽죠, 아직까지도 하고 계시는데. 그래도 이렇게 가끔 얼굴 보여주는 것만으로도 좋아하시니까 가끔이라도 가야겠다는 생각은 해요.

면담자　　　최근 운영하시던 가게가 나갔다고 하셨는데, 혹시 이사를 하실 계획이신지?

경주 엄마　　　이사요, 아니요, 아니요. 저희 집으로 들어갔잖아요. 들어갔으니까 우선은 아이가 고등학교 졸업하고 군대를 가든 뭘 할 거 아니에요. 우선 대학을 가든 그 상황까지는 있을 거 같아요. 지금 당장은 아니고, 안전공원도 빨리 돼야 되니까 그것도 문제고, 그리고 하나하나 어느 정도, 그래도 안전공원 되면서 4주기 영결식도 끝났는데, 저도 아직 사실은 사망신고 못 했거든요, 그런 것도 문제가 걸려 있고…. 그냥 쉽지 많은 않은 거 같아요.

면담자　　　경주 안전공원에 데려올지 안 데려올지도 결정한 건 아니신 거죠?

경주 엄마　　그 부분은 아직까지도 애들 아빠하고 의견이 틀어지긴 하는데, 애들 아빠는 일단 "우리가 시골로 가면 경주 데리고 가자" 이 얘기인데, 저도 그 생각은 갖고 있었거든요. 어차피 안전공원 만들어지면 각자의 함들이 만들어질 것이고 이름이 다 들어가는데, 단지 유골함만 안 넣겠다는 건데 그거는 각 가정마다 생각이 다 다를 거 아니에요. 일단 다 들어가면 좋기야 하죠. 근데 저는 생각이 그렇거든, 내가 죽거나 애들 아빠가 죽거나 하면 나는 ○○이한테도 그렇게 얘기했어요. "엄마, 아빠가 늦게 죽더라도, 죽으면 늦게 죽는 사람이랑 맞춰서 셋을 같이 뿌려달라"고, "나는 그냥, 누나랑…". 얘가 가지고 갈 수가 없으니까, 얘도 결혼을 해야 되고 앞으로 살아야 될 거 아니에요. 누가 봐줄 거예요? 아니잖아. 그런다고 그때 돼서 집어넣을 수도 있겠지만, 여기가 남아 있다면, 안전공원이 계속 간다면 거기다 넣을 수 있죠. 근데 저는 제가 안고 가고 싶은 거야, 그냥. 그래서 애들 아빠하고 얘기했는데 애들 아빠는 그런 생각이 아닌 거예요. "그거는 차후에" 이렇게 얘길 하더라고. 그 부분은 계속 얘기를 해봐야 될 부분인 거 같애요(웃음).

심지어는 "그럼 반반 하자"고, "나는 묻힐 거니까, 경주 반반", "말이 되는 소리를 하라"고 내가 그렇게 얘기[했는데] 웃기죠? 이게 심각한 얘긴데, 다음에 얘기하자고 그러고 말았어. 진짜 예전에 이런 거를 상상도 못했는데 이제는 이렇게 편하게 얘기가 되더라구요.

면담자　　어머니 오랜 시간 고생 많으셨습니다. 감사합니다.

경주 엄마   아니에요. 저희가 항상 고맙죠. 아이고, 이런 일이 안 일어났으면 좋았을 건데, 그죠? 그러니까 살아가는 동안 내가 한 번도 접하지 말아야 될 거를 접하다 보니까…, 지금 40년 얼마 안 되는 기간 살면서 그래도 "남들한테 해 안 [끼]치고 잘 살아왔다" 그랬는데, 그것보다 더 영적인, 신적인 세계까지 접한 거 같은 느낌? 사람이 완전 바뀌었다고 해야 되나? 지금 생활하는 건 일상생활 똑같긴 한데 그런 마음적인 게 그러면서 많이 변한 거 같아요. 그래서 앞으로 어떻게 살아야 될지도 그냥 살고 있기는 하지만 죽음에 대한 거, 특히 이런 거라든지 '크게 아등바등 열심히 살 이유는 없다' 이런 생각도 들고, 그런 것들이 밑바탕에 깔려 있기는 해요.

면담자   한편으로 욕심 다 내려놓은 거 같은데 진상 규명은 해야 하고….

경주 엄마   맞아요, 이게 참 복잡하게 사는 건데, 그죠? 그러니까 우리는 죽을 때까지 안고 가야 될 일이라 다들 마찬가지일 거 같아요. 저도 이렇게 한 번씩 안산 돌아다니면 아직까지 부모님들 계시잖아요. 가다 보면 한 번씩 툭툭 지나가시는 거 봐요. 저는 얼굴도 많이 봤기 때문에 알잖아요. 그분들이 웃으면서 지나가시는 분들이 없어. 항상 옷을 차려입고 화장을 하고 지나가요, 꾸미고 지나가요. 근데도 보면 보여요, 그게 제 눈에는. 오랜 시간 고생하셨습니다.

면담자   고생하셨습니다. 감사드리고요, 이것으로 구술증언을 마치도록 하겠습니다.

4·16구술증언록 단원고 2학년 10반 제3권

그날을 말하다 경주 엄마 유병화

ⓒ 4·16기억저장소, 2020

기획 편집 4·16기억저장소 ׀ **지원 협조** (사)4·16세월호참사가족협의회

펴낸이 김종수 ׀ **펴낸곳** 한울엠플러스(주)

초판 1쇄 인쇄 2020년 4월 1일 ׀ **초판 1쇄 발행** 2020년 4월 16일

주소 10881 경기도 파주시 광인사길 153 한울시소빌딩 3층

전화 031-955-0655 ׀ **팩스** 031-955-0656 ׀ **홈페이지** www.hanulmplus.kr

등록번호 제406-2015-000143호

Printed in Korea.

ISBN 978-89-460-6787-5 04300

    978-89-460-6801-8 (세트)

* 책값은 겉표지에 표시되어 있습니다.